नोबेल पुरस्कृत महिलाएँ

नोबेल पुरस्कृत महिलाएँ

आशारानी व्होरा

ग्रंथ अकादमी, नई दिल्ली

प्रकाशक : ग्रंथ अकादमी
भवन संख्या-19, पहली मंजिल, 2, अंसारी रोड, दरियागंज, नई दिल्ली-110002
 / संस्करण : 2026 / मूल्य : चार सौ रुपए
मुद्रक : आर-टेक ऑफसेट प्रिंटर्स, दिल्ली ISBN 978-93-83110-36-0

NOBEL PURASKRIT MAHILAYEN
by Smt. Asha Rani Vohra ₹ 400.00
Published by GRANTH AKADEMI
Building No. 19, First Floor, 2, Ansari Road, Daryaganj, New Delhi-110002

उन सभी को,
जो कहीं से भी
प्रकाश की कुछ किरणें
बटोर लाने के लिए
प्रयत्नशील हैं।

अनुक्रम

खंड ३ : विज्ञान व चिकित्साशास्त्र के लिए नोबेल पुरस्कार

भूमिका

नोबेल पुरस्कार और महिलाएँ

पिछले चार दशकों से महिला-उपलब्धियों के क्षेत्र में काम करते हुए 'विश्व-विख्यात महिलाएँ' के बाद मेरा ध्यान विश्व की नोबेल पुरस्कार विजेता महिलाओं पर भी गया। यह स्वाभाविक था, क्योंकि महिलाओं की बड़ी उपलब्धियों को भी प्राय: कम करके आँका जाता है, अत: यह आकलन मैंने जरूरी समझा।

अल्फ्रेड नोबेल द्वारा सन् १९०१ में स्थापित नोबेल पुरस्कार विश्व का सबसे अधिक प्रतिष्ठित पुरस्कार है। यह अब तक संसार के लगभग छह सौ पचास प्रतिभावान् व्यक्तियों को दिया जा चुका है, जिनमें से सन् २००३ के अंत तक महिलाओं की संख्या केवल २९ थी। यद्यपि नोबेल पुरस्कार लिंग, जाति, देश, वर्ग आदि के भेदभाव के बिना दुनिया के किसी भी नागरिक को दिया जा सकता है, फिर लिंग-आधारित संख्या के इस भारी अंतर को देखते हुए क्या महिलाओं के प्रति इस भेदभाव को रेखांकित नहीं किया जा सकता? अवश्य किया जा सकता है। किंतु व्यावहारिक समाजशास्त्रीय दृष्टि से देखें तो अन्य क्षेत्रों के तथ्य इसकी पुष्टि नहीं करते।

समूचे विश्व का यह समाज-सत्य है कि बौद्धिक एवं व्यावसायिक क्षेत्रों में स्त्री-पुरुष संख्या कहीं भी समान नहीं है। कारण, स्त्री परिवार की धुरी है। केंद्र में होने से परिवार उसकी प्राथमिकता है। पुरुषों की तरह वह सबकुछ छोड़-छाड़कर दिन-रात अनुसंधान में, लेखन में या शोध-कार्य में लगी नहीं रह सकती। घर-बच्चों की जिम्मेदारी के बाद कैरियर या अन्य क्षेत्रों के प्रति समर्पण उसके लिए द्वितीय स्थान पर है। इसीलिए कई बार प्रखर प्रतिभाएँ भी अपने विशेष क्षेत्रों में

सामने न आकर एक अंतराल के बाद घर की चारदीवारी में ही दम तोड़ देती हैं। न तो सब मदर टेरेसा की तरह तपस्विनी हो सकती हैं, न म्याँमार की आंग सान सू की तरह आजीवन क्रांति को समर्पित, न ही विज्ञान में नई खोजों में बड़ी उपलब्धियाँ प्राप्त करनेवाली बारबरा मैकलिनटाक, जरट्रड बी. इलियन, रीटा लेवी मांटेलिसिनी की तरह वैज्ञानिक अनुसंधान के अपने ध्येय की खातिर विवाह न करनेवाली। फिर भी वर्षों लंबी साधना या अनवरत संघर्ष के बाद नोबेल पुरस्कार जैसी बड़ी उपलब्धि प्राप्त करनेवाली इस अल्प संख्या पर भी हमें यों गर्व होना चाहिए कि अनेकानेक बाधाओं के बीच काम करते हुए ही कोई महिला इस उच्चतम शिखर तक पहुँच पाती है।

इस स्तर की उपलब्धियों के आकलन के लिए जब मैंने इस कार्य को हाथ में लिया तो प्रारंभिक सफलताओं के बाद एकबारगी लगा, सब काम आसानी से हो जाएगा—स्टॉकहोम के नोबेल फाउंडेशन को पत्र लिखकर उनसे चित्रों और संदर्भ-सूचनाओं संबंधी सहायता के लिए अनुरोध किया। शीघ्र ही उत्तर प्राप्त हो गया। उन्होंने विज्ञान, साहित्य और विश्व शांति में पुरस्कार प्राप्त सभी महिलाओं की सूची और उनमें से जीवित महिलाओं के पते भेज दिए। साथ ही दिल्ली में किस पुस्तकालय से फाउंडेशन के वार्षिक प्रकाशन (लेस प्रिक्स नोबेल) उपलब्ध हैं, यह सूचना भी भेज दी। पूरे चित्रों का सेट भेजने संबंधी निर्देश भी उसमें था, जिसके अनुसार स्वीडिश दूतावास के सचिव से संपर्क कर उनकी सहायता से चित्र भी मँगवा लिये गए। लेकिन अगला काम आसान नहीं रहा। फाउंडेशन ने जिस 'इंडियन एकेडमी ऑफ साइंस' का हवाला दिया था, वहाँ से पूरी क्या, आधी सामग्री भी नहीं मिल पाई। कारण, वहाँ उनके सारे संबंधित प्रकाशन उपलब्ध न थे। फाउंडेशन द्वारा जिन महिलाओं के पते भेजे गए थे, उनसे पत्र-व्यवहार करने पर कुछ महिलाओं ने चित्र सहित संबंधित सामग्री भेज दी। शेष के लिए मैंने राजधानी के 'साइंस सेंटर' की लाइब्रेरी सहित सभी लाइब्रेरियाँ छान मारीं, लेकिन प्राप्त सामग्री से संतोष नहीं हुआ। फिर भी जो काम उठाया था, उसे पूरा किए बिना चैन कहाँ!

दूसरी मुख्य कठिनाई मेरे सामने आई थी, विज्ञान मेरा विषय न होने के कारण उन नामों से संबंधित शोध-कार्य को समझने की। इसके लिए अपने सुपुत्र भैषज्य-विज्ञानी (फार्माकोलॉजिस्ट) डॉ. शशि भारत व्होरा से तो सहायता मिली ही, 'विज्ञान प्रगति' के तत्कालीन सह संपादक श्री मनमोहन मिश्र, हिंदी में विज्ञान के लेखक श्री गुणाकर मुले और श्री रवि लायटू ने भी अपने बहुमूल्य सुझावों से मुझे लाभान्वित किया। मैं इन सबके प्रति अपना आभार व्यक्त करती हूँ। नोबेल

फाउंडेशन और स्वीडिश दूतावास के अधिकारियों के प्रति भी, जिनके सहयोग के बिना यह कार्य संभव न था।

यह सन् १९७१-७२ की बात है। छपने पर पुस्तक ने पाठक-पाठिकाओं का ध्यान खींचा था और उसके कुछ संस्करण निकले थे।...एक अंतराल के बाद अब मैंने जब दोबारा इस कार्य को हाथ में लिया तो वर्तमान वैज्ञानिक-तकनीकी प्रगति का लाभ भी मुझे मिला—इंटरनेट की सहायता से इधर के वर्षों की नोबेल पुरस्कार विजेता महिलाओं से संबंधित सामग्री व चित्र प्राप्त कर लिये गए और पूर्व का कठिन काम कुछ आसान हो गया। फिर भी वैज्ञानिक महिलाओं के शोध-कार्य को समझने के लिए सहायता अपेक्षित थी, तो इस बार इस कार्य में सहायतार्थ ज्ञान-विज्ञान के लेखक पूर्व एयर मार्शल श्री विश्वमोहन तिवारी आगे आए। मैं उनके प्रति भी आभारी हूँ।

साहित्य केवल गीत, कविता, उपन्यास, कहानी तक ही सीमित नहीं है—हर्ष का विषय है कि इस तथ्य को अब हृदयंगम कर लिया गया है। पाठकों की रुचि व माँग को देखते हुए हिंदी में भी अब ज्ञान-विज्ञान के साहित्य की ओर लेखकों व प्रकाशकों का रुझान बढ़ा है। फिर अपने-अपने ज्ञान-क्षेत्रों में सफलता के उच्चतम शिखरों को छूनेवाली नोबेल पुरस्कार विजेता महिलाओं की प्रतिभा, लगन व अनवरत साधना से प्राप्त उपलब्धियों को जानने, आँकने व उनसे प्रेरणा पाने की अभिलाषा किसे न होगी! विशेष रूप से इन क्षेत्रों में रुचि लेनेवाली महत्त्वाकांक्षी युवतियाँ एवं उभरती प्रतिभाओं के लिए यह पुस्तक अनेक दृष्टियों से उपयोगी सिद्ध हो सकती है।

यदि युवा पाठिकाओं में से १ प्रतिशत भी इस पुस्तक से प्रेरणा लेकर अपने जीवन में कुछ सार्थक कर दिखाने की ओर प्रवृत्त होती हैं तो मैं अपना श्रम सार्थक मानूँगी। इसी आशा-अपेक्षा के साथ पुस्तक आपके हाथों में—

—आशारानी व्होरा

अल्फ्रेड नोबेल और नोबेल पुरस्कार

[१८३३-१८९६]

कुछ लोग होते हैं जो स्वयं जीवन भर दुःखी रहते हैं, इसलिए दूसरों का दुःख समझते हैं और इसीलिए दूसरों के हित में अपना सबकुछ देकर अंत में यश के भागी बन जाते हैं।

आविष्कार और मानवीय संवेदना का पर्याय ऐसा ही एक नाम है—अल्फ्रेड नोबेल। अल्फ्रेड नोबेल, जो बचपन से रोगी था, जीवन भर रोगी और दुःखी रहा, फिर भी जी-तोड़ मेहनत कर आविष्कारों में जुटा रहा और फिर अपनी जिंदगी भर की कमाई का वसीयतनामा विज्ञान, साहित्य और विश्व-शांति के पक्ष में करके विश्व-इतिहास में अमर हो गया।

नोबेल पुरस्कार का नाम आज संसार का लगभग हर नागरिक जानता है, क्योंकि यह विश्व का सबसे बड़ा प्रतिष्ठा-पुरस्कार है। पर जिसने इस पुरस्कार की स्थायी व्यवस्था की, उस अल्फ्रेड नोबेल की जीवन-गाथा से अधिक लोग परिचित नहीं हैं। इसलिए नोबेल पुरस्कार विजेता विश्वविख्यात महिलाओं की कीर्ति-गाथा लिखने से पूर्व अल्फ्रेड नोबेल और नोबेल पुरस्कार के बारे में जानकारी देना भी समीचीन होगा।

अल्फ्रेड का पूरा नाम अल्फ्रेड बर्नार्ड नोबेल था। उनके पूर्वज 'नोबिलियस' कहलाते थे। पितामह एक सेना-चिकित्सक थे। वे अपने नाम के आगे 'नोबिलियस' की जगह 'नोबेल' लिखने लगे थे तो वंश-परंपरा में आगे नोबेल ही चल पड़ा। अल्फ्रेड के पिता इमानुएल नोबेल ने कोई विशेष शिक्षा नहीं पाई थी। चौदह वर्ष की अवस्था में ही स्कूल छोड़कर उन्हें एक जहाज में केबिन-बॉय बनना पड़ा। तीन वर्ष की इस नौकरी के बाद उन्होंने और भी कई छोटी-मोटी नौकरियाँ कीं, जिनमें व्यस्त रहने के बावजूद कुछ-न-कुछ समय निकालकर आर्किटेक्चर और

मेकैनिज्म का अध्ययन किया। स्वतंत्र रूप से 'आर्किटेक्ट' और 'बिल्डर' का व्यवसाय भी करते रहे। फिर स्टॉकहोम के एक विज्ञान कॉलेज में शिक्षक हो गए। आविष्कारों की ओर उनकी विशेष अभिरुचि थी। विस्फोटक पदार्थों पर प्रयोग करते-करते संयोगवश उन्होंने चीर-फाड़ के यंत्रों और रबर के ऐसे गद्दों, जिनसे रोगियों और घायलों को आराम मिल सके, का भी आविष्कार कर डाला। जहाज की निर्माण-कला में भी दिलचस्पी लेते रहे; पर उनका विशेष झुकाव शक्तिशाली विस्फोटकों के आविष्कार की ओर ही था।

इमानुएल नोबेल अपने विस्फोटकों के परीक्षण के सिलसिले में नाइट्रोग्लिसरीन तथा अन्य रसायनों का परीक्षण कर रहे थे कि अकस्मात् हुई दो दुर्घटनाओं ने उनके जीवन को बहुत प्रभावित किया। पहली दुर्घटना सन् १८३७ में स्टॉकहोम में हुई। उसमें इतना भयानक विस्फोट हुआ कि मकानों की खिड़कियाँ चूर हो गईं और उसके धमाके से कई लोग विक्षिप्त हो गए। उनकी प्रयोगशाला उड़कर गायब हो गई थी और वे दिवालिया हो गए थे। इस आघात के बाद मित्रों के परामर्श से वे रूस चले गए। वहीं प्रयोगशालाओं में उन्होंने समुद्री सुरंगों पर परीक्षण आरंभ कर दिया। क्रीमिया के युद्ध तक वे अपने परिवार के साथ रूस में ही रहे । इस दौरान उन्होंने कुछ ऐसे आविष्कार किए जो नौसेना के लिए अत्यधिक महत्त्वपूर्ण थे। युद्धकाल में इमानुएल के परिवार के अन्य सभी सदस्य स्वीडन लौट आए थे। केवल एक पुत्र ल्वीडिंग वहीं रह गया जो आगे चलकर रूस का एक प्रख्यात इंजीनियर हुआ। वाकू के अक्षय पेट्रोल स्रोतों का पता ल्वीडिंग ने ही लगाया था। विस्फोट की दूसरी दुर्घटना भी सन् १८६४ में स्वीडन में ही हुई। इसमें उनके सबसे छोटे पुत्र एमिल के शरीर की धज्जियाँ उड़ गईं और सारा स्टॉकहोम हिल गया। इस दूसरे आघात से इमानुएल का मस्तिष्क विकृत हो गया। फिर अपने शेष जीवन में वे कुछ भी न कर सके। इन दोनों घटनाओं और पिता के जीवन के उतार-चढ़ावों का असर अल्फ्रेड नोबेल पर अपने दूसरे भाइयों की अपेक्षा अधिक पड़ा।

इमानुएल की पत्नी का नाम था—कैरोलीन हेनरिएटा आलसिल। उनके चार पुत्र हुए—रॉबर्ट, ल्वीडिंग, अल्फ्रेड और एमिल। अल्फ्रेड का जन्म सन् १८३३ में स्टॉकहोम में हुआ। यह बालक शरीर से बहुत दुर्बल और मन से बहुत भावुक था। कभी सर्दी, कभी ज्वर और हमेशा अजीर्ण। उसके साथ स्नायविक दुर्बलता। लगातार अस्वस्थ रहने के कारण अल्फ्रेड बराबर माँ के सामीप्य में बने रहे। इसलिए माँ-पुत्र में असीम प्यार और लगाव था, जो जीवन भर बना रहा। माँ अपने इस दुर्बल और भावुक बेटे को हमेशा 'बाइबल' और अन्य धर्मग्रंथों से प्रेरक कथाएँ पढ़-

पढ़कर सुनाया करती और कहा करती थी कि शरीर से दुर्बल और अस्वस्थ रहते हुए भी मेरा अल्फ्रेड एक दिन संसार का एक महान् व्यक्ति बनेगा। उसकी प्रसिद्धि ही नहीं होगी, बल्कि लोग उसका नाम श्रद्धा और आदर से लिया करेंगे।

अल्फ्रेड का पूरा जीवन एक दु:खी, रोगी, अत्यधिक परिश्रमी और अपने कार्य के प्रति समर्पित व्यक्ति का जीवन रहा। उनके जीवन में कई घटनाएँ ऐसी घटीं जिनसे उनके जीवन का प्रवाह एक विशेष दिशा की ओर मुड़ गया और वे अत्यधिक संवेदनशील हो उठे। युवावस्था में उन्होंने एक सुंदरी से प्रेम किया, जो अल्पायु में ही मर गई। उसकी मृत्यु से उन्हें इतना सदमा पहुँचा कि फिर वे जीवन भर अविवाहित ही रहे। जीवन में किसी अन्य स्त्री का प्रेम न पा सकने के कारण वे अंत तक अपनी माँ के उपासक बने रहे, इतने कि जब तक माँ जीवित रहीं, वे उनके लिए 'छोटा बालक' ही बने रहे। वे जहाँ भी रहे, माँ को बराबर पत्र लिखते रहे और बार-बार दौड़कर उनसे मिलने जाते रहे। वात्सल्य का स्रोत ही अल्फ्रेड के जीवन में पूरे वेग से बहता था। उनके संपर्क में आनेवाले और उनसे प्रेमपूर्ण बरताव करनेवाले अन्य सभी व्यक्तियों के प्रति उनकी राय थी कि वे उनके धन के कारण ही उनसे प्रेम करते हैं, अन्यथा नहीं।

अपने पिता की तरह ही रसायन, भौतिकशास्त्र और यंत्र-विज्ञान अल्फ्रेड के प्रिय विषय थे। सत्रह वर्ष की आयु में यंत्र-विज्ञान के विशेष अध्ययन के लिए वे अमेरिका गए। प्रसिद्ध वैज्ञानिक जॉन एरिक्सन के सान्निध्य में वहाँ उन्होंने नौसेना संबंधी यंत्रों का अच्छा ज्ञान प्राप्त किया। उन्हीं दिनों एरिक्सन ने एक नए ढंग के इंजन का आविष्कार किया था। उस इंजन के परीक्षण के लिए ११ फरवरी, १८५३ का दिन निश्चित हुआ था। इस इंजन को 'एरिक्सन' नाम के वाष्पपोत में लगाकर समुद्र में उतारना था। 'एरिक्सन' उतारा गया। कुछ दूर चला और फिर भयंकर तूफान में उठी प्रचंड लहरों की चपेट में आकर डूब गया। इसके साथ ही आविष्कर्ता एरिक्सन की सारी आशाएँ भी डूब गईं। पचास हजार डॉलर की पूँजी उसके बनाने में खर्च हुई और निराशा हाथ लगी। बचपन में अपने पिता के साथ हुई पहली दुर्घटना में जबरदस्त हानि देखने के बाद एरिक्सन की इस हानि ने अल्फ्रेड को बेहद दु:खी और भावुक बना दिया। उन्होंने उसी समय दृढ़ निश्चय कर लिया कि जीवन में कभी लक्ष्मी की कृपा हुई तो वे एक ऐसी धनराशि अवश्य पृथक् रखेंगे जिससे कि वैज्ञानिकों को उनके अन्वेषण में सहायता मिले और अकस्मात् हानि से उन्हें अर्थ-संकट का सामना न करना पड़े।

इस घटना के बाद अल्फ्रेड स्वदेश लौट आए और अपने पिता द्वारा किए जा

रहे नाइट्रोग्लिसरीन के परीक्षणों में ही सहायता करने लगे। वे सदा ऐसे मिश्रण की खोज में रहते जो कम भयानक और अधिक शक्तिशाली हो।

सन् १८६४ में पिता के साथ हुई दूसरी दुर्घटना देखने के बाद भी उन्होंने अपने परीक्षणों से मुँह नहीं मोड़ा। अपनी धुन के पक्के वे सदा अवसर की तलाश में रहते थे। सन् १८६७ में ऐसा अवसर भी उपस्थित हो गया। एक दिन वैगन में से नाइट्रोग्लिसरीन से भरे हुए टिन उतारे जा रहे थे। तभी अल्फ्रेड की निगाह एक ऐसे टिन पर पड़ी जिससे झरकर नाइट्रोग्लिसरीन उस बालू पर गिर रही थी, जो उसके चारों ओर रखी हुई थी। बालू में मिलकर नाइट्रोग्लिसरीन ठोस पदार्थ में परिवर्तित हो रही थी। भयानक विस्फोटों के इतिहास में यह एक अनोखी घटना थी, जिसने 'डायनामाइट' को जन्म दिया। डायनामाइट भयानक विस्फोटक होने पर भी अपने साथ बेखटके ले जाया जा सकता था। अल्फ्रेड ऐसी ही किसी वस्तु की खोज में थे—भयानक विस्फोटक और शक्तिशाली, पर कम खतरनाक। उनकी चाह पूरी हो गई।

इस आविष्कार को पेटेंट कराने के बाद अल्फ्रेड नोबेल ने कारखाने खोलने के लिए कई देशों की सरकारों के पास प्रार्थना-पत्र भेजे, फ्रांस के बैंकों और बड़े व्यापारियों से ऋण माँगा। पर संसार को उड़ा देनेवाले विस्फोटकों के विकास के लिए सभी ने सहायता करने से इनकार कर दिया। केवल फ्रांस के सम्राट् नेपोलियन तृतीय को उनकी योजना पसंद आई और उन्होंने काफी धन देकर फ्रांस में अल्फ्रेड के काम के लिए कई फैक्टरियाँ खुलवा दीं। फ्रांस में यह कार्य फैलाने के बाद अल्फ्रेड अमेरिका गए। उनके विस्फोटकों की ख्याति वहाँ उनके पहुँचने के पूर्व ही पहुँच चुकी थी। न्यूयॉर्क के होटल मालिक ने जेब में बमों के नमूने लिये घूमनेवाले इस व्यक्ति को होटल से निकाल दिया। अल्फ्रेड न्यूयॉर्क से कैलीफोर्निया गए और अपने एक मित्र की सहायता से वहाँ फैक्टरी खोली। फिर तो उनका काम ऐसा जमा कि पाँच वर्ष की अवधि में यूरोप के सभी देशों में उनकी फैक्टरियाँ खुल गईं। डायनामाइट के चूर्ण से अल्फ्रेड ने अपार धन कमाया।

फिर एक दिन एक और घटना घटी। पेरिस की एक फैक्टरी में काम करते समय अल्फ्रेड की एक उँगली कट गई और उससे खून बहने लगा। अल्कोहल और ईथर के मिश्रण में गन-काटन को भिगोकर ज्यों ही उन्होंने जख्म पर बाँधा, एक विचार उनके मस्तिष्क में कौंध गया। गन-काटन एक भयानक वस्तु है। इसे यदि नाइट्रोग्लिसरीन में हल कर लिया जाए तो दुगुनी शक्ति का विस्फोटक तैयार हो सकता है। परीक्षण किया गया और 'ब्लास्टिंग जेलाटीन' नामक एक भयानक विस्फोटक तैयार हो गया। इस प्रकार नोबेल ने संसार को पहली बार वह वस्तु दी

जिससे वर्तमान युद्ध इतना विनाशकारी हो गया है। इसके दस वर्ष बाद उन्होंने छोटे अस्त्रों के लिए बिना धुएँ के बारूद का आविष्कार किया। सेन रोमियो की अपनी फैक्टरी में काम करते हुए उन्होंने पेट्रोलियम और कृत्रिम गटापारचा की कई वस्तुएँ बनाकर उन्हें पेटेंट करवाया।

यह सारा कार्य उनकी अस्वस्थता में ही चल रहा था। उनके सिर में सदा पीड़ा रहा करती थी और वे सिर पर पट्टी बाँधे कार्य करते रहते थे। पीड़ा का वेग बढ़ने पर वहीं लेट जाते, वेग कम होते ही काम में फिर उसी तरह जुट जाते। फैक्टरियों के जहरीले धुएँ ने स्वास्थ्य पर और बुरा प्रभाव डाला। सर्दी भर खाँसी से पीड़ित रहते, पर कभी भी काम का नागा न करते। मोटे-मोटे ऊनी लबादे ओढ़े, कार में बैठे प्रतिदिन प्रयोगशाला की ओर जाते दिखाई दे जाते। कभी-कभी सिरदर्द से घंटों छटपटाते रहते, लेकिन काम फिर भी चलता रहता। सफलता के लिए इतना मूल्य शायद ही किसी ने चुकाया हो। विद्वान् और वैज्ञानिक उन्हें उनके बहुमूल्य आविष्कारों के कारण सम्मान की दृष्टि से देखते थे; साधारण लोग भयानक विस्फोटकों के आविष्कारक के रूप में उनसे घृणा करते थे। लेकिन माँ के अलावा ऐसा कोई न था जो उनकी मानसिक वेदना को समझ पाता या उनसे आत्मीयता बढ़ा पाता। यों प्रथम प्रेमिका के बाद अल्फ्रेड के जीवन में दो सुंदर स्त्रियाँ और भी आईं, पर उन्हें वे अपना नहीं बना सके और उनकी मानसिक वेदना व एकाकीपन की पीड़ा दिनोदिन गहराती चली गई। दूसरी स्त्री से उन्हें निराशा हुई थी। बाद में वह उन्हें धोखा भी दे गई। तीसरी बर्था वान सट्नर की एक अलग कहानी है, जो वान सट्नर की जीवनी में ही पढ़िए।

स्वभाव से अल्फ्रेड नोबेल बहुत उदार, भावुक और दयालु थे। जरूरतमंदों की हर तरह सहायता करते थे। पर जो लोग अपने स्वार्थवश या उनके धन के कारण ही उनसे संपर्क बढ़ाते थे, वे उनसे चिढ़ते भी थे। साधन-संपन्न होने पर भी वह न जीवन में सुखी थे, न संतुष्ट और न ही कभी स्वयं को महत्त्व देते थे। सन् १८७० के आस-पास, जब वे यूरोप के सर्वाधिक धनी व्यक्तियों में गिने जाने लगे थे और उनका नाम चमकने लगा था, उनसे किसी पत्रकार ने उनके जीवन के बारे में कुछ प्रश्न किए। उनका उत्तर था—

विशेष गुण—अपने नाखून साफ रखना और कभी किसी पर भार न होना।

विशेष अवगुण—उसका अपना कोई परिवार नहीं है। स्वभाव से चिड़चिड़ा है और हाजमा खराब है। धन-दौलत की पूजा भी नहीं करता।

एकमात्र इच्छा—जिंदा ही न दफना दिया जाए।

जीवन की महत्त्वपूर्ण घटनाएँ—कोई भी नहीं।

कितने मार्मिक उत्तर!

एकांतप्रिय और स्वप्नद्रष्टा दार्शनिक अल्फ्रेड ने अपने सम्मान पर बोलते हुए एक बार कहा, "मेरे सम्मानित किए जाने का न कोई विशेष आधार है, न विस्फोटक आधार। अपने स्वीडिश नॉर्थ स्टार (सम्मान) के लिए मैं अपने रसोइए का ऋणी हूँ जिसकी कला मेरे रोगी उदर को भी माफिक आई है। मेरा 'फ्रेंच ऑर्डर' मुझे इसलिए मिला था कि मेरा कैबिनेट के एक सदस्य से घनिष्ठ संबंध था। 'ब्राजीलियन ऑर्डर ऑफ द रोज' मिलने का कारण मेरा परिचय सम्राट् डान पेड्रो से हो जाने का इत्तिफाक माना जा सकता है। 'ऑर्डर ऑफ बेलिवार' मुझे इसलिए मिला होगा कि मैक्स फिलिप ने 'निनिशे' देखकर निश्चय किया होगा कि नाटक में बाँटी गई उपाधियों और सम्मानों की तरह वह भी लोगों को सम्मान और उपाधियाँ बाँट सकता है।"

स्वयं को महत्त्वहीन सिद्ध करने और अपना उपहास करने का इतना बेलाग प्रयत्न अन्यत्र नहीं देखा गया। इसके पीछे सत्य और स्पष्टवादिता से अधिक जीवन में प्राप्त कटु अनुभवों का मर्म ही था।

एकाकी नोबेल कभी एक जगह पर घर बसाकर नहीं रह सके। कभी स्वीडन, कभी फ्रांस, कभी जर्मनी तो कभी इटली में। अधिकांश जीवन रेल, जहाज व होटलों में कटा और अधिकांश समय प्रयोगशालाओं में। वास्तव में उनका निवास-स्थान प्रयोगशालाएँ ही थीं। जीवन के अंतिम दिनों में वे इटली में थे। वहीं सैन रेमो में १० दिसंबर, १८९६ को तिरसठ वर्ष की आयु में उनका देहांत हो गया।

जीवन के अंतिम प्रहर में अपनी अपार संपत्ति की व्यवस्था के लिए अल्फ्रेड चिंतित हो उठे थे। उत्तराधिकारियों के लिए संपत्ति छोड़ जाने का अभिप्राय उनके विचार में उसे अयोग्य हाथों में सौंपना था। अपने पूर्व संकल्प के अनुसार वे उसे ऐसे काम में लगाना चाहते थे जिससे साहित्य, विज्ञान और विश्व-शांति में सहायता मिले। इसीलिए १८९० में उन्होंने 'नोबेल प्राइज' के लिए अपनी वसीयत लिखी।

विस्फोटकों का आविष्कार करनेवाले व्यक्ति के मन में मानव-हित और विश्व-शांति के विचार उठना ऊपरी दृष्टि से एक विरोधाभास लग सकता है; पर उनके पूरे जीवन, कार्यों और विचारों का अध्ययन करने पर ऐसा नहीं लगता। मनुष्य मृत्यु के कारण ही जीवन को बहुमूल्य समझने लगता है। उनके पिता इमानुएल नोबेल विनाशक विस्फोटकों का आविष्कार करते-करते चिकित्सा-यंत्रों और आहतों-रोगियों के लिए आरामदेह रबर-कुशनों का आविष्कार कर गए थे।

सन् १८९० के आसपास उनकी परिचिता बर्था वान सट्नर का 'हथियार डाल दो' उपन्यास जब प्रकाशित हुआ तो अल्फ्रेड नोबेल ने उसकी प्रशंसा करते हुए वान सट्नर को लिखा, ''मैं चाहता हूँ, किसी ऐसे मसाले या यंत्र का आविष्कार करूँ जिसके द्वारा आमने-सामने युद्धार्थ खड़ी सेनाएँ एक सेकंड में एक-दूसरी का सर्वनाश कर सकें। तभी सभ्य कहलानेवाली जातियाँ युद्ध छोड़ेंगी और सही मायने में सभ्य जातियों का जन्म होगा।''

कुछ दिन बाद पेरिस से वान सट्नर को पत्र लिखते हुए उन्होंने पुनः लिखा था, ''मैं अपनी संपत्ति का एक भाग एक पुरस्कार के लिए सुरक्षित रखना चाहता हूँ। वह पुरस्कार हर पाँचवें वर्ष—तीस वर्षों में कुल छह बार—दिया जाए। तीस वर्षों के लंबे समय में भी राष्ट्र अपना युद्ध-समर्थक रवैया न बदल सके तो वे बर्बरता की सीमा पर पहुँच जाएँगे। उसके बाद पुरस्कार का कोई उपयोग न होगा।''

उनका यह कथन भी असत्य नहीं है कि जिन वस्तुओं को मृत्यु और विनाश के लिए माना जाता है, वे वास्तव में मानवता के लिए लाभकर हैं। उनका दुरुपयोग न किया जाए तो मानव का उनसे कल्याण ही होगा। आज परमाणु शक्ति पर यही बात लागू होती है। उनके 'डायनामाइट' का उदाहरण ही लें। प्राचीन रोम-निवासियों को पहाड़ काटकर तीन मील लंबी सड़क बनाने में ग्यारह वर्ष का समय और तीस हजार व्यक्तियों की जरूरत पड़ी थी। आज 'डायनामाइट' की सहायता से यह कार्य कितनी आसानी से किया जा रहा है और सड़क मार्गों ने मानव जाति को कितना लाभ पहुँचाया है, यह सभी जानते हैं।

अल्फ्रेड नोबेल के नोबेल पुरस्कार की वसीयत इस प्रकार है—''मेरे प्रत्येक भतीजे को पाँच-पाँच हजार पौंड देकर जो संपत्ति बचे उसे बेचकर धन एकत्र कर लिया जाए। इस धन को सुरक्षित रूप में रख दिया जाए। इस प्रकार प्राप्त ब्याज से प्रतिवर्ष ऐसे व्यक्तियों को पुरस्कार दिया जाए जिनका गत वर्ष का कार्य मानवता के लिए मौलिक रूप में सबसे अधिक लाभदायक समझा जाए। ब्याज रूप में प्राप्त होनेवाले उक्त धन को पाँच समान भागों में विभक्त किया जाए। एक भाग उस व्यक्ति के लिए जो भौतिक-विज्ञान में सर्वाधिक महत्त्वपूर्ण खोज करे, दूसरा भाग उस व्यक्ति के लिए जो रसायन-विज्ञान में अत्यंत उपयोगी खोज करे, तीसरा भाग चिकित्साशास्त्र में नई खोज करनेवाले व्यक्ति के लिए, चौथा भाग साहित्य के क्षेत्र में किसी आदर्श का नेतृत्व करनेवाली सर्वश्रेष्ठ कृति के लिए और पाँचवाँ भाग उस महान् व्यक्ति के लिए जो राष्ट्रों में भ्रातृत्व का प्रचार करनेवालों में तथा वर्तमान

सैनिक बल का अंत करके विश्व में शांति की स्थापना करने के प्रयत्न करनेवालों में सबसे बढ़कर माना जाए। पुरस्कार देते समय जाति या देश का विचार न किया जाए। जिसकी कृति अपने क्षेत्र में पुरस्कार योग्य प्रमाणित हो उसे ही पुरस्कार दे दिया जाए—वह किसी जाति का हो या किसी देश का निवासी हो।'' सन् १९६९ से इसमें एक अन्य पुरस्कार-विषय अर्थशास्त्र भी जोड़ दिया गया है।

पुरस्कार देने योग्य रचनाओं पर विचार करने का कार्य उन्होंने कुछ प्रामाणिक संस्थाओं पर डालते हुए लिखा है—

''भौतिक-विज्ञान और रसायनशास्त्र पर पुरस्कार प्रदान करने का कार्य स्टॉकहोम की 'स्वीडिश एकेडमी ऑफ साइंस' के जिम्मे रहेगा; शरीर-विज्ञान और औषध-विज्ञान पर 'कैरोलिन मेडिकल इंस्टीट्यूट' विचार करके निर्णय देगी। साहित्य पर स्वीडिश एकेडमी पुरस्कार देगी और शांति पर पुरस्कार देने के लिए एक कमेटी बनाई जाएगी, जिसमें पाँच सदस्य रहेंगे। इन सदस्यों का निर्वाचन 'नॉर्वेजियन स्टाथिंग' द्वारा होगा।''

नोबेल पुरस्कार का प्रारूप लिखते समय नोबेल ने किसी वकील की सम्मति नहीं ली थी। अत: उसमें अनेक प्रकार की कानूनी त्रुटियाँ रह गई थीं। स्वीडन के सम्राट् तथा नोबेल वंश के एक उत्तराधिकारी ने मिलकर बाद में इन त्रुटियों पर विचार किया और कुछ ऐसे उपनियम बना दिए जिनमें नोबेल का अभिप्राय भी स्पष्ट हो गया और पुरस्कार के मार्ग के बीच की कानूनी रुकावटें भी दूर हो गईं। एक उपनियम द्वारा यह भी स्पष्ट कर दिया गया कि यदि किसी वर्ष एक से अधिक विद्वानों की रचनाएँ पुरस्कार की कोटि में आ जाएँगी तो पुरस्कार का धन उनमें बराबर-बराबर बाँट दिया जाएगा। इसी प्रकार कमेटी ने एक उपनियम द्वारा यह भी स्पष्ट कर दिया कि जिस वर्ष कोई रचना पुरस्कार के उपयुक्त नहीं समझी जाएगी उस वर्ष पुरस्कार रोक लिया जाएगा और उस धन को या तो मूल कोष में सम्मिलित कर दिया जाएगा या उससे उस विभाग विशेष की उन्नति के लिए कोई दूसरा कोष खोल दिया जाएगा।

नोबेल ने पुरस्कार के लिए लगभग पच्चीस लाख पौंड की स्थायी संपत्ति छोड़ी है, जिसके ब्याज की वार्षिक आय (टैक्स की रकम निकालकर) से पुरस्कार दिए जाते रहे। प्रथम बार पुरस्कार सन् १९०१ में आठ-आठ हजार पाउंड का दिया गया, जो उस समय के हिसाब से बहुत बड़ी रकम थी। धीरे-धीरे यह राशि बढ़ती गई, जो अब दस लाख डॉलर तक आ गई है। इसकी व्यवस्था करने के लिए एक प्रबंधकारिणी समिति बना दी गई है, जो 'नोबेल फाउंडेशन' कहलाती है। इसमें

पाँच सदस्य रहते हैं। सभापति का निर्वाचन स्वीडन के सम्राट् करते हैं।

इस संस्था का अपना एक विशाल पुस्तकालय है, जिसकी गणना संसार के सर्वश्रेष्ठ पुस्तकालयों में की जाती है। इस पुस्तकालय में संसार की सभी भाषाओं की प्रमुख पुस्तकों के अनुवाद या मूल रहते हैं। इस पुस्तकालय का अध्यक्ष भी पुरस्कार कमेटी का अनिवार्य सदस्य होता है।

पुरस्कारों के नियमोपनियम प्रति पाँचवें वर्ष प्रकाशित किए जाते हैं जिससे साधारण लोगों को उनके संबंध की जानकारी बनी रहे। जिस व्यक्ति को पुरस्कार दिया जाता है उससे यह आशा भी की जाती है कि वह एकेडमी में स्वयं उपस्थित होकर विद्वानों के समक्ष पुरस्कृत विषय के संबंध में एक मौलिक भाषण दे। यद्यपि यह अनिवार्य नियम नहीं है।

पुरस्कारार्थ विचार करने के लिए कोई विद्वान् स्वयं अपनी रचना सीधे नहीं भेज सकता। किसी अन्य प्रामाणिक विद्वान् को उक्त विद्वान् की रचना की सिफारिश करनी पड़ती है और पुरस्कार देने के लिए प्रस्ताव के रूप में उसे कमेटी के सामने उपस्थित करना होता है, तब कमेटी उसपर विचार करती है। प्रामाणिक विद्वानों में स्वीडिश एकेडमी या अन्य समान एकेडमियों के प्रतिनिधियों तथा महान् वैज्ञानिकों या साहित्यिक संस्थाओं के प्रमुखों की भी गणना है। इस प्रकार के प्रस्ताव पुरस्कार समिति के पास प्रतिवर्ष फरवरी की पहली तारीख तक पहुँच जाने चाहिए, अन्यथा समिति उनपर विचार करने को बाध्य न होगी।

पुरस्कार की विधिवत् घोषणा प्रतिवर्ष १० दिसंबर को होती है, जो अल्फ्रेड नोबेल की निधन-तिथि है, यद्यपि विजेताओं के नाम अक्तूबर-नवंबर में पत्रों में प्रकाशित हो जाते हैं। एक बार घोषणा हो जाने पर फिर नियमानुसार उसमें कोई परिवर्तन नहीं हो सकता, चाहे उसका कितना ही प्रतिवाद पत्रों द्वारा क्यों न किया जाए। अपने नियमों में नोबेल ने यह स्पष्ट कर दिया है। उन्होंने यह भी लिख दिया है कि पुरस्कार समिति के आभ्यंतरिक मतभेदों का प्रकाशन बाह्य जनता पर किसी प्रकार न हो। न समिति की रिपोर्टों में ही उनका किसी प्रकार का उल्लेख होगा। नियमानुसार घोषणा हो जाने के कुछ ही दिन बाद किसी विश्वस्त संस्था या उच्चाधिकारी के मार्फत पुरस्कार की रकम निर्दिष्ट व्यक्ति के पास भेज दी जाती है। साथ ही एक स्वर्णपदक और एक सम्मान-पत्र भी भेजा जाता है। स्वर्णपदक में एक ओर अल्फ्रेड नोबेल की मूर्ति बनी होती है और दूसरी ओर पुरस्कृत व्यक्ति के संबंध में कुछ प्रशंसात्मक शब्द।

□

साहित्य के लिए
नोबेल पुरस्कार

रचनाओं में उच्च आदर्शवाद, जीवंत कल्पना-शक्ति व आत्मिक बोध की पहचान

सेल्मा लागरलोफ

[पुरस्कार वर्ष १९०९]

साहित्य में सन् १९०९ का नोबेल पुरस्कार प्राप्त करनेवाली प्रथम लेखिका सेल्मा लागरलोफ स्वीडन की रहनेवाली थीं। इसके पूर्व नौ बार यह पुरस्कार दिया जा चुका था, पर राष्ट्रीयता या जातीयता के भेदभाव बिना पुरस्कार दिए जाने की वसीयत के अनुसार अल्फ्रेड नोबेल के देश स्वीडन निवासियों को सेल्मा लागरलोफ ने ही पहली बार इस पुरस्कार से गौरवान्वित किया। उन्हें यह पुरस्कार इक्यावन वर्ष की अवस्था में मिला। इसके तुरंत बाद स्वीडिश एकेडमी ने उन्हें अपना सदस्य भी बना लिया।

सेल्मा का जन्म २० नवंबर, १८५८ को स्वीडन में वार्मलैंड के मारबाका नामक स्थान पर एक कुलीन घराने में हुआ था। उनके पिता एरिक लागरलोफ फौज में लेफ्टिनेंट थे। माता लोबिसावालराथ स्वीडन के सचिव परिवार की पुत्री थीं—गृहकार्य और सामाजिक व्यवहार में दक्ष एवं शालीन। पिता बड़े खुशमिजाज, साहसी और जिंदादिल व्यक्ति थे। सेना से अवकाश प्राप्त करने के बाद वे प्राय: घर पर ही रहा करते और अपने पुराने साथियों व नए मित्रों से घिरे रहते। मेहमानों

की आवभगत करने, मित्रों के बीच मनोरंजन और ज्ञान-चर्चा में व्यस्त रहने तथा बच्चों के साथ खेलने मे उन्हें विशेष आनंद आता था।

सेल्मा, जिसका पूरा नाम था—सेल्मा ओटिलियाना लोविसा लागरलोफ, की शिक्षा-दीक्षा का पिता को विशेष ध्यान रहता। चूँकि सेल्मा साढ़े तीन वर्ष की आयु में ही लकवे का शिकार हो हमेशा के लिए लँगड़ी हो गई थी, अतः वह हीनभाव से घिरकर जीवन में पिछड़ न जाए, इसका वे बराबर ध्यान रखते। स्वीडन का प्राचीन इतिहास और अपने वंश की परंपरागत कहानियाँ वे उसे बड़े चाव से सुनाया करते थे। दादी भी उसे खूब किस्से सुनाया करती थीं।

परिवार प्रतिष्ठित था। घर में सुख-समृद्धि की कमी न थी। सेल्मा घर भर की दुलारी लड़की थी। उसकी बाधित अवस्था के कारण सभी उसका खास ध्यान रखते कि उसे कोई शारीरिक या मानसिक कष्ट न हो। इस तरह शारीरिक विकृति के बावजूद उसका बचपन सुख से बीता। शिक्षा-दीक्षा की घर पर ही पूर्ण व्यवस्था कर दी गई। घर में एक खासा पुस्तकालय भी था। सेल्मा वहाँ बैठकर पढ़ती रहती, जिससे बचपन में ही उसका सामान्य ज्ञान काफी बढ़ा-चढ़ा था। आगे चलकर 'मारवाका' नामक अपनी रचना में उन्होंने अपनी बाल्यावस्था का अच्छा चित्रण किया है।

अपनी पहली कहानी में गोस्टा बर्लिंग नाम के नायक के चित्रण में भी सेल्मा ने बचपन में पिता से सुनी एक कहानी का उपयोग किया है। वह व्यक्ति कवि है, गायक है, नृत्यकला-विशारद है और सामाजिक समारोहों की जान है। उसके आकर्षक व्यक्तित्व पर दर्शक ही मुग्ध नहीं होते, यह चित्रण पढ़ते-पढ़ते पाठक भी मुग्ध होने लगते हैं। फिर भी उस नायक में एक जबरदस्त कमी है। वह है उसमें पुरुषोचित गुणों का अभाव। पाठक पहले मुग्ध होता है, फिर संवेदनशील हो खो-सा जाता है।

ऐसी ही एक अन्य रचना है—'दुलहन का मुकुट', जिसमें सेल्मा ने राज्यमंत्री परिवार के अपने ननिहाल के तौर-तरीकों का बड़ा स्वाभाविक चित्र खींचा है। इसी तरह दादी से सुनी लोक-कथाओं तथा अन्य ग्रामीण किंवदंतियों का भी उन्होंने अपनी रचनाओं में खुलकर प्रयोग किया है।

कविता और नाटक लिखने की उनकी इच्छा बचपन में ही जाग गई थी। स्टॉकहोम में अपने चाचा के साथ जिस दिन उन्होंने नाटक देखा था उसी दिन नाटक लिखने का संकल्प मन में कर लिया था। उस रात वे इतनी भावुक हो उठी थीं कि बैठकर एक नाटक और उस नाटक (प्रार्थना) संबंधी कई पद्य लिख डाले। पर बचपन में सेल्मा पर सबसे अधिक प्रभाव पड़ा वेलमैन की स्फुट कविताओं

का। वेलमैन की कविताओं में संगीत, करुणा और हास्य--तीनों गुणों का अद्‌भुत सामंजस्य उन्हें बहुत भाया और वे गीत लिखने की ओर आकृष्ट हो गईं। फिर जब शिक्षक महाविद्यालय की एक छात्रा के नाते उन्हें वेलमैन की रचनाओं से संबंधित व्याख्यान सुनने का अवसर मिला तो वे भावुकता के अतिरेक में बह गईं और यह प्रेरणा उनके भीतर एक साहित्यकार का बीजारोपण कर गई। प्रारंभिक प्रकाशन कविताओं का ही रहा।

अध्यापन-प्रशिक्षण लेने के बाद बाईस वर्ष की आयु में वे लैंडक्रोना नामक नगर में, जो उत्तरी स्वीडन में है, अध्यापिका का काम करने लगीं। साथ ही समय बचाकर कुछ लिखने भी लगीं। पाठशाला की कार्य-व्यस्तता के बीच जब कई-कई दिन लिखने का समय न मिलता तो विद्यार्थियों को जबानी कहानियाँ सुनाकर संतोष कर लेतीं। वहीं उन्होंने बाल-मनोविज्ञान और बच्चों की कहानी-विषयक रुचि का प्रत्यक्ष अध्ययन किया। 'एलिस इन वंडरलैंड' की तरह सेल्मा लागरलोफ की बच्चों के लिए लिखी गई दो पुस्तकें 'द वंडरफुल एडवेंचर्स ऑफ नील्स' और 'फरदर एडवेंचर्स ऑफ नील्स' भी विद्यार्थियों के लिए बड़ी उपयोगी पुस्तकें हैं और सारे संसार में बड़े चाव से पढ़ी जाती हैं।

जन्म-स्थान वार्मलैंड और अध्यापन-क्षेत्र डेल्केरिया (लैंडक्रोना नामक स्थान डेल्केरिया में ही है) की लोक-कथाओं का भी उन्होंने अच्छा अध्ययन किया था, जिनका प्रचुर चित्रण उनकी रचनाओं में है। इन प्रदेशों में ग्राम-गीतों और ग्रामीण कहानियों की भरमार है। हमारे यहाँ प्रचलित 'ढोलामारू' की कहानी की तरह ही सेल्मा के प्रदेश में 'गोस्टा बर्लिंग' के नाम पर बहुत सी कहानियाँ प्रचलित हैं। ऐसी कहानियों का संग्रह कर उन्हें कलात्मक ढंग से साहित्यिक रूप दे, सेल्मा ने पर्याप्त ख्याति अर्जित की, जिनमें 'गोस्टा बर्लिंग' बहुत ही लोकप्रिय और चर्चित हुई। अध्यापन-कार्य से समय न मिलने के कारण इसे उन्होंने बड़े दिन की छुट्टियों में अपने पुराने घर जाकर लिखा था। पहले यह कथा पद्यात्मक रूप में लिखी गई, फिर उन्होंने इसे नाटक का रूप देना चाहा, अंत में संक्षिप्त कहानी के रूप में लिखकर तैयार कर दिया। बाद में ऐसी कई अन्य कहानियाँ भी लिखी गईं। फिर सन् १८९० में अपनी बहन के आग्रह पर उन्होंने 'आइडन' नामक पत्रिका द्वारा आयोजित कहानी प्रतियोगिता में अपनी कुछ कहानियाँ भेज दीं। पत्रिका की ओर से विज्ञप्ति निकली कि कई कहानियाँ अस्पष्ट होने के कारण प्रतिस्पर्धा में सम्मिलित नहीं की गईं तो सेल्मा को लगा, अवश्य ही ये उनकी कहानियाँ होंगी। पर बाद में सफलता की सूचना और बधाई का तार पाकर हैरान रह गईं। पत्रिका के संपादक ने

यह भी लिखा कि वे इस कहानी के कथानक पर एक उपन्यास लिख डालें। और सेल्मा स्कूल से छुट्टी ले उपन्यास लेखन में जुट गईं।

सन् १८९४ में 'गोस्टा बर्लिंग' शीर्षक अपनी पहली पुस्तक के प्रकाशित होते ही सेल्मा लागरलोफ की सर्वत्र चर्चा होने लगी। पियक्कड़ और फक्कड़ कवि 'गोस्टा बर्लिंग' के मोहक लोक-चित्रण ने सभी का मन मोह लिया। साथ ही उन्हें देशाटन के लिए छात्रवृत्ति मिल गई तो उन्होंने अध्यापिका के पद से त्यागपत्र दे दिया। छात्रवृत्ति पा वे इटली गईं, फिर समूचे यूरोप का भ्रमण करती हुई फिलिस्तीन तक गईं। फिलिस्तीन में उन्हें सरकार की ओर से एक विशेष उद्देश्य से भेजा गया था कि वे 'नास' में जाकर बसे स्वीडन-निवासियों का अध्ययन कर उनका सही चित्रण करें। इन प्रवासियों की बीमारी और दरिद्रता की अफवाहें तब जोरों पर थीं। कुमारी लागरलोफ ने उन्हें आंशिक रूप में सच बताते हुए उनका सही-सही वर्णन किया। 'जेरूसलम' लिखने का कथानक भी उन्हें यहीं मिला। 'क्राइस्ट दंत-कथाएँ' भी इस यात्रा के बाद लिखी गई।

बाद में 'जेरूसलम' और 'पुर्तगाल का सम्राट्' ये दोनों उपन्यास 'लंदन टाइम्स' में धारावाहिक प्रकाशित हुए और सेल्मा लागरलोफ की ख्याति दूर-दूर तक फैल गई। पुर्तगाल के सम्राट् की नायिका 'बेला बजानेवाली लिलिक्रोना' का चरित्र-चित्रण भी 'गोस्टा बर्लिंग' की तरह बड़ा मोहक है। इन दोनों उपन्यासों को पढ़ने पर उन देशों का सामाजिक चित्र बड़े सहज रूप में उभरकर पाठक के मन पर उतरता है। समीक्षकों की राय में इस तरह के उपन्यास भौगोलिक, सामाजिक और मनोवैज्ञानिक क्षेत्र में बेजोड़ हैं।

सेल्मा ने अनुभव किया कि जो देश ईसाई धर्मावलंबी नहीं हैं, उनमें ईसाइयों के प्रति एक घृणा की भावना है। दूसरी ओर ईसाई भी गैर-ईसाइयों को घृणा की दृष्टि से देखते हैं। धर्म मानव-समाज में पारस्परिक घृणा को प्रोत्साहित करे, यह उनका धार्मिक हृदय सहन नहीं कर सका। इसी गहरी खाई को पाटने का प्रयत्न है उनका प्रख्यात उपन्यास 'मिरैकिल्स ऑफ एंटीक्राइस्ट', ठीक उसी तरह जैसे हमारे यहाँ कबीर ने हिंदुओं और मुसलमानों के बीच की खाई पाटने के लिए अपनी पद्य-रचना की है। इटली के बाद सिसली की यात्रा के दौरान इस कृति की सामग्री जुटाई गई थी।

सन् १८९४ में ही 'इनविजिबल लिंक्स' या 'अदृश्य श्रृंखला' नाम से उनकी संक्षिप्त कहानियों का जो संग्रह प्रकाशित हुआ था उसमें किसानों, मछुआरों, बच्चों और जानवरों के अंतरात्मक संबंध का सुंदर विश्लेषण प्रस्तुत किया गया है। इसके प्रकाशन के बाद ही सेल्मा लागरलोफ को स्वीडिश एकेडमी, सम्राट् ऑस्कर और

राजकुमार सूजेन से कई स्वर्ण पदक और वार्षिक पुरस्कार मिले। 'अपसाला' यूनिवर्सिटी ने उन्हें एल-एल.डी. की उपाधि से भी सम्मानित किया था। स्टॉकहोम में उन्हें पुरस्कार लेते देखने के लिए लोगों का ताँता लग गया था और सम्राट् ने ग्रांड होटल में उन्हें दावत भी दी थी। इसी दावत के अवसर पर भाषण देते हुए कुमारी लागरलोफ ने अपने लेखन पर अपने पिता के व्यक्तित्व के प्रभाव और उनके द्वारा दी गई साहित्यकार बनने की अपनी प्रारंभिक प्रेरणा का उल्लेख किया था।

इस प्रकार सन् १९०९ में नोबेल पुरस्कार प्राप्त करने के पूर्व ही कुमारी लागरलोफ काफी प्रसिद्धि और प्रशंसा पा चुकी थीं। पुरस्कार उन्हें इसके पूर्व भी मिल जाता, पर एकेडमी के सचिव वाइसेन इनको पुरस्कार दिए जाने के विरुद्ध थे, इसलिए कई वर्ष यह प्रस्ताव टलता रहा। पर प्रतिभाओं को विरोध के बावजूद आगे आने से कौन रोक सकता है! अंततः सन् १९०९ में सारे विरोधों को तोड़कर यह पुरस्कार उन्हें मिल ही गया।

सन् १९११ में जब स्त्री-मताधिकार कांग्रेस का अंतरराष्ट्रीय अधिवेशन हुआ तो उसमें कुमारी लागरलोफ द्वारा दिए गए महत्त्वपूर्ण भाषण का अनुवाद संसार के सभी प्रमुख पत्रों में प्रकाशित किया गया। इस भाषण का एक उल्लेखनीय स्थल है जिसमें उन्होंने गार्हस्थ्य सुख को सभी ऐहिक सुखों की कुंजी कहा है। कुमारी सेल्मा लागरलोफ देखने में विशेष सुंदर नहीं थीं। उनके जीवन में रोमांस भी केवल कुछ दिनों के लिए ही आया था और शायद यह प्रेम-संबंध सफल नहीं हो पाया था। फिर वे आजीवन अविवाहित रहीं।

उसी वर्ष उनकी एक और मधुर रचना 'लिलिक्रोना का घर' प्रकाशित हुई, जिसका अनुवाद अंग्रेजी में प्रकाशित हुआ। संगीत की तन्मयता का जितना मनोमुग्धकारी वर्णन इस पुस्तक में है वैसा अन्यत्र दुर्लभ है।

उनकी 'दि आउट कास्ट' रचना में दिखाया गया है कि गंभीर प्रकृति के सच्चे और कोमल हृदय व्यक्तियों को समझने में संसार प्रायः असमर्थ रहता है और उनके साथ अन्याय करने पर तुल जाता है। प्रथम विश्वयुद्ध के दौरान लिखी गई इस पुस्तक में युद्ध का भी प्रासंगिक वर्णन है। यद्यपि सेल्मा का देश युद्ध-लिप्त नहीं था, पर एक संवेदनशील लेखिका अपने समय की सर्वाधिक विनाशकारी घटना से अलिप्त कैसे रह सकती थी! उन्होंने पवित्र मानव-जीवन पर युद्ध के आतंक और कुप्रभावों का मार्मिक चित्रण किया है। इस पुस्तक का अनुवाद सन् १९२२ में अमेरिका से प्रकाशित हुआ था।

इनके अलावा 'खजाना' और 'लोवनस्कोल्ड्स की अँगूठी' उनकी प्रारंभिक रचनाओं के संग्रह हैं। प्रथम में साधारण कोटि की कहानियाँ हैं, द्वितीय में जन-

श्रुतियों, रीति-रिवाजों और हास-परिहासों का जीवंत चित्रण, जो स्थानीय होते हुए भी मनोरंजन की दृष्टि से विश्व भर के पाठकों को आकर्षित करता है।

उनकी 'गोस्टा बर्लिंग' की कहानी तथा एक नाटक 'मार्शक्राफ्ट की लड़की' पर सफल फिल्में भी बनी हैं, जो स्वीडन, यूरोप और अमेरिका में अच्छी चलीं।

कुमारी सेल्मा लागरलोफ छह भाषाएँ अच्छी तरह पढ़-लिख लेती थीं। यद्यपि उनकी रचनाएँ स्थानीय प्रकृति की हैं एवं मुख्यत: राष्ट्रीय विचारों और भावनाओं पर ही आधारित हैं, फिर भी मानवीय संवेदनाओं और जीवन की समस्याओं के सार्वजनीन विश्लेषण की दृष्टि से उन्हें एक अंतरराष्ट्रीय विभूति कहने में कोई हिचक नहीं होनी चाहिए। स्वीडिश एकेडमी की सदस्या चुनी जाने पर विश्व में स्त्री का अपने ढंग का यह पहला सम्मान था। सन् १९३९ में वे बीमार पड़ीं और १६ मार्च, १९४० को इक्यासी वर्ष की आयु में उनका देहांत हो गया।

अनेक पुस्तकों, कहानियों और सामाजिक-धार्मिक उपन्यासों की रचयिता कुमारी लागरलोफ की रचनाओं में अत्यधिक सरलता और सादगी है। उनमें लोक-जीवन, लोक-संस्कृति और 'घर' का प्रमुख स्थान है एवं देश के जीवन और साहित्य को एकाकार करने की अद्भुत क्षमता।

उन्हें पुरस्कार प्रदान करते समय स्वीडिश एकेडमी की ओर से कहा गया—

''कुमारी सेल्मा लागरलोफ के उच्च आदर्शवाद, आत्मिक बोध तथा जीवंत कल्पना-शक्ति, जो इनकी रचनाओं की विशेषता है, के लिए इन्हें यह पुरस्कार दिया जा रहा है।''

प्रमुख कृतियाँ

१. द स्टोरी ऑफ गोस्टा बर्लिंग
२. इनविजिबल लिंक्स
३. मिरैकिल्स ऑफ एंटीक्राइस्ट
४. फ्रॉम ए स्वीडिश होमस्टीड
५. वंडरफुल एडवेंचर्स ऑफ नील्स
६. फरदर एडवेंचर्स ऑफ नील्स
७. दि एंपरर ऑफ पोर्चुगालिया
८. जेरूसलम
९. मारवाका
१०. द डायरी ऑफ सेल्मा लागरलोफ
११. द आउटकास्ट
१२. दि ट्रेजर
१३. द गर्ल फ्रॉम द मार्शक्राफ्ट (हिंदी अनुवाद 'बहिष्कार' नाम से)
१४. द ब्राइडल क्राउन
१५. क्राइस्ट लीजेंड्स
१६. लिलिक्रोनाज हाउस

□

आदर्श, गहराई व सहानुभूति के साथ मानवीय समस्याओं का सम्यक् विश्लेषण

ग्रेजिया डेलेडा

[पुरस्कार वर्ष १९२६]

सन् १९२६ का साहित्य में नोबेल पुरस्कार इटली (सार्डीनिया) की प्रख्यात कहानी-लेखिका ग्रेजिया डेलेडा को प्रदान किया गया। वह यह पुरस्कार पानेवाली विश्व की दूसरी महिला थीं।

सेल्मा लागरलोफ की तरह ग्रेजिया भी नोबेल पुरस्कार पाने के काफी पहले प्रसिद्धि पा चुकी थीं, पर उनकी ख्याति तब विश्वव्यापी नहीं थी। यद्यपि उनकी अनेक कहानियों का अनुवाद स्कैंडिनेवियन भाषा में हो चुका था, पर अन्य देशों में उनका नाम नोबेल पुरस्कार के बाद ही फैला। फिर तो उनके कई उपन्यास अंतरराष्ट्रीय चर्चा और ख्याति अर्जित कर सके।

ग्रेजिया डेलेडा का जन्म सार्डीनिया के एक छोटे से शहर नोरो में ९ अक्तूबर, १८७५ को हुआ था। पिता कानून के स्नातक थे, पर उनकी रुचियाँ विविध थीं। कृषि, व्यापार, साहित्य, राजनीति, अध्यात्म, सभी में उन्होंने मन लगाया। तीन बार वे नोरो के मेयर भी रह चुके थे। इस नाते उनके घर सभी वर्गों के लोग आकर अपनी व्यथा-कथा सुना जाते थे। उनके पास पुरोहितों, धर्माचार्यों, साहित्यकारों

और कलाकारों का भी जमघट लगा रहता था। घर में एक अच्छा पुस्तकालय भी था। ग्रेजिया को अच्छी शिक्षा-दीक्षा मिली। साथ में यह पारिवारिक वातावरण उनके व्यक्तित्व के विकास में विशेष सहायक सिद्ध हुआ।

हाई स्कूल में ग्रेजिया ने इटालियन भाषा का अध्ययन किया और पढ़ाई के साथ-साथ ही लिखना भी शुरू कर दिया। दस से बारह वर्ष की अवस्था तक उनकी कई रचनाएँ स्कूल-पत्रिका में छपीं। फिर तेरह वर्ष की आयु में 'ट्रिब्यूना' पत्रिका में सुंदर लेख प्रकाशित होने पर उन्हें पचास लीरा का एक चेक मिला। ग्रेजिया का उत्साह तो इससे बढ़ा ही, परिवारवालों ने भी उच्च शिक्षा की स्वीकृति दे, उन्हें प्रोत्साहित किया।

सत्रह वर्ष की अवस्था में उनकी एक सुंदर कृति 'सार्डीनिया का फूल' नाम से प्रकाशित हुई तो शीघ्र ही लोगों का ध्यान इस नवोदित लेखिका की ओर आकृष्ट हो गया। इसके शीघ्र बाद 'साधु आत्मा' नामक उपन्यास प्रकाशित हुआ, जिसकी भूमिका एक प्रसिद्ध इटालियन साहित्यकार ने लिखी थी और जिसकी लाखों प्रतियाँ बिकीं। ग्रेजिया ने लिखा है कि इस उपन्यास के अधिकार किसी प्रकाशक को न दे वे स्वयं छपवा लेतीं तो उन्हें लाखों की आमदनी होती; पर तब वे एक अनुभवहीन तरुणी ही तो थीं। उन्होंने अपने संबंध में लिखते हुए यह भी बताया है कि अपनी आयु वे बढ़ाकर बताया करती थीं। जब तेरह वर्ष की थीं तो स्वयं को सोलह की बताती थीं और जब सोलह की थीं तो आयु बीस वर्ष कहती थीं कि छोटी बालिका की रचनाएँ समझकर लोग उनकी कृतियों की उपेक्षा न कर दें।

विद्यार्थी-जीवन से ही वे सार्डीनिया की विविध जातियों के जीवन का सूक्ष्म अध्ययन करने लगी थीं। उनकी सभी रचनाओं में जन्मभूमि सार्डीनिया का किसी-न-किसी रूप में चित्रण अवश्य है। स्वदेश के लोगों का रहन-सहन, वहाँ के रीति-रिवाज, लोककथाओं का सजीव चित्रण ग्रेजिया ने गद्य व पद्य दोनों में किया है। उन्होंने कई गीत और नाटक भी लिखे हैं, पर ख्याति उन्हें कथाकार के रूप में ही मिली। प्रायः सभी कहानियों और उपन्यासों की पृष्ठभूमि में सार्डीनिया है। सार्डीनिया के संबंध में वे लिखती हैं, "मैं सार्डीनिया को बखूबी जानती हूँ और उससे प्यार करती हूँ। इसके पर्वत और घाटियाँ मेरे ही अंग हैं। इसके लोग मेरे निजी परिचित लोग हैं। हमें विषय या प्लाट की खोज में दूर क्यों जाना चाहिए, जब कि आँख खोलते ही हर रोज जीवन-नाटक के सभी उपकरण हमें उपलब्ध हो जाते हैं। शक्ति या पकड़ से बाहर के विषय में हाथ डालने की अपेक्षा हम अपने आसपास के जीवन और अनुभव को ही क्यों न चित्रित करें! सार्डीनिया ने मुझे

पुकार-पुकारकर कहा—मुझे वाणी दो, मेरे बारे में लिखो। और मैंने लिखा।''

इसके अलावा वे कहती थीं, ''मैं अपने मन की शांति और सुख के लिए लिखती हूँ। मन की शांति पहली चीज है। पाठक और सफलता तो बाद में आते हैं।'' यद्यपि उनका घरेलू जीवन सुखद था, पर बचपन में मेयर पिता के घर अनेक दुःखी लोगों के दुःख देख-सुनकर उनके बाल-मन पर उसका जो अमिट प्रभाव पड़ा, वह उनकी रचनाओं के दुःखद व मार्मिक प्रसंगों में सर्वत्र देखने को मिलता है। उनकी अधिकांश कहानियाँ दुःखांत हैं, पर मानवीय संवेदना और सहानुभूति की गहराई के साथ जीवन के उच्च आदर्शों से प्रेरित। दोस्तोवस्की और गोर्की का काफी प्रभाव उनपर परिलक्षित होता है। ग्रेजिया की पुस्तकों में मनोविज्ञान का सूक्ष्म विश्लेषण न होकर बाह्य जगत् का अति सुंदर और प्रभावोत्पादक चित्रण मिलता है। घरेलू जीवन का जैसा वास्तविक और जीवंत चित्रण ग्रेजिया ने किया है वैसा अन्यत्र दुर्लभ है।

कविताओं और संक्षिप्त कहानियों से प्रारंभ करके ग्रेजिया डेलेडा शीघ्र ही बड़े-बड़े उपन्यास लिखने लगी थीं। सन् १८९१ से १९३१ के बीच कुल मिलाकर उन्होंने चौवालीस पुस्तकें प्रकाशित कराईं, जिनमें अधिकांश उपन्यास ही हैं। अंग्रेजी में इनके अनुवाद कम हुए हैं, स्कैंडिनेवियन, जर्मन, फ्रेंच भाषाओं में अधिक। जिस तरह फ्रेडरिक मिस्त्राल ने प्रावेंस का और सिग्रिड अनासेट ने मध्यकालीन नॉर्वे का गुणगान किया है, उसी तरह ग्रेजिया डेलेडा ने भी उच्च आदर्शों और मानवीय मूल्यों की स्थापना के उद्‌देश्य से प्रेरित हो अपने देश की परंपरा, संस्कृति और सार्डीनियन भाषा का पुनरुद्धार किया है। इटली-निवासी ग्रेजिया की रचनाओं के विशेष प्रशंसक हैं। बीती सदी में यूरोपीय साहित्य में नई धाराएँ बहानेवाले या नई देन देनेवाले साहित्यकारों में ग्रेजिया डेलेडा अपना महत्त्वपूर्ण स्थान रखती हैं। वे असाधारण लेखिका थीं। यद्यपि सारे पात्र और घटनास्थल सार्डीनियन होने के कारण बाहर के पाठकों को उन्हें सम्यक् रूप से समझने में कठिनाई होती है, फिर भी तथ्य-कथ्य के साथ उच्च मानवीय आदर्शों का समावेश कर उन्होंने अपनी रचनाओं को जिस ऊँचाई पर पहुँचाया है, उसके लिए वे नोबेल पुरस्कार की अधिकारिणी बनीं।

ग्रेजिया डेलेडा का विवाह लोंबार्डी-निवासी श्री मडसानी के साथ हुआ। पति को रोम में सेना विभाग में नौकरी मिलने पर ग्रेजिया को सार्डीनिया छोड़ रोम जाना पड़ा। वहाँ शहर से बाहर देहात में मकान बनवाकर ग्रेजिया लिखने में ऐसे जुटीं कि प्रतिवर्ष औसतन एक से अधिक पुस्तक प्रकाशित होती गईं। उपन्यास

लिखते समय वे उसका अंत पहले से नहीं सोच लेती थीं, बल्कि रचना के स्वाभाविक विकास पर बल देती थीं। उनकी दु:खांत रचनाओं में चोरों, डाकुओं, गुंडों से सताए गए और खून-खराबे के शिकार व्यक्तियों के प्रति गहरी सहानुभूति है; साथ ही ईश्वरीय शक्ति पर अटूट विश्वास। ग्रेजिया मानती थीं कि दुर्वृत्ति और पाप की विजय हो रही है, यह भ्रम हमेशा नहीं बना रहता। ईश्वर दुर्वृत्ति को अवश्य पराजित करता है, फिर चाहे यह पराजय किसी भी रूप में क्यों न हो। उनके 'द मदर', 'नोस्टाल्जिया', 'एशेज' आदि उपन्यासों में ऐसे भाव अप्रत्यक्ष रूप से बिखरे पड़े हैं।

'द मदर' या 'माँ' उपन्यास ने काफी ख्याति अर्जित की। 'नोस्टाल्जिया' में भी गहरी मानवीय संवेदना है। 'एशेज' या 'राख' में दु:ख की गहरी छाया है, जिसका नायक अपने आकर्षक व्यक्तित्व और दुर्बल चरित्र के कारण नैतिक व सामाजिक संघर्षों से गुजरता हुआ अपने जीवन में आई दोनों स्त्रियों—माँ और पत्नी—का विश्वास खो देता है और अंत में राख में मिल जाता है। इस कथा को फिल्माया भी गया था। फिल्म अमेरिका में काफी पसंद की गई।

'रीड्स इन द विंड' (हवा में सरकंडे के फूल) नामक रचना उनकी अपनी दृष्टि में सर्वाधिक प्रिय रचना है। उसमें बताया गया है कि हवा में झूमते सरकंडे के फूल की तरह ही मनुष्य के भाग्य का निर्णय भी हवा के रुख पर निर्भर करता है। 'फ्लाइट इन टू इजिप्ट' (मिस्र में उड़ान) रचना में भी ऐसे भावों का समावेश है।

'आफ्टर द डाइवोर्स' (तलाक के बाद) रचना काफी चर्चित और विवादास्पद रही। इसमें इवा नाम की एक स्त्री के पति को एक राजनीतिक अपराध में सत्ताईस वर्ष के लिए जेल हो जाती है। इस बीच सार्डीनिया में एक कानून पारित होता है कि जिन स्त्रियों के पति राजनीतिक अपराध में लंबी सजा के कैदी हैं, वे दूसरे पुरुषों से विवाह कर लेने के लिए स्वतंत्र हैं। ग्रेजिया ने अपने उपन्यास की नायिका इवा से इस कानून की भर्त्सना करवाते हुए कहलवाया है, "ये कैसे विचार हैं? क्या ईश्वर के अतिरिक्त कोई विवाह के पवित्र बंधन को भी रद्द कर सकता है?" इस उपन्यास में एक अन्य स्त्री गिवोवनी का चरित्र भी बड़ा मार्मिक है। गोधूलि वेला में भी एक बंद कमरे में निराश-हताश बैठी वह सिर हिलाती रहती है और कमरे के एकमात्र दरवाजे से झाँकते, सुदूर आकाश में टिमटिमाते एक तारे को निहारती रहती है। इसका भी पति जेल में है। ब्रांटू नामक व्यक्ति उसे बेहद चाहता है। उसके लिए दुनिया में दो ही वस्तुएँ हैं—एक मदिरा, दूसरी गिवोवनी। पर गिवोवनी अपनी माँ के भय से और अपने जेलवासी पति का ध्यान कर उसके प्यार

को निरंतर ठुकराती रहती है। ऐसा करने में पाप की एक अदृश्य छाया भी उसके मन में मँडराती है, जो उसे ब्रांटू का प्रस्ताव स्वीकार करने से रोकती है। फिर भी अंततः परिस्थितियों से बाध्य हो वह ब्रांटू को समर्पण कर देती है। ब्रांटू से उसे एक बच्चा हो जाता है, फिर भी उसे लगता है, प्रेम वह अपने जेलवासी पति कांस्टैंटिनो से ही करती है, ब्रांटू से नहीं। कांस्टैंटिनो जेल से छूटकर आता है तो अपनी पत्नी को पराई देखकर उसे बेहद धक्का पहुँचता है। पहले तो वह कहीं भाग जाना चाहता है, पर गिवोवनी को देखते रहने का आकर्षण उसे भागने नहीं देता। वह वहीं बस जाता है, निराश हो एक अर्धविक्षिप्त लड़की से मिलने-जुलने लगता है; पर प्रतिदिन प्रतीक्षा गिवोवनी की ही करता है। फिर ब्रांटू कुछ समय के लिए बाहर चला जाता है। मरणासन्न अवस्था में वापस आकर शीघ्र ही मर जाता है। तो स्थानीय परंपरानुसार मदर बैचीसिया कांस्टैंटिनो से कहती है, ''बेचारा ब्रांटू आज मर रहा है। परमात्मा शनिवार को मरनेवाले को मुक्ति नहीं देता।'' वातावरण बोझिल हो जाता है और कहानी का अंत दु:खांत। पर ग्रेजिया उसी समय आस-पास बिखरे प्राकृतिक वैभव का सुंदर चित्रण कर वातावरण की इस बोझिलता को हलका कर देती है। उपन्यास रोचक और मार्मिक है, पर पात्रों के चरित्र-चित्रण की त्रुटियों के कारण वह विवादास्पद रहा।

ग्रेजिया की कुछ चुनी हुई प्रारंभिक रचनाएँ बाद में 'हैपर्स' मैगजीन में प्रकाशित की गईं। उनकी 'चमत्कार' कहानी 'संसार की सर्वश्रेष्ठ कहानियाँ' में संकलित हुई। उनके 'घृणा' नाटक का अनेक बार सफलतापूर्वक मंचन किया गया। मुसोलिनी ग्रेजिया के बहुत प्रशंसक थे। सन् १९३६ में उन्होंने ग्रेजिया को 'इटैलियन एकेडमी ऑफ इम्मार्टल्स' की सदस्या चुन लिया। इस सम्मान के साथ सन् १९३६ में ही मिले नोबेल पुरस्कार के कारण इटली-निवासी ग्रेजिया को बड़े सम्मान की दृष्टि से देखते थे। फिर भी अपनी प्रकृति के अनुसार ग्रेजिया सामाजिक सम्मेलनों व समारोहों में बहुत कम भाग लेती थीं। एकांत जीवन ही उन्हें पसंद था।

एक इटैलियन समीक्षक के अनुसार, ''ग्रेजिया की शैली सुबोध और अपने आप में निराली है। विदेशी साहित्यकारों का प्रभाव उनपर नगण्य है; न ही उन्होंने विदेशियों को दृष्टि में रखते हुए लिखा है। उनकी सभी रचनाओं में सार्डीनिया है और उनका पूरा लेखन सार्डीनिया-निवासियों को समर्पित है। फिर भी मानवीय संवेदना, सजीव चित्रण और अद्‌भुत रचना-कौशल के कारण उनकी रचनाएँ अंतरराष्ट्रीय स्तर की मानी गईं।'' एक अन्य समीक्षक ने उनकी 'ला मार्डे' कहानी की प्रशंसा करते हुए लिखा है कि इटली में ऐसी कहानी और नहीं लिखी गई।

ग्रेजिया की 'इपोपे' नामक कविता तो सारे सार्डीनिया के लोगों की जबान पर चढ़ गई थी।

नोबेल पुरस्कार प्रदान करते हुए स्वीडिश एकेडमी ने उनके बारे में कहा—

"आदर्शवाद से प्रेरित इनकी रचनाओं के लिए, जो अमूर्त को बड़ी सहजता और स्पष्टता के साथ मूर्त में ढाल अपने द्वीप के जीवन को चित्रित करती हैं तथा गहराई और सहानुभूति के साथ समूची मानव जाति की समस्याओं का सम्यक् विश्लेषण प्रस्तुत करती हैं, इन्हें यह पुरस्कार दिया जा रहा है।"

प्रमुख कृतियाँ

१. आफ्टर द डाइवोर्स
२. द मदर
३. रीड्स इन द विंड
४. एशेज
५. टू मिरैकिल्स
६. फ्लाइट इन टू इजिप्ट
७. फ्लॉवर ऑफ सार्डीनिया
८. नोस्टाल्जिया
९. एनीम ऑनेस्ट

□

मध्यकालीन जीवन का सशक्त चित्रण

सिग्रिड अनसेट

[पुरस्कार वर्ष १९२८]

सन् १९२८ का साहित्यिक पुरस्कार पानेवाली सुप्रसिद्ध उपन्यास लेखिका सिग्रिड अनसेट नॉर्वेजियन थीं। पुरस्कार पाने से पूर्व ही साहित्य-जगत् में उन्होंने अपना अच्छा स्थान बना लिया था और सर्वत्र चर्चा होने लगी थी कि उन्हें शीघ्र ही विश्व-विख्यात नोबेल पुरस्कार मिलेगा। उनके अधिकांश उपन्यासों का कथाकाल चौदहवीं-पंद्रहवीं शताब्दी और घटनास्थल नॉर्वे है, फिर भी सार्वजनीन मनोरंजन व आकर्षण की उनमें कमी नहीं है। चरित्र-चित्रण की विचित्रता और सजीवता, अद्‍भुत रचना-कौशल और सुंदर मनोविश्लेषण के कारण उनके मोटे-मोटे उपन्यासों ने भी पाठकों को आश्चर्यचकित कर रखा था। पाठक उनके बारे में अधिक-से-अधिक जानने को उत्सुक हो ही रहे थे कि नोबेल पुरस्कार की घोषणा ने इस एकांतप्रिय और घरेलू जिंदगी पसंद करनेवाली स्त्री को समूचे विश्व के सम्मुख प्रस्तुत कर दिया।

सिग्रिड अनसेट का जन्म डेनमार्क के कैलेंडबर्ग नामक स्थान में १० मई, १८८२ को हुआ था। पिता नॉर्वे के प्रसिद्ध इतिहासवेत्ता और पुरातत्त्वविद् थे। माँ डेनिश थीं। सिग्रिड ने ओसलो के महिला महाविद्यालय में शिक्षा पाई थी। बचपन

में पिता की प्रेरणा से उन्हें नॉर्वे के इतिहास का अच्छा ज्ञान हो गया था। स्कूली अवस्था से ही उन्होंने पिता के सचिव का कार्य सँभाल रखा था। उनकी नई-पुरानी पुस्तकों को सँभालकर रखना, उनके लिखे कागज-पत्रों की व्यवस्था करना, जब जो पुस्तक माँगें, लाकर देना और उनके संदर्भ खोजकर देना—यह सब काम उनके जिम्मे था। इसी तरह इतिहास-संदर्भों पर पिता से बात करते, उनकी व्याख्याएँ सुनते सिग्रिड को इतिहास का अच्छा ज्ञान हो चला था। पिता की अध्यवसायी प्रकृति का भी उनपर अच्छा प्रभाव पड़ा। इतिहासज्ञ पिता के संपर्क में अर्जित इस ज्ञान और अनुभव का अपने भावी उपन्यासों के लिए उन्होंने खासा संचय कर लिया था, जो आगे चलकर काम आया।

पिता की मृत्यु हो जाने के बाद सिग्रिड ने कठिनाई से शिक्षा समाप्त की। फिर अपना जीवन एक अत्यंत निम्न स्तर से प्रारंभ किया। सन् १८९९ में अपने शहर के ही एक कार्यालय में क्लर्की शुरू करके १९०९ तक दस वर्ष इसी नौकरी में बनी रहीं। अपने दैनिक जीवन की अधिकांश शक्ति कार्यालय के कार्य में खर्च करके भी वे पढ़ने-लिखने का समय निकालकर अपने ध्येय की ओर धीरे-धीरे बढ़ती रहीं। दफ्तरों में काम करनेवाली लड़कियों के जीवन और समस्याओं का सजीव चित्रण इसी काल की देन है। यही नहीं, इन दस वर्षों में नागरिक जीवन का एक सर्वांग चित्र भी उन्होंने अपने हृदय में अंकित कर लिया था, तभी तो गाँव में रहकर लिखे उपन्यासों में शहरी चरित्रों की सही अवतारणा वे कर सकीं । किशोर व तरुणावस्था से उठकर प्रारंभिक यौवनावस्था के ये वर्ष ही किसी युवती के लिए शायद प्रतिभा के सर्वोत्तम उपयोग के वर्ष होते हैं, सिग्रिड की इस उम्र की सचेत प्रतिभा ने यह सिद्ध कर दिया।

इसका एक कारण यह भी हो सकता है कि बचपन में उनकी स्वाभाविक प्रवृत्ति चित्रकला की ओर थी। कुछ अभ्यास भी उन्होंने कर लिया था। पर पिता द्वारा इतिहास की ओर मोड़ दिए जाने पर चित्रकला-साधना में व्यवधान उपस्थित हो गया था। उनके उपन्यासों में मानव-प्रकृति और बाह्य प्रकृति दोनों के सजीव शब्द-चित्रों की भरमार संभवतः उनके चित्रकला की ओर स्वाभाविक रुझान की देन है।

उनके प्रारंभिक उपन्यास 'फ्रूं मर्थाआउलो', 'डेन लिकीलिज एलडर' और 'हैपी एज' थे। जैसा कि स्वाभाविक है, उनसे उन्हें विशेष प्रसिद्धि नहीं मिली। ये लिखे भी गए थे कार्यकारी जीवन की व्यस्तता के बीच—सन् १९०७ से १९०९ तक। फिर सन् १९११ में उनका एक उपन्यास प्रकाशित हुआ—'जेनी'। इसने

सिग्रिड को एकदम प्रसिद्धि दे दी। उनका नाम उच्च कोटि के लेखकों में गिना जाने लगा। इस उपन्यास में ओसलो की कहानी दी गई है और प्रेम की समस्या का निर्वाह बड़े साहस व कौशल के साथ किया गया है, जो कि उस समय की लेखिकाओं से प्रायः अपेक्षित नहीं था। नारी-प्रकृति का ऐसा स्पष्ट व सजीव चित्रण उस समय अन्यत्र दुर्लभ था।

'जेनी' की कहानी उनकी प्रतिनिधि कहानी मानी जाती है, जिसमें प्रेम और उच्च जीवन दोनों की तलाश में भटकती नारी अंत में निराश हो आत्महत्या कर लेती है। जेनी नॉर्वे की एक भावुक युवती है। अपनी मातृभूमि में अपने व्यक्तित्व-विकास के अवसर न पा वह कला-कौशल का अध्ययन करने रोम चली जाती है। कला-साधना से उसे संतोष भी मिलता है, आनंद भी। पर आनंद जब तक किसी से बँटाया न जाए, उससे सुख प्राप्त नहीं होता। तब उसमें कला के साथ-साथ एक दूसरी भूख जागती है—प्रेम और प्रेमी की। अट्ठाईस वर्ष की अवस्था में वह हेल्गे नामक व्यक्ति से प्रेम करने लगती है। पर हेल्गे उससे मानसिक और नैतिक—हर धरातल पर कमजोर साबित होता है। वह उसे पत्नी और माँ के सम्मिलित प्यार-सा स्नेह और ममत्व देती है, पर पूर्णता और सार्थकता की माँग इससे भरती नहीं। जब वह हेल्गे के साथ नॉर्वे लौटती है तो पुनः निराशा से भर उठती है। वह फिर रोम लौट जाती है और कला में स्वयं को डुबोकर इस निराशा को भुला देना चाहती है। किंतु कब तक? कुछ समय तक अपनी असफलता को झेलकर अंत में वह आत्महत्या कर लेती है। अंतिम दृश्य इतना मार्मिक बन पड़ा है कि पाठक द्रवीभूत हो उठते हैं। जेनी एक जगह स्त्रियों की दशा का वर्णन करते हुए अपने कलाकार साथी गनर हेगेन से कहती है, "जिन्हें कोई प्रेम नहीं करता उनका मन विभाजित और स्वभाव द्वंद्वपूर्ण हो जाता है।" अपने इसी साथी से वार्त्तालाप करते हुए एक अन्य जगह जेनी कहती है, "काम करने का अपना आनंद है, जो एकदम व्यक्तिगत बात है। इसे हम किसी से बँटा नहीं सकते, इसलिए काम से आनंद तो प्राप्त कर सकते हैं, सुख नहीं।"

जेनी के बाद सिग्रिड अनसेट ने विवाहिता स्त्रियों को नायिका बनाकर कई कहानियाँ लिखीं और उनमें प्रेम के मार्ग में आनेवाले संघर्ष और बाधाओं का वर्णन किया। इन कहानियों में करुणा तो है, पर 'जेनी' जैसी निराशा नहीं। 'जेनी' के बाद इस दिशा में आश्चर्यजनक विकास हुआ है, मानो लेखिका ने समस्या का समाधान पा लिया हो। उनके 'बसंत' नामक उपन्यास में दुःख और भूलों के स्थान पर संतोष, आशा और आशीर्वचन की झलक मिलती है।

'जेनी' की सफलता के बाद सन् १९१२ में उन्होंने ए.सी. स्वर्स्टेड नामक एक चित्रकार से विवाह कर लिया और कुछ समय तक दांपत्य एवं मातृत्व दोनों का सफल निर्वाह करते हुए उपन्यास-लेखन में जुटी रहीं। सन् १९२१ में वे रोमन कैथोलिक हो गईं और इसी कारण पति से उनका संबंध-विच्छेद हो गया। उन दिनों वे चौदहवीं और पंद्रहवीं शताब्दी का यूरोपीय इतिहास पढ़ रही थीं, जब कि पाशविक बल धर्म पर मनमाने अत्याचार कर रहा था। सिग्रिड अनसेट का यह गंभीर अध्ययन छह वर्ष तक चलता रहा। इस बीच उन्हें रोमन कैथोलिक धर्म के प्रति श्रद्धा हो गई और वह इतनी बढ़ी कि उन्होंने कैथोलिक धर्म की अनुयायिनी बनना पसंद किया। यह बात उनके पति के विचारों के प्रतिकूल थी, अत: उन्होंने सिग्रिड से अपना संबंध तोड़ लिया। वे बच्चों को लेकर लीलेहैमर नामक स्थान में पति से अलग रहने लगीं।

तब तक उनकी प्रसिद्धि काफी हो चुकी थी। धन भी जुटने लगा था। प्रकाशक निरंतर उनकी पुस्तकों की माँग करने लगे थे। बच्चों के पालन-पोषण में वे पूरी तल्लीनता और सुख का अनुभव करती थीं, इसलिए प्रारंभ में लेखन की गति धीमी रही। पर क्रम कभी नहीं रुका; धीरे-धीरे किंतु निरंतर लिखती चली गईं। लिखते समय अपने पात्रों के साथ भी वे वैसी ही तल्लीनता महसूस करती थीं, इसलिए वे चरित्र इतने जीवंत बन पड़े हैं। उनके पात्रों की अवास्तविक सुख की तलाश और उनके मानसिक द्वंद्व का चित्र पाठकों के मन पर खिंच जाता है।

उनकी प्रारंभिक रचनाओं में सूक्ष्म पर्यवेक्षण और वर्णन-शक्ति के बावजूद निराशा की गहरी छाप है। उनके कथानक भी युवक-युवतियों के मानसिक संघर्ष, बेमेल विवाह, असंतुष्ट दांपत्य आदि पारिवारिक व सामाजिक समस्याओं से संबंधित हैं। जीवन के उच्च आदर्शों के लिए आत्मोत्सर्ग की भावना उनमें कम है। पर बाद में मध्यकालीन नॉर्वे के कथानक लेकर उन्होंने जो सुप्रसिद्ध उपन्यास लिखे हैं, उनमें जीवन के निश्चित सिद्धांतों का निरूपण हुआ है। यद्यपि उनमें भी करुण रस की प्रधानता है, पर उनके पात्र अपने लौकिक क्लेश का शमन अध्यात्म में करते हुए अंतत: आत्म-बलिदान में शांति अनुभव करते हैं। जहाँ किसी पात्र ने जाति-बंधन और नैतिक विधान का उल्लंघन किया, ग्रीक नाटकों की तरह वहाँ से उसकी अथक कष्ट-गाथा शुरू हुई और उसका अंत हुआ पश्चात्ताप में या धार्मिक मठों और गिरजों की क्रियात्मक सेवा के रूप में आत्मोत्सर्ग में। इस तरह मानवीय दुर्बलताओं के उदात्तीकरण या परिशोध द्वारा मानवीय मूल्यों की स्थापना के प्रति उनकी निष्ठा परिलक्षित होती है।

इन कथानकों में सिग्रिड ने अपनी मातृभूमि के मध्यकालीन इतिहास को अपनी विशिष्ट शैली में चित्रित किया है, जिसमें स्कैंडिनेवियन वीरगाथाओंवाली प्राचीन पद्धति और आधुनिक मनोविश्लेषणात्मक पद्धति दोनों का सुंदर सामंजस्य है। श्रमजीवियों, किसानों और अन्य मध्यवर्ती श्रेणी के लोगों के घरेलू और सामाजिक दृष्टि से सीमित जीवन का ऐसा सजीव चित्रण अन्यत्र बहुत कम मिलता है। पात्रों के मनोविश्लेषण के माध्यम से वातावरण और वातावरण के सूक्ष्म वर्णन के माध्यम से पात्रों के चरित्र को उभारने में उन्हें बहुत दक्षता प्राप्त है। कथा-गद्य के साथ तत्कालीन गीत और दार्शनिक प्रवचन जोड़कर उन्होंने उस वातावरण को इतना सजीव और मनोरंजक बनाया है कि इक्कीसवीं शताब्दी के पाठक को छह-सात शताब्दी पूर्व के इन चरित्रों के साथ तादात्म्य स्थापित करने में कोई कठिनाई नहीं होती और वह उसमें पूरा रस लेता है। यही सिग्रिड अनसेट की सफलता का प्रमुख कारण भी हो सकता है।

सिग्रिड अनसेट ने आधुनिक जीवन के उपन्यास लिखते-लिखते मध्यकालीन कथानक क्यों लिखने शुरू कर दिए? इसपर कई समीक्षकों ने आश्चर्य प्रकट किया है। पर प्राचीन कथानकों और संस्कृति के प्रति प्रेम तो उन्हें पिता से विरासत में मिला था। उसे अपनी रचनाओं में ढाले बिना वे रह ही कैसे सकती थीं! उन्होंने आधुनिक जीवन पर लिखे गए उपन्यासों में भी संदर्भ के अनुसार प्राचीन गीतों का समावेश किया है। उनके प्रारंभिक उपन्यासों में भी नॉर्वे के प्राचीन कथानक पर लिखा एक उपन्यास है—'विगो जाट और विवाडस', जो सन् १९०९ में लिखा गया था। सम्राट् आर्थर और उनके मुसाहिबों की कहानी 'किंग आर्थर', जो कि उनकी संसार-प्रसिद्ध रचनाओं में से एक है, १९१५ की रचना है।

इसके बाद अनेक छुटपुट कहानियों की रचना के साथ उन्होंने महिला-समस्याओं पर कई निबंध भी लिखे। कहानियाँ 'युअर फैट्स' नामक कहानी-संग्रह में संगृहीत हैं। 'साइन सेन' नामक एक कहानी 'नॉर्वे की सर्वोत्तम कहानियाँ' में संकलित है। और निबंधों का संग्रह 'एक स्त्री का दृष्टिकोण' शीर्षक से प्रकाशित हुआ है। 'ए वूमेंस व्यू पॉइंट' नाम के इस निबंध-संग्रह से उनके व्यक्तिगत विचारों की अच्छी झलक मिलती है। स्त्रियों की समानता के प्रश्न पर वे लिखती हैं—

''स्त्रियों को समानता के अधिकार की आवश्यकता नहीं है। व्यक्तिगत रूप से मुझे घर का कार्य बड़ा आकर्षक और आनंददायक लगता है। नॉर्वे की अधिकांश लेखिकाएँ गृहस्थी में जीवन जीती हैं और अपने हाथ से खाना पकाना पसंद करती हैं। जिस स्त्री को खाद्य सामग्री से सौंदर्यानुभूति नहीं मिलती, वह स्त्री नहीं है। मुझे

तो घर से बाहर का काम कभी पसंद नहीं आया। किसी ऐसे पुरुष की आज्ञा का पालन करने की अपेक्षा, जो मेरा परिचित नहीं है, मैं अपने पिता के बूटों पर पॉलिश करना अधिक पसंद करती थी।''

इसी तरह एक अन्य लेख में उन्होंने लिखा है—''कॉमरेडपन की सारी बातें व्यर्थ हैं। ये व्यक्ति को परस्पर उत्तरदायित्व और कृतज्ञता की भावनाओं से वंचित कर उसका जीवन रूखेपन और खीझ से भर देती हैं और उसे उसकी प्राकृतिक स्थिति—जीविकोपार्जन और संतान-रक्षण—से दूर ले जाती हैं।''

इन निबंधों में उन्होंने सत्य से दूर स्वाधीनता के खयाली पुलावों की खुलकर निंदा की है। स्त्री की सर्वोत्तम भूमिका माँ के रूप में है। यहीं वह पुरुष से श्रेष्ठ है। नैतिक दृष्टि से ऊँचा उठने की बात भी तभी पैदा होती है, जब कि दूसरों के लिए जीने में जीवन की सार्थकता देखी जाए।

निबंधों में अपने विचारों को इस प्रकार व्यक्त करने के अलावा अपने उपन्यासों और कहानियों का विषय भी उन्होंने मुख्यत: स्त्रीत्व को ही चुना है। 'क्रिस्टीन लेवरेंसडेटर' में यह स्त्रीत्व-चित्रण अपनी पराकाष्ठा और सिग्रिड की श्रेष्ठतम उपलब्धि के रूप में हुआ है। इसी उपन्यास ने सिग्रिड अनसेट का नाम 'नोबेल पुरस्कार' के पूर्व ही विश्वविख्यात साहित्यकारों में प्रतिष्ठित किया था और उन्हें साधारण मध्य-वित्त स्थिति से उठाकर धनवानों की श्रेणी में ला बैठाया था। कुछ ही दिनों में इस उपन्यास की पाँच लाख प्रतियाँ बिक गई थीं।

'क्रिस्टीन लेवरेंसडेटर' तीन भागों में प्रकाशित रचना है, जिसे सिग्रिड की सर्वश्रेष्ठ कृति माना गया है। पहला भाग 'द ब्राइडल रीथ' तो आधुनिक नॉर्वे के महान् कथा-साहित्य में सर्वोपरि है। चरित्र चित्रण और रचना-कौशल, दोनों दृष्टियों से यह रचना बहुत सुगठित है। आधुनिक साहित्य में ऐसे अंश बहुत कम मिलेंगे जो वैसा प्रभाव उत्पन्न करने और सौंदर्यानुभूति जगाने में सफल हों, जैसा कि इस उपन्यास में है। नायिका क्रिस्टीन लेवरेंसडेटर के बचपन, प्रौढ़ावस्था और अंतिम दिनों के वर्णन के साथ उसकी माँ रैनफ्रिड और पिता लावरेंस जार गल्फसन के चरित्र भी बहुत सुंदर बन पड़े हैं। लावरेंस जार गल्फसन नॉर्वे के प्रतिष्ठित गृहस्वामी हैं, जो अपनी परंपरा को ठीक-ठीक निभाते हैं। क्रिश्चियन धर्म की दीक्षा पाकर वे और भी शालीन, धैर्यवान् और कोमल हृदय हो गए हैं। उनका पत्नी के प्रति प्रेम, पुत्री और दामाद से व्यवहार एक आदर्श पुरुष की तरह है और उन्होंने एक योग्य व वीर पिता की भूमिका निभाई है। रैनफ्रिड (क्रिस्टीन की माँ) भी अपनी बेटी का विवाह हो जाने के पश्चात् अपने दामाद को अपने जीवन के जो अनुभव सुनाती है

उससे उसके उदात्त चरित्र की अच्छी झाँकी मिलती है। अपने जीवन के छिपे रहस्य, भावुकतावश उठाए कष्ट और फिर पति के लिए किए हुए बलिदान—सभी की कहानी उसमें है।

उपन्यास में यात्राओं, प्राकृतिक शोभा, क्रिस्टीन एवं एर्लेंड के विवाह और उस अवसर पर दिए जानेवाले भोज का वर्णन बहुत अच्छा बन पड़ा है। क्रिस्टीन के सौंदर्य, उसके स्त्रीत्व तथा मातृत्व के गुणों का वर्णन भी काव्यात्मक परंपर और अद्वितीय सुंदरता के साथ किया गया है। एर्लेंड साहसी और आकर्षक युवक है, लेकिन उसके जीवन में संतुलन और व्यवस्था का अभाव है। क्रिस्टीन पत्नी और माँ दोनों की भूमिका समान रूप से निभाते हुए अपने अव्यवस्थित पति के प्रति भी उतना ही भक्ति-भाव रखती है जितना कि अपने उदीयमान बच्चों के प्रति वात्सल्य-स्नेह। जब लड़के अपने जीवन में स्थापित हो जाते हैं और एर्लेंड की मृत्यु हो जाती है तो वह संसार के झंझटों से छुट्टी पाकर पर-सेवा के लिए एक मठ में रहने लगती है। समाज के हित में भारतीय वानप्रस्थ और संन्यास की-सी स्थितियों से सिग्रिड के उपन्यासों की ये स्थितियाँ कितनी मिलती हैं! इस उपन्यास के अन्य दो भागों के नाम हैं—'मैजेस्टी ऑफ हुसादी' तथा 'द क्रॉस'। कथानक तीनों को मिलाकर पूर्ण होता है।

यद्यपि यह रचना सिग्रिड की सर्वश्रेष्ठ कृति मानी गई है, पर कुछ समीक्षकों की राय में इसके बाद की उनकी रचनाएँ और भी अधिक प्रौढ़ हैं। 'मास्टर ऑफ हेस्टविकेन' नामक उनकी अगली रचना भी चार खंडों में विभाजित है—क्रमशः 'द ऐक्स', 'द स्नेक पिट', 'इन द वाइल्डरनेस' एवं 'द सन एवेंजर'। इसका नायक है—ओलेव ओंडसन। उसकी स्त्री का नाम है—इनगन। इनगन का चरित्र क्रिस्टीन से बिलकुल भिन्न है। ओलेव समुद्री यात्राओं का शौकीन है। उसकी कहानी नॉर्वे के व्यापार, उद्योग की कहानी से जुड़ी हुई है। ओलेव एक साहसी और जीवन में सफल व्यक्ति है जिसके चरित्र को उभारने के लिए ईरिक नामक पात्र को उपस्थित किया गया है। ओलेव ने इनगन को उसके पूर्व पति टीट को मारकर प्राप्त किया था। ईरिक इनगन का टीट से पुत्र है। एक लंबे समय तक इस दुर्बल और अर्धविक्षिप्त युवक ईरिक से ओलेव घृणा करता रहता है। फिर एक दिन ओलेव के जीवन में ऐसा आता है कि जब वह स्वयं पक्षाघात से पीड़ित हो दूसरों का मोहताज हो जाता है। इस एकाकी और रुग्णावस्था में उसके हृदय में अपने उपेक्षित बेटे ईरिक के प्रति स्नेह जागने लगता है। यहीं ईरिक की सौतेली बहन सिसलिया का चरित्र उभरता है। सिसलिया, जो उसके पिता के अनुसार

प्रभात के ओस कण की तरह शीतल और पवित्र थी, अपने पति जारंड और प्रेमी एस्लाक के त्रिकोण में फँसकर प्रेम, घृणा, कर्तव्य और वासना के भँवर में डोलती रह जाती है। अंत में शोकाकुल हो उसका चेहरा भावहीन पत्थर-सा हो जाता है। वह न अपने बच्चों से हँस-बोल सकती है, न कोई उपयोगी कार्य कर सकती है। उसके नेत्रों की चमक एकदम बुझ-सी जाती है।

सिग्रिड अनसेट के उपन्यासों में इसी तरह गृह-स्वामी, स्त्री, बच्चे, नौकर, मेहमान सभी को लेकर सुंदर गृहस्थ जीवन का ताना-बाना बुना गया है, जिसमें प्रत्येक चरित्र अपना अलग महत्त्व रखते हुए भी अन्य चरित्रों को उभारने का कारण बन पारिवारिक जीवन को उच्च आदर्शों की ओर प्रेरित करता है। सभी पात्र समुदाय भावना से बँधे हैं और परिवार व समाज की भलाई के लिए तत्पर दिखाई देते हैं। रचनाओं में घटना-विकास धीरे-धीरे होता है और बहुत ही सहज रूप में पाठकों के साथ तादात्म्य स्थापित करते हुए। दैनिक जीवन की बारीकियों और प्राकृतिक शोभा के वर्णन बड़े मोहक हैं। ओलेव जब समुद्र-यात्रा से लौटता है तो घर की छोटी-से-छोटी बात में आनंद ले सुख प्राप्त करता है।

इन उपन्यासों में आध्यात्मिक जीवन और गिरजाघरों को भी खूब महत्त्व दिया गया है। लेखिका पाप-शोधन के लिए ईश्वर की शरण में जाने और दीन-दुःखियों की सेवा में जीवन अर्पित करने में विश्वास रखती है। साथ ही उसका यह विश्वास भी साफ झलकता है कि संसार में निष्पाप जीवन हो ही नहीं सकता। उन्होंने ईरिक के मुँह से एक जगह यह कहलवाया है कि बिना कोई भी पाप किए शायद कोई भी व्यक्ति जीवन व्यतीत नहीं कर सकता। उनकी 'प्रतिशोधक का पुत्र' रचना मानवीय भूल, कष्ट-सहन, पारिवारिक प्रेम और क्षमाशीलता की कहानी है। पर सभी में पीड़ा का परिमार्जन उदात्तता में या आध्यात्मिक शांति और जनसेवा में कर जीवन की सार्थकता ढूँढ़ने का समानांतर प्रयत्न है।

सिग्रिड अनसेट के उपन्यासों की सफलता इसमें भी है कि इक्कीसवीं शताब्दी के पाठक भी उनकी छह-सात शताब्दी पूर्व की कहानियों और तत्कालीन लोगों की भावनाओं-समस्याओं को समझने में कोई कठिनाई अनुभव नहीं करते। उनकी रुचि न केवल बराबर बनी रहती है, बल्कि घटनाक्रम के विकास के साथ विकसित भी होती रहती है। यह सफलता अध्यवसाय की सफलता भी कही जा सकती है। सिग्रिड अनसेट ने पंद्रह वर्षों तक मध्यकालीन इतिहास का सूक्ष्य अध्ययन करने के बाद ही इस दिशा में लेखनी उठाई थी। तब तक वे समसामयिक सामाजिक उपन्यास ही लिखती रही थीं। ऐतिहासिक चरित्रों के तथ्यपरक और भावप्रवण चित्रण के साथ

तत्कालीन वातावरण का दिग्दर्शन उनके इन उपन्यासों की विशेषता है और इसी विशेषता ने उन्हें बीसवीं शताब्दी के सर्वश्रेष्ठ लेखकों की पंक्ति में ला बिठाय है।

उनकी आधुनिक काल के संदर्भ में लिखी रचनाओं में 'द वाइल्ड आर्किड' तथा 'द बर्निंग बुश' के नाम उल्लेखनीय हैं।

अनसेट को अपने ग्राम, अपने घर और बच्चों से बहुत प्रेम था। वे हमेशा घर पर ही रहती थीं और बहुत कम बाहर निकलती थीं। उनके आदर्श भारतीय गृहिणी के आदर्शों से मिलते-जुलते हैं। नोबेल पुरस्कार की सूचना पत्रों में प्रकाशित होते ही जब विभिन्न पत्रों के संवाददाता उनके घर पर जा पहुँचे तो वे उस समय अपने बच्चों को सुलाने जा रही थीं। इस कार्य में कोई व्यवधान उन्हें पसंद न था। उन्होंने पत्र-संवाददाताओं से बड़ी सरलता और नम्रता से कहा, "मैं आप लोगों के कष्ट उठाकर यहाँ आने का कारण समझती हूँ। अभी-अभी केबिल द्वारा मुझे सूचना मिल गई है कि मुझे इस वर्ष का नोबेल पुरस्कार दिया गया है। यह मेरे लिए सौभाग्य व प्रसन्नता का विषय है। पर इससे भी अधिक प्रसन्नता मुझे अपने बच्चों के साथ रहने में मिलती है। यह समय मेरे बच्चों के सोने का समय है, दर्शन, अध्यात्म या साहित्य-चर्चा करने का नहीं। अत: मैं क्षमा चाहती हूँ।"

सवेरे तड़के उठकर वे लिखती थीं। फिर घर का काम और बच्चों के साथ समय। फिर शाम को बगीचे में रंग-बिरंगे फूलों के साथ। अपनी पुस्तकों से आय बढ़ने पर उन्होंने अपना निजी घर भी नॉर्वे के मध्यकालीन महलों के नमूने का बनवाया था। उन्हें उस माहौल से कुछ इतना प्रेम हो गया था कि घर की सज्जा, वेशभूषा सभी में स्वयं को उसी रंग में रँग डालना चाहती थीं।

सिग्रिड अनसेट को नोबेल पुरस्कार प्रदान करते समय स्वीडिश एकेडमी ने कहा था—

"विशेष रूप से नॉर्वे के मध्यकालीन जीवन के सशक्त चित्रण के लिए यह पुरस्कार दिया जा रहा है।"

प्रमुख कृतियाँ

१. क्रिस्टीन लेवरेंसडेटर (तीन भाग)—(क) द ब्राइडल रीथ, (ख) द मेजेस्टी ऑफ हुसादी, (ग) द क्रॉस

२. मास्टर ऑफ हेस्टविकेन (चार भाग)—(क) द ऐक्स, (ख) द स्नेक पिट, (ग) इन द बाइल्डरनेस, (घ) द सन एवेंजर

३. जेनी
४. हैप्पी एज
५. वाइज वरजिंस
६. ए वीमेंस व्यू पॉइंट
७. द मिस्ट्रेस ऑफ हसबी
८. गुन्नार्स डॉटर
९. इमेजेज इन ए मिरर
१०. द वाइल्ड आर्किड
११. द बर्निंग बुश
१२. मैडम डोरोथी
१३. द फेथफुल वाइफ
१४. द लांगेस्ट ईयर्स
१५. मैन, वूमैन एंड प्लेसेज
१६. स्टेजेज ऑन द रोड
१७. इडा एलिजाबेथ
१८. सागा ऑफ सेंट्स
१९. किंग आर्थर
२०. यूअर फैट्स

□

चीनी किसानों के यथार्थ जीवन का महाकाव्य जैसा चित्रण

पर्ल बक

[पुरस्कार वर्ष १९३८]

साहित्य में सन् १९३८ का नोबेल पुरस्कार प्रख्यात लेखिका पर्ल बक को मिला। इस साहित्यिक पुरस्कार से सम्मानित होनेवाली आप अमेरिका की प्रथम महिला थीं, जो अस्सी वर्ष की आयु में भी उद्‌देश्यपूर्ण लेखन और समाज-सेवा दोनों कार्यों में जुटी हुई थीं।

''मैं एक अजीब किस्म की नारी हूँ, जो लिखे बिना सुखी नहीं रह सकती।'' कोलंबिया यूनिवर्सिटी के पत्रकारिता स्कूल में भाषण देते समय अपने संबंध में यह वाक्य बोलनेवाली पर्ल एस. बक सचमुच एक ऐसी धुनी लेखिका थीं जिन्होंने वृद्धावस्था में अपनी आत्मकथा के अंत में भी यही लिखा—''कोरे कागजों का एक दस्ता मेरी मेज पर रखा हुआ पुस्तक की प्रतीक्षा कर रहा है। मैं एक लेखिका हूँ, अतः नई पुस्तक लिखने के लिए अपना पेन उठा लेती हूँ।''

'मैं लेखिका हूँ और उद्‌देश्यपूर्ण लेखन ही मेरे जीवन का ध्येय है'—यह सूत्र-वाक्य हर घड़ी पर्ल बक के सम्मुख रहा, उनमें प्रेरणा और उत्साह भरता रहा तथा जीवनपर्यंत उन्हें व्यस्त-प्रवृत्त रखता रहा।

पर्ल एस. बक बीसवीं शताब्दी की एक ऐसी आदर्श चरित्र और महान्

व्यक्तित्व की धनी महिला थीं जिस पर संसार की हर नारी गर्व कर सकती है। उनका संपूर्ण लेखन पूर्व और पश्चिम को जोड़नेवाली एक कड़ी के रूप में है। मानव और मानव के बीच की खाई को पाटने का, विश्व-बंधुत्व की भावना को फैलाने का और मनुष्य में सोई सद्‌भावना को जगाने का जितना काम अकेली पर्ल बक ने किया है उतना शायद किसी भी एक साहित्यकार ने नहीं। उनका अपना व्यक्तित्व भी पूर्व-पश्चिम दोनों से इतना अधिक जुड़ा था कि उन्हें अमेरिकी उपन्यासकार कहें या चीनी, इस पर भी मतभेद है।

पर्ल एस. बक अमेरिका में जनमीं, चीन में पलीं, रहीं और फिर अपने देश अमेरिका में आ बसीं। पर अमेरिकी होने और अमेरिका में रहने पर भी वे स्वयं को एशिया के ही अधिक निकट पाती थीं। एक समाचार के अनुसार पर्ल बक ने अफ्रेशियाई अनाथ बच्चों के लिए सीलोन में एक फाउंडेशन की स्थापना की थी। किंतु नागरिक वे स्वयं को न चीन की मानती थीं, न अमेरिका की। वे अपने आपको विश्व की नागरिक कहती थीं और विश्व-नागरिकता, विश्व की एक सामान्य संस्कृति में विश्वास रखती थीं। इसी संस्कृति के विकास के लिए मनुष्य की सामान्य समझ के विकास में उन्होंने अपना पूरा जीवन लगा दिया।

उनके विचार में, ''पूर्व और पश्चिम के लोग अब नए संबंधों के लिए विवश हैं। नए वैज्ञानिक ज्ञान और उससे उत्पन्न विचारधारा से हम एक आश्चर्यजनक नई संस्कृति का निर्माण कर सकते हैं। आज कोई भी संस्कृति युग की माँग के अनुरूप नहीं है। हमें दोनों में से एक बात का चुनाव करना है--या तो हम दृढ़ता से एक सामान्य विश्व-संस्कृति की दिशा में बढ़ें या फिर अपनी छोटी-छोटी संकीर्ण संस्कृतियों को बचाए रखने के प्रयत्न में नष्ट हो जाएँ। हम हमेशा सँकरी गलियों में बँटे, कटे हुए रहते आए हैं; क्योंकि और कोई रास्ता न था, मार्गदर्शन न था। पर अब हम उस स्थिति में पहुँच गए हैं जहाँ सीमाएँ समाप्त हो गई हैं। अब हम इस स्थिति से पीछे नहीं लौट सकते। आगे बढ़ने के सिवा कोई और चारा नहीं है। कृत्रिम सीमाएँ खड़ी करेंगे तो इसका अर्थ विश्व के विनाश का आह्वान करना होगा।''

पर्ल एस. बक चाहती थीं कि कलाकार अपनी जिम्मेदारियों को समझें। बदलती स्थितियों से न तो उन्हें भयभीत होना चाहिए, न निराश। साहित्यकार ही जीवन के तथ्यों की खोज कर संसार को नई राह दिखा सकता है। मानव जाति की व्याख्या करना और एक उन्नत सुखी समाज की कल्पना ही नहीं, निर्माण करना भी उसी का काम है। यह महत्त्वपूर्ण कार्य मनुष्य की सामान्य समझ के विकास से ही संपन्न होगा, मनुष्य-मनुष्य में भेद मिटाकर ही संभव होगा।

स्वयं पर्ल एस. बक ने इस जिम्मेदारी को बखूबी समझा और निभाया। उनका संपूर्ण लेखन एक उद्देश्यपूर्ण लेखन है और यही उनके जीवन की सबसे बड़ी उपलब्धि भी है।

श्रीमती पर्ल एस. बक अमेरिकी थीं, पर अमेरिकी लोगों ने कभी भी उन्हें अपने साहित्यकार के रूप में स्वीकार नहीं किया। अपने देश में उन्हें अपेक्षित स्नेह और स्वागत नहीं प्राप्त हो सका तो इसका कारण यही था कि उनका अधिकांश लेखन चीन पर आधारित है। चीन में उन्होंने अपना बचपन बिताया और बाद के कुछ वर्ष अमेरिका में, पर तीस साल से अधिक उनके दिमाग पर चीन ही छाया रहा। उनकी विश्वविख्यात कथाकृति 'द गुड अर्थ' भी चीनी पृष्ठभूमि पर ही लिखी हुई है। सन् १९३१ में इस उपन्यास के प्रकाशित होते ही सारी दुनिया में इसकी चर्चा हुई। विश्व की सभी पुस्तकों में सर्वाधिक बिक्री उसकी हुई और पर्ल एस. बक को संसार की एक असाधारण उपन्यास-लेखिका के रूप में मान्यता इसी पुस्तक ने दिलाई। सन् १९३२ में इसी उपन्यास पर पर्ल एस. बक को सुप्रसिद्ध 'पुलित्जर' पुरस्कार भी प्रदान किया गया था। इस उपन्यास पर एक फिल्म बन चुकी है और संसार की बीस भाषाओं में इसका अनुवाद हो चुका है।

'द गुड अर्थ' में एक चीनी किसान वांग लुंग और उसके अपनी मातृभूमि के प्रति अनूठे प्रेम की कहानी है। यह कहानी है एक सीधे-सादे सच्चे किसान की, उसकी पतिपरायणा पत्नी की, जो अपने पति के साथ गरीबी, अकाल सब झेलने को प्रस्तुत है और उसके तीन बेटों की, जो अपनी मातृभूमि को प्यार नहीं करते। यह उपन्यास विगत शताब्दी के दूसरे-तीसरे दशक के समाज का एक जीवंत चित्र है, जिसमें पुराना ढाँचा टूट रहा था। तत्कालीन चीनी किसानों के जीवन का ऐसा वास्तविक व मार्मिक वर्णन अन्य किसी चीनी लेखक की पुस्तक में भी नहीं मिलता।

कुल मिलाकर उन्होंने चालीस से अधिक पुस्तकें लिखी हैं। इनमें से सत्रह-अठारह उपन्यास हैं और तेईस बच्चों के लिए मनोरंजक कहानियों की छोटी-छोटी पुस्तकें। सामाजिक और राजनीतिक विषयों पर उनके कुछ निबंध-संग्रह भी प्रकाशित हुए और चीन के सबसे अधिक प्रसिद्ध उपन्यास 'शू-हुई-चुआन' का भी उन्होंने 'ऑल मैन आर ब्रदर्स' नाम से अंग्रेजी भाषा में अनुवाद किया। इस वृहद् अनुवाद में उन्हें साढ़े चार साल तक कठोर परिश्रम करना पड़ा था। इसी से उनकी कर्मठता और परिश्रमशीलता का अनुमान लगाया जा सकता है।

पर्ल एस. बक का जन्म हिब्सबोरो, वेस्ट वर्जीनिया में २६ जून, १८९२ को हुआ था। माता-पिता चीन में अमेरिकी मिशनरी थे। बालिका पर्ल पाँच महीने की

आयु में ही अपने माता-पिता के साथ चीन आ गई थी। उनका बचपन अमेरिकी जीवन की तड़क-भड़क से दूर चीन के किसान परिवारों के बीच व्यतीत हुआ। उन्हें अपनी बूढ़ी चीनी नर्स से बौद्ध और ताओ धर्म की अनेक आश्चर्यजनक कहानियाँ सुनने को मिलीं। अपने बचपन के संस्मरणों में वे लिखती हैं, ''चिंग कांग नगर में यांग त्सी नदी के समीप एक पहाड़ी के शिखर पर हमारा छोटा सा बँगला था। वहाँ से नदी का विस्तार और प्रकृति की मनोरम छटा दूर तक दृष्टिगोचर होती थी। पर्वतों की ऊँची-नीची श्रेणियाँ, सुरम्य घाटियाँ, उर्वरा भूमि पर फूलों का बिखरा सौरभ और आकाश में दूर तक फैली हुई नीलिमा, हरे-भरे बाँसों के झुंड और पक्षियों की चहचहाहट वातावरण में एक विचित्र मस्ती और उन्माद भर देती थी। पहाड़ी के नीचे एक विशाल मंदिर था, जिसके द्वार पर चिड़चिड़े स्वभाववाला एक बूढ़ा पुजारी बैठा रहता था। मैं उस पुजारी से बहुत डरती थी।''

बालिका पर्ल पर इस प्राकृतिक वातावरण और चीनी किसानों के सीधे-सादे जीवन का गहरा प्रभाव पड़ा। बूढ़ी चीनी नर्स द्वारा सुनाए गए आश्चर्यजनक किस्से-कहानियों का भी उसके भीतर के कथाकार को गढ़ने में काफी हाथ रहा। अपने संस्मरणों में उन्होंने इन जादू भरी देव-दानवों, स्वर्ग-नरक की कहानियों के निष्कर्षों को घंटों हरे बाँसों के झुरमुट में बैठकर सोचने का उल्लेख किया है। माँ से उन्हें अपने देश अमेरिका के वीरों, योद्धाओं की कहानियाँ सुनने को मिलीं और नर्स से मनोरंजक व शिक्षाप्रद लोककथाएँ। दोनों के सम्मिलित प्रभाव ने उनमें विश्वजनीन भावनाओं का संचार किया और उनके मानस को दीक्षित कर उनके सर्वप्रिय कथाकार-व्यक्तित्व का निर्माण किया। यद्यपि अपनी माँ और नर्स दोनों के प्रभाव को उन्होंने स्वीकार किया है, पर अपनी स्नेहमयी नर्स की छाया में प्रायः एकाकी रूप में पलने-बढ़ने की अपनी बिखरी स्मृतियों को उन्होंने बड़े ही सरस और मार्मिक ढंग से अपने संस्मरणों में पिरोया है।

पंद्रह साल तक मिस पर्ल को माँ ने घर पर ही शिक्षा दी। शब्दों के सामर्थ्य और भाषा की सुंदरता की ओर उनका ध्यान माँ ने ही दिलाया। फिर उन्हें शंघाई के एक स्कूल में भरती करा दिया गया। सत्रह वर्ष की आयु में वे उच्च अध्ययन के लिए अमेरिका भेज दी गईं। वहाँ उन्होंने लिच वर्ग (विरजीना) के रेंडोल्फ मेकान वीमेंस कॉलेज से सन् १९१४ में स्नातक की उपाधि ली। उसके बाद वे चीन लौट आईं। यद्यपि माँ ने बार-बार अमेरिका को अपना घर मानने की बात उनके मन में बैठाई थी, पर वहाँ उनका मन न लगा। अमेरिकी कॉलेजों का उच्छृंखल वातावरण उन्हें बिलकुल नहीं भाया। वे अपनी सहपाठिनियों से अलग-थलग रहने लगीं।

प्राय: अमेरिकी लड़कियाँ उन्हें चीन से आई पिछड़ी लड़की समझकर हेय दृष्टि से देखतीं और नाक-भौं सिकोड़ती थीं। यह उपेक्षा उन्हें भीतर तक सालती जाती और वे उपेक्षित, पिछड़े चीनियों के प्रति और भी झुकने लगतीं। लेकिन कक्षा में सबसे अलग और गंभीर रहने के बावजूद अपनी प्रतिभा और लेखनी के बल पर शीघ्र ही वे कॉलेज में लोकप्रिय हो गईं। प्रति मास कॉलेज-पत्रिका में उनके लेख छपते। दो बार उन्हें पुरस्कृत भी किया गया। इससे कॉलेज का नेतृत्व उनके हाथ में आ गया और चिढ़ानेवाली लड़कियाँ मुँह देखती रह गईं।

चीन लौटने के बाद दो वर्ष उन्हें अपनी रोगिणी माँ की परिचर्या में बिताने पड़े। फिर जॉन एल. बक नामक एक अमेरिकी मिशनरी युवक से विवाह कर वे उत्तरी चीन चली गईं। वहाँ पाँच वर्ष रहकर उन्होंने चीनी ग्रामीण जन-जीवन का और भी निकट से अध्ययन किया। उन्होंने अकाल-जनित भूख, गरीबी, डकैतों से भय और असुरक्षा का प्रत्यक्ष अनुभव किया, जिससे उनके मन में उन गरीब चीनियों के प्रति सहानुभूति उमड़ पड़ी। तभी उन्हें लगने लगा कि इन अनुभूतियों को वे कभी-न-कभी लिखेंगी अवश्य। उन दिनों तो अपनी दो नन्ही बच्चियों के पालन-पोषण और घर-गृहस्थी के कार्य में व्यस्त रहने के कारण इतना अवकाश उन्हें नहीं मिल पाता था।

इसके बाद बक दंपती नानकिंग चले आए। यहाँ का नागरिक जीवन उस जीवन से बिलकुल भिन्न था। यहाँ वे नानकिंग यूनिवर्सिटी तथा बाद में चुंग्यांग यूनिवर्सिटी में कुछ वर्षों तक अंग्रेजी की प्रोफेसर रहीं। इसी अवधि में उनका लेखन प्रारंभ हुआ। सन् १९२२ में उन्होंने अपना पहला लेख 'एटलांटिक' मासिक पत्र में प्रकाशनार्थ भेजा, जो तुरंत स्वीकृत हो गया। 'इन चाइना टू' शीर्षक से इस लेख का ऐसा प्रभाव पड़ा कि फिर दूसरे संपादक भी उनसे रचनाएँ माँगने लगे और सिलसिला चल पड़ा। उस समय की परंपरानुसार पर्ल एस. बक ने रोमानी कल्पनाओं पर आधारित रंगीन लेख नहीं लिखे, बल्कि उससे हटकर उनके लेखों में नित्य-प्रति के चीनी जीवन की यथार्थ और मार्मिक झलक मिलती थी। सन् १९२४ में अमेरिका के एक प्रमुख पत्र 'नेशन' में 'चीनी विद्यार्थियों का मस्तिष्क' शीर्षक से जो लेख प्रकाशित हुआ, उसकी भी व्यापक प्रतिक्रिया हुई और अमेरिका, चीन दोनों में उनकी ख्याति बढ़ी। सन् १९२५ में वे फिर एक वर्ष के लिए अमेरिका गईं और वहाँ से स्नातकोत्तर उपाधि लेकर लौटीं। उनका शोध विषय था—'चीन और पश्चिम', जिस पर 'ल्यौरा मसेजर' पुरस्कार भी उन्हें मिला।

श्रीमती पर्ल एस. बक का प्रथम उपन्यास 'ईस्ट विंड, वेस्ट विंड' सन् १९३०

में प्रकाशित हुआ था। इसका प्लाट उन्होंने चीन से अमेरिका जाते हुए यात्रा के दौरान अपने जहाज के एकांत कमरे में बैठकर सोचा था। अंग्रेजी जहाज के यात्री औपचारिकता में बँधे एक-दूसरे से कम-से-कम बोलते थे, जब कि एशिया में उन्हें खुला वातावरण मिला था। यही विषय उनके प्रथम उपन्यास की प्रेरणा बना। इस उपन्यास के लेखन-प्रकाशन की कहानी भी बड़ी मार्मिक है। सन् १९२६ में उन्होंने इसे लिखना प्रारंभ किया था। मार्च १९२७ में नानकिंग में राष्ट्रीय सैनिकों ने विदेशी परिवारों की लूटमार शुरू कर दी। श्रीमती पर्ल एस. बक का घर जला दिया गया, जिसमें उनके लगभग संपूर्ण उपन्यास की पांडुलिपि भी जलकर राख हो गई। आक्रमण से कुछ ही मिनट पूर्व श्रीमती बक अपनी दो अबोध बच्चियों व पति के साथ घर से भाग निकलीं और इस तरह बाल-बाल बचकर तेरह घंटों तक एक चीनी बुढ़िया के मकान के तहखाने में छुपी रहीं। इस बीच सौभाग्य से उनकी छोटी बच्ची नहीं रोई, वरना न जाने क्या होता! बाद में 'एशिया मैगजीन' को अपने अनुभव लिखते हुए उन्होंने लिखा, ''अपने श्वेत रंग के कारण ही हमारा यह मृत्यु से साक्षात्कार हुआ था। इसका भयंकर अनुभव मुझे सदा याद रहेगा। जान बचने का कारण भी मेरी अपने चीनी मित्रों से सहानुभूति व बदले में उनकी सहायता ही था।''

इस घटना के बाद कुछ दिनों के लिए पर्ल दंपती जापान चले गए। लौटने पर फिर सन् १९३० में 'ईस्ट विंड, वेस्ट विंड' तथा १९३१ में 'द गुड अर्थ' नामक उपन्यास प्रकाशित हुए। 'द गुड अर्थ' के प्रकाशन ने उन्हें विश्वव्यापी ख्याति दिला दी। नानकिंग व चुंगयांग यूनिवर्सिटी में उन्होंने दस वर्ष तक अध्यापन-कार्य किया। इसी बीच सन् १९३२ में उन्होंने अपने एक भाषण और लेख द्वारा विदेशी मिशनरी पादरियों के काम की कड़ी आलोचना की। फलस्वरूप विदेशी मिशनों के बोर्ड से उन्हें त्याग-पत्र देना पड़ा। फिर सन् १९३४ में श्रीमती पर्ल एस. बक अमेरिका चली गईं और अपनी रचनाओं के प्रकाशक 'जॉन डे कंपनी' में काम करने लगीं।

सन् १९३५ में उन्होंने मिस्टर बक से संबंध-विच्छेद कर 'एशिया मैगजीन' के प्रधान संपादक व जॉन डे कंपनी के प्रेसीडेंट श्री रिचर्ड जे. वाल्श से विवाह कर लिया और पेनसिल्वेनिया में चार सौ एकड़ जमीन लेकर नागरिक बस्ती से दूर अपना नया घर बसा लिया। जिन्हें उनके इस गाँववाले घर में जाने का सौभाग्य मिला है, वे जानते हैं कि श्रीमती बक केवल कुशल लेखिका ही नहीं, एक सहृदय समाज-सेविका भी थीं। यहाँ उन्होंने विभिन्न राष्ट्रीयता, खून, जाति व रंग के कुछ अनाथ बालक-बालिकाओं को गोद ले रखा था और उनकी माँ बन उन्हें स्नेह और

आश्रय प्रदान करती थीं। सन् १९४८ में इस आश्रम-गृह की नींव रख उन्होंने अपने मानवतावादी दृष्टिकोण और विश्व-संस्कृति के सपने को एक छोटे रूप में साकार कर दिया। उनके इस सेवा-कार्य के पीछे मूल भावना उनके इस सिद्धांत का प्रतिपादन ही रही कि मानव मूल रूप से समान हैं—पूर्व हो या पश्चिम और गोरा हो या काला।

अमेरिका में स्थायी निवास के बाद भी उन्होंने अपने मकान की सजावट चीनी ढंग से कर रखी थी और चीनी भोजन ही पसंद करती थीं। उनके इस चीन-प्रेम और समता में विश्वास के कारण कई लोग उन्हें साम्यवाद की समर्थक समझते थे। पर यह उनका भ्रम था। श्रीमती बक न साम्यवादी थीं, न साम्यवादी चीन से उनको कुछ लगाव था, बल्कि वे इसकी आलोचक थीं। उन्हें तो चीन की प्राचीन संस्कृति से प्यार था। उनके विचार में साम्यवादी चीन द्वारा अपनी प्राचीन समृद्ध संस्कृति का विनाश उसकी सही दृष्टि नहीं थी। किसी भी देश का निर्माण, जो परंपराओं से कटकर होगा, वह स्वस्थ नहीं हो सकता ।

श्रीमती पर्ल एस. बक मात्र एक उपन्यास लेखिका ही नहीं, बल्कि स्वयं में एक संस्था थीं—मानववादी संस्था। चीन-अमेरिका, पूर्व-पश्चिम को जोड़नेवाली एक सांस्कृतिक कड़ी के रूप में उन्हें याद किया जाता है और सदा याद किया जाता रहेगा। वे अपने द्वारा संस्थापित 'पूर्व-पश्चिम संघ' की अध्यक्षा थीं और वृद्धावस्था में भी अपनी कृतियों तथा इस संस्था द्वारा एक सामान्य विश्व-संस्कृति के निर्माण में रत थीं। इसके बाहर कुछ भी देखने या सोचने की उन्हें फुरसत नहीं थी। वे एक लंबे समय तक जॉन सेजेस के छद्म नाम से अमेरिकी जीवन का भी चित्रण करती रही थीं और उन्हें इस चित्रण में भी उतनी ही सफलता मिली जितनी कि चीनी जनजीवन के चित्रण में।

उन्हें पुरस्कार देते समय स्वीडिश एकेडमी ने कहा, "चीन के किसानों के यथार्थ जीवन के महाकाव्य जैसे चित्रण के लिए इन्हें यह पुरस्कार दिया जा रहा है ।"

६ मार्च, १९७३ के दिन अमेरिका में अपने निवास-स्थान डेनबी (वरमाउंट) में इस विश्वविख्यात लेखिका का निधन हो गया।

प्रमुख कृतियाँ

१. ईस्ट विंड, वेस्ट विंड
२. द गुड अर्थ
३. संस
४. द यंग रेवोल्यूशनिस्ट
५. द मदर
६. ए हाउस डिवाइडेड

७. द पैट्रियाट
८. अदर गॉड्स
९. दिस प्राउड हार्ट
१०. टुडे एंड फॉर एवर
११. ऑफ मैन एंड वीमैन
१२. फॉर एंड नियर
१३. द प्रामिज
१४. गाड्स मेन
१५. हिडेन फ्लावर
१६. कम माई बिलवेड
१७. पैवीलियन ऑफ वीमैन
१८. ड्रैगन-सीड
१९. किनफोक
२०. पोर्ट्रेट ऑफ ए मैरिज
२१. एग्जाइल
२२. फाइटिंग एंजिल
२३. द फर्स्ट वाइफ

□

शक्तिशाली भावनाओं से प्रेरित काव्य-रचना

गेब्रीला मिस्त्राल

[पुरस्कार वर्ष १९४५]

सन् १९४५ का साहित्य में नोबेल पुरस्कार चिली की कवयित्री गेब्रीला मिस्त्राल को मिला। दक्षिण अमेरिका की यह पहली साहित्यकार थीं जिन्हें इस पुरस्कार से सम्मानित किया गया। चिली दक्षिण अमेरिका का एक भाग है। सोलहवीं शताब्दी में यह स्पेन का उपनिवेश हो गया था, फिर उन्नीसवीं शताब्दी के प्रारंभ में स्वाधीन हुआ। दक्षिण अमेरिका के पश्चिम में प्रशांत महासागर के किनारे पर स्थित चिली प्रदेश में आज भी स्पेनिश प्रभाव कम नहीं है। यहाँ स्पेनिश भाषा ही बोली जाती है।

गेब्रीला मिस्त्राल के गीति काव्य लैटिन अमेरिका निवासियों में लंबे समय तक आदर्श प्रेरणा भरते रहे हैं। पर बाहरी दुनिया इनसे परिचित न थी। जब एक स्वीडन कवि जाल्मर गुलबर्ग ने मिस्त्राल की कविताओं का स्वीडिश अनुवाद प्रस्तुत किया तो इनका भाग्य जाग उठा। यद्यपि इनकी रचनाओं की संख्या अधिक नहीं है, पर अधिकांश कविताएँ बहुत शक्तिशाली हैं। इनमें एक संवेदनशील हृदय की कोमलता और शक्ति, भाव-विह्वलता और आवेश, ममता और विद्रोह—सभी स्थितियाँ कलात्मक ढंग से उजागर हुई हैं। जहाँ अधिकांश लैटिन अमेरिकी कवि और लेखक अमेरिका

और यूरोप के अंधानुसरण में अपनी प्रतिभा और वाणी को खर्च करते रहे हैं वहाँ गेब्रीला मिस्त्राल की रचनाएँ इस प्रभाव से सर्वथा मुक्त हैं। 'नोबेल, द मैन एंड हिज प्राइजेज' के लेखक एंडर्स आस्टलिंग के अनुसार, ''आप गेब्रीला मिस्त्राल की वाणी में इस सुदूर देश की विश्वसनीय आवाज सुन सकते हैं।''

गेब्रीला मिस्त्राल का जन्म ७ अप्रैल, १८८९ को चिली के विकुना नामक स्थान में हुआ। पिता जेरोनिका गाडाय विलानुएवा गाँव के अध्यापक थे। अध्यापन के साथ वे शौकिया कविताएँ भी लिखते थे, जिन्हें यदा-कदा विशेष समारोहों में सुनाया करते थे। गेब्रीला की माँ का नाम पेट्रोलिना अल्कायागा था। प्रारंभिक शिक्षा गाँव के स्कूल में प्राप्त कर पंद्रह वर्ष की अवस्था में ही गेब्रीला मिस्त्राल गरीब बच्चों को पढ़ाने लगी थीं। कुछ समय बाद कॉलेज में अपनी शिक्षा आगे बढ़ाकर उन्होंने स्कूल की नौकरी की। फिर तेईस वर्ष की आयु में स्कूल इंस्पेक्ट्रेस बन गईं। इसके बाद सन् १९१८ से १९२२ तक स्पेनिश भाषा की प्रोफेसर और डायरेक्टर रहीं। अपने क्षेत्र में उन्होंने लाइब्रेरी का भी संगठन किया। सन् १९३१ में अमेरिका के बर्नार्ड कॉलेज में स्पेनिश के साहित्य और इतिहास की प्रोफेसर होकर गईं। चिली की काउंसलर के नाते उन्होंने मैड्रिड, लिस्बन, जेनेवा और नेपल्स का दौरा भी किया था। सन् १९५७ में अड़सठ वर्ष की आयु में हैंपस्टीड (न्यूयॉर्क) में उनका देहांत हो गया।

जिस रचना पर उन्हें नोबेल पुरस्कार मिला था, उसका नाम है—'सानेट्स ऑफ डेथ' (मृत्यु-गीत)। पुरस्कार सन् १९४५ में दिया गया था, पर यह रचना १९१४ में प्रकाशित होते ही सुविख्यात हो गई थी। उनकी अगली काव्य रचना 'डोलोक' भी वैसी ही मार्मिक और दुःखांत रचना है, जिसका प्रकाशन सन् १९२२ में हुआ था। इसके बाद सन् १९२४ में 'टर्नुरा' छपी, जिसमें मानव-हृदय की विशालता का दिग्दर्शन कराया गया है। इन सभी ने उन्हें प्रसिद्धि दी, पर छद्म नाम से।

गेब्रीला मिस्त्राल का असली नाम था—लुसीला गोडाय वाई अल्कायागा। छोटी उम्र से ही उन्होंने कविताएँ लिखना आरंभ कर दिया था। उनकी प्रथम काव्य रचना सन् १९०७ में 'ला वाज डे एल्गुई' नाम से प्रकाशित हुई, जो एक दुःखद प्रेम-प्रसंग पर आधारित है। इस प्रथम रचना ने ही उन्हें जनता के सामने ला दिया था। इसके बाद 'सानेट्स ऑफ डेथ' की तीन कविताओं पर उन्हें एक पुरस्कार भी मिला था। पर ये रचनाएँ अपने असली नाम से नहीं, उपनाम या छद्म नाम से भेजी गई थीं। अपने दो प्रिय कवियों—गेब्रिअल डिएंजियो और फ्रेडरिक मिस्त्राल के

नामों के पहले व पिछले शब्दों को मिलाकर उन्होंने अपना नाम गेब्रीला मिस्त्राल रख लिया था। यही नाम प्रसिद्ध हुआ।

गेब्रीला मिस्त्राल ने बच्चों के लिए भी लिखा है। इन रचनाओं में वात्सल्य और कल्पनाशीलता का अद्‌भुत मिश्रण है। बच्चों और दलितों के प्रति गेब्रीला की सभी रचनाओं में गहरी सहानुभूति मिलती है। उनकी कविता सरल और भावनाओं से ओत-प्रोत है, साथ ही उसमें एक दृढ़ इच्छा-शक्ति के भी दर्शन होते हैं। उनकी गद्य रचनाओं पर उनके अपने संवेदनशील किंतु सशक्त व्यक्तित्व की गहरी छाप है। सन् १९५४ में उनकी चुनी हुई रचनाओं का विशाल चिलियन संस्करण सात जिल्दों में प्रकाशित किया गया था। न्यूयॉर्क के स्पेनिश इंस्टीट्यूट द्वारा भी उनकी एक पुस्तक 'डेसोलासियों' प्रकाशित की गई थी।

उन्हें पुरस्कार देते हुए स्वीडिश एकेडमी ने कहा—

"शक्तिशाली भावनाओं से प्रेरित इनके काव्यमय गीतों के लिए, जिन्होंने गेब्रीला मिस्त्राल के नाम को संपूर्ण लैटिन अमेरिकी जगत् की आदर्शमय आकांक्षा का प्रतीक बना दिया है, यह पुरस्कार दिया जा रहा है।"

प्रमुख कृतियाँ

१. ला बाज डे एल्गुई
२. सानेट्स ऑफ डेथ
३. टर्नुरा
४. डेसोलासियों
५. डोलोफ

□

इजराइल के भाग्य में आस्था से पूर्ण संगीतमय रचनाएँ

नेली साख्श

[पुरस्कार वर्ष १९६६]

साहित्य में सन् १९६६ का नोबेल पुरस्कार दो इजराइली साहित्यकारों को संयुक्त रूप से दिया गया। इन विजेताओं में एक थे सैमुअल जोसेफ एग्नान और दूसरी थीं कुमारी नेली साख्श। प्रथम गद्य लेखक, दूसरी कवयित्री। और संयोग कि दोनों की मृत्यु सन् १९७० में हुई, जबकि पुरस्कार के समय एग्नान नवासी वर्ष के थे, नेली साख्श पचहत्तर वर्ष की।

नेली साख्श का जन्म १० दिसंबर (नोबेल दिवस), १८९१ को बर्लिन में एक धार्मिक यहूदी परिवार में हुआ। पिता जर्मनी के बड़े उद्योगपतियों में गिने जाते थे। तब कौन कल्पना कर सकता था कि सुविधाओं की गोद में पल रही यह बच्ची एक महान् प्रतिभा को अपने भीतर छिपाए है और बड़ी होकर सताए हुए लोगों की संवेदना में गीत गाएगी।

सत्रह वर्ष की आयु में नेली साख्श की पहली कविता प्रकाशित हुई। फिर इनकी कलम ने थोड़े ही समय में पाठकों का मन जीत लिया। प्रारंभ में छोटे-छोटे किस्से एवं कहानियाँ भी लिखीं। सन् १९२१ में जब उनकी कविताओं का 'आख्यायिकाएँ' शीर्षक से पहला संग्रह प्रकाशित हुआ तो इस संग्रह की रचनाओं

का सर्वत्र स्वागत हुआ। प्रसिद्ध पत्रिकाओं में उनपर लेख लिखे गए। साहित्यिक दिग्गजों ने नई पौध की इस प्रतिभा को सम्मान की दृष्टि से देखा। हिटलर के उत्थान से पूर्व इनकी रचनाएँ काफी लोकप्रिय हो चली थीं। हिटलर-काल में उनकी गणना देश के प्रसिद्ध और गण्यमान्य साहित्यकारों में होने लगी थी। पर हिटलर की शक्ति बढ़ते ही उन्हें जर्मनी से भागना पड़ा। उनके परिवार के कितने ही सदस्य गत विश्वयुद्ध में जर्मनी यातना-शिविर की भेंट चढ़ चुके थे। फिर भी जर्मनी की नई पीढ़ी पर नेली साख्श का विश्वास खंडित नहीं हुआ। इजराइल में आकर उन्होंने शांति और आस्था से भरे जिन गीतों की रचना की है, वे साहित्य की अमूल्य निधि माने जाते हैं। मानव के पैशाचिक कृत्यों के प्रति विरोध प्रकट करते हुए भी उनके स्वर में कहीं आक्रोश या कटुता नहीं है।

सन् १९४० में हिटलर की यहूदी-विरोधी नीति के कारण इन्हें सदा के लिए जर्मनी छोड़कर स्वीडन में बसना पड़ा। जर्मनी छोड़ते समय इनकी बहुत सी रचनाएँ अस्त-व्यस्त या नष्ट हो गई थीं। लेकिन समीक्षकों की राय में, नाजी अत्याचारों से पूर्व नेली साख्श की कविता सामान्य स्तर से बहुत ऊँची नहीं उठ पाई थी, जबकि इन अत्याचारों की झंझोड़ ने उनकी कविता को आँच में तपे सोने-सा निखारकर चमका दिया। उनकी कविता सामान्य से असामान्य और राष्ट्रीय से अंतरराष्ट्रीय हो गई।

स्वीडन आकर उन्होंने 'यहूदी-यातनाओं' की अनेक कविताएँ लिखीं, जिनमें इजराइल के भाग्य की मर्मस्पर्शी व्याख्या है। इसके पूर्व की उनकी कविताओं, जिनमें दिल को गहराई तक छूनेवाले प्रेम-गीतों और रुला देनेवाले विरह-गीतों की भरमार है, का भी जर्मनी के श्रृंगार-साहित्य में विशिष्ट स्थान है। पर बाद की रचनाएँ मानवीय संवेदना और उच्च आध्यात्मिक आदर्शों से प्रेरित होने के कारण अधिक प्रौढ़, सशक्त और गहन हैं। इन रचनाओं को 'मानव-आत्मा का स्वच्छ दर्पण' कहा गया है और इनकी रचयिता नेली साख्श को 'विराट् की कवयित्री'।

नेली साख्श की भाषा प्रौढ़ और प्रांजल है तथा भावनाएँ समयातीत। राष्ट्रभक्ति, मानवीय संचेतना, आध्यात्मिक चिंतन, कहीं-कहीं संतों का-सा स्वीकार भाव और इन सबकी करुणामय भावाभिव्यक्ति के कारण उनका नाम विश्व के महान् साहित्यकारों में लिया जाने लगा है। यों तो नोबेल पुरस्कार से सम्मानित सभी साहित्यकार महान् हैं; पर सली प्रुधों, थ्योडोर मामसन, रुडयार्ड किपलिंग, रोम्याँ रोलाँ, यूजेन ओ नील, जॉर्ज बर्नार्ड शॉ, पर्ल बक, जॉन गाल्सवर्दी, आंद्रे जींद, बर्ट्रेंड रसेल, अल्बेयर कामू, अर्नेस्ट हेमिंग्वे, बोरिस पास्तरनाक की तरह सभी सुपरिचित

नहीं। नेली साख्श को इन्हीं की पंक्ति में बैठाया जा सकता है।

नाजियों द्वारा यहूदियों पर किए जानेवाले अत्याचार, गैस चेंबर की घुटन और कंसंट्रेशन कैंप के दृश्य, सत्ता–मद और रक्तपिपासा की अंधी दौड़, युद्ध की विभीषिका और अमानवीय कृत्यों के शिकार स्त्री–पुरुष–बच्चों की कराह—सभी कुछ उनकी रचनाओं में है। पर गहन पीड़ा के बावजूद कहीं भी वे तिक्त नहीं हो पातीं। अपराधियों को उन्होंने बदले की भावना से नहीं, दया की दृष्टि से देखा है। संसार से पैशाचिक मनोवृत्ति को दूर करने के लिए उन्होंने उदात्त भावनाओं के प्रसार और आध्यात्मिक साधना पर बल दिया है। पर उनकी रचनाएँ कमजोरी, पराजय और पलायनवाद के प्रभाव से मुक्त हैं। उनका लेखन पीड़ा–बोध के साथ–साथ मानव–चिंतन को समर्थ और आश्वस्त बनाता है। मृत्यु से परे पहुँचने की आकांक्षा और मृतकों के ढेर के बीच भी आशा और आस्था से महकती भविष्योक्तियाँ उनकी रचनाओं की अनूठी विशेषता हैं। प्रोफेसर गर्शोम रडेम के लेखन से प्रभावित नेली साख्श ने सामाजिक समस्याओं के समाधान को आध्यात्मिक निर्देशों के साथ बड़ी खूबी से जोड़ा है। स्वयं नेली के शब्दों में, "प्रोफेसर गर्शोम की 'जोहर' और 'कव्वाला' का अध्ययन मेरे लिए प्रेरणा बना है।"

नेली साख्श ने समकालीन स्वीडिश कविता का जर्मन में अनुवाद भी किया है। वे स्वयं हिब्रू और जर्मन दोनों भाषाओं में मौलिक काव्य–रचना करती थीं। यद्यपि नेली साख्श स्वीडन में बस गई थीं, पर उनकी रचनाओं का इजराइल में उतना ही सम्मान है जितना एग्नान का। एग्नान गद्य शैली के लिए विख्यात हैं, नेली सरस काव्य रचना के लिए। इजराइल के दुःखी व असहाय लोगों के प्रति उनकी सहानुभूति सदा बनी रही और वे समय–समय पर उनकी सहायता भी करती रहीं। अपने प्रवासी देश और इजराइल की दूरी का अहसास उन्हें सदा बना रहा, "सबके पास अपना एक घर है, जब कि मैं संसार के एक छोर पर लटकी हूँ।" इसके बावजूद इजराइल की संस्कृति से वे कभी दूर नहीं हुईं।

युद्धकाल में स्वयं भोगी हुई पीड़ा ने उन्हें जीवन भर विनम्र, साहसी और मौन साधक बनाए रखा। दुःख ने न उन्हें कटु बनाया, न उनकी रचनाओं को। यह उनकी एक बहुत बड़ी उपलब्धि थी।

"सोऊँगी उन चट्टानों पर
जिन पर टिकी हैं
सपनों की जड़ें

और अपनेपन की
माँग की सीढ़ियाँ
जो मृत्यु से ऊपर जाती हैं।''

और—

''संसार के द्वारों पर परित्यक्त
मेरे भाइयो और बहनो,
मैं तुम्हारे लिए युद्ध के गीत नहीं गाऊँगी,
सिर्फ बहते हुए रक्त को रोकूँगी
और जमे आँसुओं को
पिघलाकर बहा दूँगी।''

प्रतिभा के विकास के लिए विशेष परिवेश की आवश्यकता होती है। नाजी-अत्याचार और यहूदी-धैर्य के परिवेश ने और भोगी हुई पीड़ा ने नेली साख्श के व्यक्तित्व और कृतित्व दोनों को चमका दिया था। जर्मन लोगों ने जर्मन धरती की इस बेटी को अपना भरपूर प्यार दे मानो हिटलर के जुल्मों का प्रायश्चित्त कर लिया है। 'जर्मन बुक ट्रेड' के शांति पुरस्कार व अन्य कई अंतरराष्ट्रीय पुरस्कार भी उन्हें प्राप्त हुए थे। स्वीडिश एकेडमी ने उन्हें पुरस्कार देते हुए कहा—

''इनकी उच्च कोटि की संगीतमय रचनाओं के लिए, जिनमें इजराइल के भाग्य का आस्थापूर्ण सशक्त उल्लेख है, इन्हें यह पुरस्कार दिया जा रहा है।''

प्रमुख कृतियाँ

१. हैबिटेशंस ऑफ डेथ
२. एक्लिप्स ऑफ द स्टार्स
३. नोबॉडी नोज एनीथिंग
४. नाइट वाच
५. द मैजिक डांसर
६. अब्राहम इन साल्ट

□

अश्वेत औरतों के दर्द की आवाज

नादीन गॉर्डीमर

[पुरस्कार वर्ष १९९१]

सन् १९९५। दक्षिण अफ्रीका की १९९१ की नोबेल पुरस्कार विजेता लेखिका नादीन गॉर्डीमर 'जवाहरलाल नेहरू स्मृति व्याख्यान' देने के लिए भारत आई थीं। १३ नवंबर को तीनमूर्ति भवन, नई दिल्ली में हुए उनके व्याख्यान के समय राजधानी के चुनिंदा बुद्धिजीवी उपस्थित थे। व्याख्यान से पूर्व वे अजंता, एलोरा की गुफाएँ देखकर दिल्ली आई थीं और भारत की इस कला से अभिभूत थीं। उन्होंने सहज विस्मय प्रकट करते हुए कहा, ''मुझे पता ही नहीं था कि अजंता में इतनी सारी चित्रित गुफाएँ हैं। यूरोप से सदियों पहले के भारत के इस कला-कर्म से संसार के अधिकतर लोग अनभिज्ञ हैं।'' और उन्हें इस बात का खेद था कि किस तरह आज लोग यूरो केंद्रित हो गए हैं।

नादीन गॉर्डीमर का जन्म २० नवंबर, १९२३ को ट्रांसवाल प्रांत के एक छोटे से खनन कस्बे में हुआ था। पिता इसीडोर गॉर्डीमर यहूदी थे, जो लात्विया से आकर वहाँ आभूषणों का व्यापार करते थे। माँ नान मायर्स इंग्लैंड से संबंधित थीं, जिनसे नादीन गॉर्डीमर ने गोरा रंग पाया। इस तरह वे श्वेत होकर भी अश्वेतों के पक्ष में खड़ी हुईं और अपने लेखन को रंगभेद के विरुद्ध समर्पित किया।

चार दशक से अधिक अवधि के अपने साहित्यिक जीवन में नादीन गॉर्डीमर ने दक्षिण अफ्रीका की रंगभेद की नीति के खिलाफ विश्व-जनमत तैयार करने में महत्त्वपूर्ण भूमिका निभाई है। किसी भी साहित्यकार की कृतियाँ तत्कालीन वैचारिक संघर्षों का लेखा-जोखा ही होती हैं--नादीन की रचनाएँ भी उनके समाज में चल रहे आर्थिक, राजनीतिक और सांस्कृतिक या वैचारिक संघर्ष के किसी-न-किसी पहलू को प्रतिबिंबित करती हैं। उन्होंने दशकों दक्षिण अफ्रीकी नस्लवादी गोरी अल्पमत सरकार के विरुद्ध जेहाद छेड़ा। वे दक्षिण अफ्रीकी लेखकों की उस अग्रिम पंक्ति में शामिल हैं, जिसमें इस उद्देश्य को समर्पित श्वेत-अश्वेत, भारतीय मूल के और मिश्रित जातियों के लेखक लामबंद रहे हैं और जिनके सतत प्रयासों का ही फल था कि दक्षिण अफ्रीकी सरकार को अपनी रंगभेद की नीति के कई घिनौने कानूनों को वापस लेने के लिए बाध्य होना पड़ा।

नादीन गॉर्डीमर अफ्रीकी नेशनल कांग्रेस की सक्रिय सदस्या भी रहीं और उन्होंने नेशनल कांग्रेस के अध्यक्ष पद को भी सुशोभित किया। दक्षिण अफ्रीका के जुझारू नेता नेल्सन मंडेला से उनके आत्मीय और गहरे संबंध रहे। नई दिल्ली में नेल्सन मंडेला के बारे में पूछे गए एक प्रश्न के उत्तर में उन्होंने मजाक में कहा, ''मंडेला के बढ़िया स्वास्थ्य का राज उनका दो दशक लंबा कारावास है, क्योंकि वहाँ किसी व्यक्ति को बिगाड़ने के लिए शराब और औरतें सुलभ नहीं होतीं।'' ''नया कानून लागू होने के बाद श्वेतों-अश्वेतों के बीच अब कैसे संबंध हैं?'' इस प्रश्न पर उनका उत्तर था, ''मैं नहीं समझती कि रंगभेद समाप्त होने के बाद गोरे और काले लोगों में समरसता के लिए आरक्षण जैसी किसी व्यवस्था की जरूरत है। जब सब लोग समान अधिकार और समान सुविधाएँ पा रहे हैं तो धीरे-धीरे समरसता का स्वाभाविक विकास होगा ही।''

गॉर्डीमर के संपूर्ण लेखन में मुख्यत: एक ही विषय पर उनका ध्यान केंद्रित रहा--रंगभेद का मानव संबंधों पर क्या दुष्प्रभाव पड़ता है? उससे श्वेत-अश्वेत लोगों का जीवन किस तरह प्रभावित होता है? यह प्रभाव उनके लेखन में अपनी पूरी मार्मिकता के साथ प्रतिबिंबित है। गॉर्डीमर ने अपनी रचनाओं में रंगभेद का विरोध ही नहीं किया, अपने परिवेश के अत्यंत जटिल व्यक्तिगत व सामाजिक संबंधों का भावात्मक व दार्शनिक चित्रण भी किया है। उनकी रचनाओं में राजनीति है, राजनीतिक दबाव की प्रतिच्छाया भी है, किंतु राजनीति को कभी भी वे अपने लेखन पर हावी नहीं होने देतीं।

गॉर्डीमर के लेखन में बहुत मुखर तात्कालिकता है, लेकिन विचारधारा के

स्तर पर वे दिखावटी आक्रामकता और सतही प्रचार से कोसों दूर हैं। गैर-बराबरी और शोषण को न्यायोचित ठहरानेवाले एक बर्बर समाज में मानवता और मानवीय समानता के लिए संघर्षरत उनकी लेखनी, स्पष्ट जीवन-दृष्टि के बावजूद, अपने परिवेश के साथ बहुत जटिल किस्म का संबंध स्थापित करती है। रंगभेद की ऐतिहासिक प्रक्रिया को समझने की गहरी बेचैनी के साथ वे संवेदना का एक प्रति संसार रचती हैं, जिसे 'कहानियों में लिखित इतिहास' की संज्ञा दी गई है।

गॉर्डीमर छात्रा जीवन से ही अपनी भावनाओं को अपनी कहानियों में उतारने लगी थीं। साफ रंग की होने के कारण उन्हें गोरों के स्कूल में प्रवेश मिल गया था। 'कॉन्वेंट ऑफ ऑवर लेडी ऑफ मर्सी' में पढ़ते समय वे अपने सहपाठियों के साथ बहुत कम समानता पाती थीं। इसलिए अधिकांश समय लाइब्रेरी में पढ़ते हुए या अकेले बिताती थीं। अपने एक आत्मकथात्मक लेख में वे लिखती हैं, ''मैं अलग-अलग रंग और प्रकृति के लोगों के साथ रहती थी। व्यक्तिगत रूप से मेरे लिए यह खुशी की बात थी, हालाँकि यह कोई राजनीतिक खुशी नहीं थी। लेकिन वक्त बीतने के साथ मुझमें गोरे लोगों की राजनीतिक शक्ति के प्रति विद्रोह जाग उठा था।'' पंद्रह वर्ष की उम्र में गॉर्डीमर की पहली कहानी प्रकाशित हुई—'कम अगेन टुमारो' ।

शुरू में जीवन के विभिन्न पहलुओं को अपनी दृष्टि से आँकते हुए वे खुशी से जल्दी-जल्दी लिखती गईं, फिर उनके भीतर आक्रोश उभर आया और इस अहसास से युक्त उनकी अनेक कहानियाँ 'द न्यू मार्कर' में प्रकाशित हुईं। सन् १९४९ में पच्चीस वर्ष की उम्र में उनका कहानी-संग्रह 'फेस-टू-फेस' छपा। सन् १९५२ में 'साफ्ट वायस ऑफ द सर्पेंट' नामक कहानी-संग्रह आया और १९५३ में उनका प्रथम उपन्यास 'द लायिंग डेज' प्रकाशित हुआ। अब तक उन्हें जितनी स्वीकृति मिली, उससे उनके भीतर आत्मविश्वास जाग उठा, अन्यथा शुरू में उत्साह से अधिक लिखने के बावजूद उन्हें लगता था कि केवल लेखन से वे अपनी आजीविका नहीं चला सकेंगी।

स्त्री-पुरुष संबंध नादीन गॉर्डीमर की कहानियों के केंद्र में है। लेकिन यह केंद्रीयता सिर्फ नर-नारी के रिश्ते की धुरी पर ही नहीं टिकी है, इसमें श्वेतों और अश्वेतों के बीच का असमान और तनावपूर्ण रिश्ता भी शामिल है। उनकी कहानियों की अश्वेत औरतें या तो गोरे पुरुषों द्वारा छली गईं या गोरे पुरुषों से प्रेम करने पर गोराशाही द्वारा दंडित की गईं। उनपर दोहरा जुल्म होता है, एक औरत होने के कारण और दूसरा अश्वेत होने के कारण। लेकिन नादीन गॉर्डीमर के स्त्री पात्र,

चाहे वे श्वेत हों या अश्वेत, तेजस्वी, स्वाभिमानी और साहसी होते हैं, जो कठिन परिस्थिति में भी झुकते नहीं।

सन् १९५२ से १९९८ तक उनके बारह उपन्यास और दस कहानी-संग्रह आ गए थे। इनके अलावा, उनके कई निबंध-संग्रह भी हैं और उन्होंने रंगमंच व दूरदर्शन के लिए कई नाटक तथा फिल्म-कथाएँ भी लिखी हैं।

नादीन गॉर्डीमर के उपन्यासों और कहानियों ने साहित्य जगत् को इतना प्रभावित किया कि सन् १९९१ में उन्हें साहित्य के 'नोबेल पुरस्कार' से सम्मानित किया गया। इसके पूर्व उन्हें इंग्लैंड, अमेरिका, फ्रांस, स्कॉटलैंड, इटली, जर्मनी, दक्षिण अफ्रीका से (इंग्लैंड के 'बुकर पुरस्कार' सहित) कई प्रतिष्ठित पुरस्कारों से नवाजा जा चुका था। यही नहीं, विश्व के पंद्रह विश्वविद्यालयों से उन्हें ऑनरेरी डिग्रियाँ भी प्रदान की गईं और कई अकादमियों की सदस्यता व फेलोशिप भी।

दक्षिण अफ्रीका की रंगभेदी सरकार ने जहाँ उनके लेखन एवं उनकी साहित्यिक गतिविधियों पर अकसर प्रतिबंध लगाए, वहाँ संपूर्ण विश्व में उनके लेखन को भरपूर सराहा गया। यहाँ तक कि उन्हें 'शब्दों में कल्पना की छापामार' तक कहा गया। पर बड़प्पन में विनत स्वयं 'नोबेल पुरस्कार' पर उनकी प्रतिक्रिया थी, ''मेरे जैसी लेखिका को नोबेल से और कोई फर्क नहीं पड़ता, सिवाय इसके कि बेवजह सार्वजनिक व्यस्तता बढ़ जाती है। ऐसा विज्ञान या अर्थशास्त्र की नोबेल विजेताओं के साथ नहीं होता, सिर्फ साहित्य व शांति पुरस्कार विजेताओं के साथ ही होता है। साहित्य का काम है व्यक्ति को मुक्त करना, मुक्ति में ही आश्वस्ति है। साहित्यकार यदि अपने सृजन में इस उद्देश्य को प्राप्त कर लेता है तो उसे और किसी चीज की जरूरत नहीं । सृजन अपने आप में मुक्ति भी है, आश्वस्ति भी।'' क्या साहित्य का यही शाश्वत सत्य नहीं!

प्रमुख कृतियाँ

१. द सॉफ्ट वायस ऑफ द सर्पेंट
२. द लायिंग डेज
३. सिक्स फीट ऑफ द कंट्री
४. ए वर्ड ऑफ स्ट्रेंजर्स
५. फ्राइडेज फुट प्रिंट
६. आकेजन फॉर लविंग
७. नॉट फॉर पब्लिकेशन
८. द लेट बुर्जआजी वर्ल्ड
९. द गेस्ट ऑफ ऑनर
१०. लिविंग स्टोन्स कंपैनियंश
११. द कंजरवेशनिस्ट
१२. सेलेक्टेड स्टोरीज

१३. सम मंडे फॉर श्योर
१४. बर्जर्स डॉटर
१५. ए सोल्जर्स एंब्रेस
१६. जुलाईज पीपल
१७. समथिंग आउट देयर
१८. स्पोर्ट ऑफ नेचर
१९. माई संस स्टोरी
२०. जंप
२१. नन टू ए कंपनी मी
२२. द हाउस गन

□

लोक आख्यान के शिल्प में आधुनिक उपन्यास की संरचना

टोनी मॉरिसन

[पुरस्कार वर्ष १९९३]

'लेखन अपने आपको पाने जैसा है।' कहनेवाली सन् १९९३ की नोबेल पुरस्कार विजेता अमेरिकन अश्वेत महिला टोनी मॉरिसन की साहित्यिक यात्रा सन् १९७० में उनके आत्मकथात्मक उपन्यास 'द ब्लूएस्ट आई' से शुरू हुई। यह एक काली लड़की की कहानी है, जो नीली आँखें पाना चाहती है। पर चाहत अलग चीज है, जीवन का उद्देश्य अलग। उपन्यास में उनका संदेश है कि केवल दिखावे की बाहरी सुंदरता के कारण मानव जीवन का विनाश होता जा रहा है। दर्द से भरा यह उपन्यास इतनी सुंदर भाषा में लिखा गया है कि उसे एक सुंदर कविता-सा कहा गया। इस पहले उपन्यास ने ही टोनी मॉरिसन को अमेरिकन अश्वेत समाज के दर्द को पैनी नजर से देखने-महसूस करनेवाले उपन्यासकारों की श्रेणी में ला खड़ा किया था। उनके कथाकार का नोटिस लिखा गया।

सन् १९७३ में उनका दूसरा उपन्यास आया—'सुला', जिसे मॉरिसन के लेखन में एक कदम आगे माना गया। इस उपन्यास में दो महिलाओं की चालीस साल पुरानी दोस्ती की कहानी है। इसके चरित्र पौराणिक पात्रों जैसे ताकतवर दिखते हैं। इस रचना को भी चारों ओर प्रशंसा मिली। लेकिन सन् १९७७ में आए उनके तीसरे

उपन्यास 'सांग ऑफ सोलोमन' ने समीक्षकों का विशेष ध्यान खींचा। इसका मुख्य पात्र व्यक्ति की कल्पना की तरह हवा में उड़ता-उतरता है।

इस फंतासी पर लेखिका का कहना है, ''मेरे समाज की काली दुनिया में असंख्य रहस्य छिपे हैं। इसमें काली दुनिया के काले जादू हैं। पिता से सुनी गई भूतों की कहानियाँ हैं। उड़नेवाले काले लोग हैं—ऐसा विश्वास प्रचलित था कि कभी काले लोग उड़ते थे। वास्तव में यह किताब उस किसान की भाषा में है, जिसे हम भूल चुके हैं। गाँव का किसान जानता ही नहीं कि वह कोई ऐसी भाषा बोल रहा है जिसमें पाठकों की रुचि हो सकती है। किसान को उपन्यास लिखने की जरूरत नहीं, लेकिन उसके पास उपन्यास के लिए असंख्य कथाएँ, किस्से, संगीत की धुनें और उत्सव हैं।''

टोनी मॉरिसन अश्वेत लेखिका हैं, लेकिन उनकी पुस्तकों में आम अश्वेत जीवन नहीं है। शहर से बाहर कर दिए गए लोग, घर लौटते थके हुए मजदूर, अपने बच्चों की ममता का गला घोंटती वेश्याएँ, झाड़-फूँक करनेवाली औरतें, अजीब मन:स्थितियोंवाले लोग और सनकी स्वभाववाले पात्र उनकी किताबों में भरे पड़े हैं। दरअसल वे साधारण लोगों की असाधारण कथाएँ कहती हैं। काले लोगों की दुनिया के उजले व अँधेरे पक्ष उभारने और जटिल चरित्रों की कुंठाओं की गाँठें खोलने में उन्हें विशेष महारत हासिल है। इसलिए उनका साहित्य अन्य अश्वेत साहित्य से अलग है, जिसने अमेरिकी अश्वेत लोगों की आवाज को नया सशक्त स्वर दिया है।

टोनी मॉरिसन का जन्म क्लोए एंथनी वोफोर्ड के एक मजदूर परिवार में हुआ। पिता जॉर्ज वोफोर्ड गोदी मजदूर थे, जो कार धोने का काम भी करते थे। माँ मजबूत इरादोंवाली समाज-सेविका थीं, जिन्होंने बच्चों की शिक्षा पर विशेष ध्यान दिया। माँ-बाप की चार संतानों में से दूसरी टोनी (शैशव का नाम छोड़कर बाद में अपनाया गया नाम) ऐसे स्कूल में पढ़ती थी, जहाँ अनेक जातियों के बच्चे पढ़ते थे। परंतु घर का वातावरण भिन्न होने के कारण उसके मन में बचपन से ही श्वेत-अश्वेत व जात-पाँत की भावना घर कर गई थी।

सन् १९४९ में हाई स्कूल की शिक्षा के बाद टोनी मॉरिसन ने हार्वर्ड विश्वविद्यालय में प्रवेश लिया, जहाँ वह नाटकों में भी भाग लेती थीं। अपनी नाटक-मंडली के साथ उन्होंने पूरे दक्षिणी भाग का दौरा भी किया। सन् १९५३ में बी.ए. करने के पश्चात् १९५५ में उन्होंने कारनेल विश्वविद्यालय से एम.ए. की डिग्री प्राप्त की। फिर हाऊस्टन की टेक्सास यूनिवर्सिटी में अंग्रेजी पढ़ाने लगीं। दो

वर्ष बाद वहाँ से हॉर्वर्ड विश्वविद्यालय चली गईं, जहाँ सन् १९६४ तक अंग्रेजी की प्राध्यापिका रहीं।

हॉर्वर्ड में ही उन्होंने जमैका के वास्तुविद् हेराल्ड मॉरिसन से विवाह किया। इस विवाह से उनके दो पुत्र हुए। लेकिन वे अपने विवाह से खुश नहीं थीं। इसलिए वे अध्ययन-लेखन में रुचि लेने लगीं। उनके अनुसार, ''जमैका में औरतें अपने आदमियों को कभी चुनौती नहीं देतीं। वे वही करती हैं, जो उनके पति चाहते हैं, जबकि मैं ऐसी नहीं थी। इसलिए मुझे अलग होना पड़ा।'' सन् १९६४ में पति से तलाक लेकर मॉरिसन अपने दोनों बच्चों के साथ न्यूयॉर्क चली गईं। वहाँ 'न्यूयॉर्क रिव्यू ऑफ बुक्स' में एक विज्ञापन देखकर 'रैंडम हाउस' में संपादन का कार्य करने लगीं। रैंडम हाउस की पाठ्य-पुस्तक समिति में संपादन कार्य करते हुए उन्होंने पाठ्यक्रम में काले लोगों की छवि सुधारने का काम किया।

लेकिन रोजगार की समस्या हल हो जाने और इस माध्यम से अपने सामाजिक उद्देश्य की भी आंशिक पूर्ति कर लेने से ही उन्हें संतोष नहीं हुआ। उन्हें लेखिका के नाते लिखना भी था। दिन भर रैंडम हाउस में कार्य करने और रात में दोनों बच्चों को सुलाने के बाद ही उनका लेखन-कार्य हो पाता था। यहीं उन्होंने लेखकों और कवियों के एक समूह में जाना शुरू किया, जहाँ हर मासिक मीटिंग में सब एक-दूसरे की रचनाओं पर चर्चा करते थे। मीटिंग में सुनाने के लिए उनके पास कोई रचना न होने पर एक दिन उन्होंने अपनी कल्पना से एक काली लड़की की कहानी लिख डाली, जो नीली आँखें पाने की तमन्ना रखती थी। बाद में यही कहानी उनके प्रथम उपन्यास की कथावस्तु बनी। यह क्रम आगे बढ़ता गया और टोनी मॉरिसन का लेखन चमत्कारक ढंग से सभी को प्रभावित करने लगा।

टोनी मॉरिसन अश्वेत समाज के दर्द और अंतर्द्वंद्व को सामान्य भाषा में नहीं, गीतात्मक या काव्यात्मक भाषा की लय में स्वर देती हैं। उनके उपन्यासों में मात्र रोमानी तरलता और पीड़ा का उच्छ्वास नहीं, बल्कि रंगभेद के यथार्थ से भयावह मुठभेड़ और जीवन-संघर्ष की विभीषिका भी है। अपने एक साक्षात्कार में वह कहती हैं, ''मैं गाँव का साहित्य लिखती हूँ और पारंपरिक समाज के लोगों के लिए लिखती हूँ। मेरे उपन्यास अतीत के उन रूपों और छवियों के बारे में हैं, जो धीरे-धीरे लुप्त हो रही हैं, पर जिनमें से कुछ का आज भी सार्थक उपयोग हो सकता है।''

उपन्यास लिखने की जरूरत या उसके लिए अपने आंतरिक दबाव पर उनका कहना है, ''औद्योगिक क्रांति के बाद मध्य वर्ग को अपने लिए एक नई आत्म-

छवि चाहिए थी, क्योंकि शहरों में इसकी भूमिका पहले से बदल चुकी है। अब नगरों और महानगरों में बड़े पैमाने पर गाँव के किसान और पारंपरिक जातियों के लोग आ गए हैं। इसलिए नए शहरी मूल्यों और पुराने ग्रामीण मूल्यों के बीच टकराव हो रहा है। हम शहरों में आ गए लोग उन्हीं पुराने मूल्यों में जीते हैं, लेकिन हमें नए जीवन-मूल्य भी अपनाने होते हैं। यही अंतर्द्वंद्व उपन्यासों की सृष्टि करता है।''

यह अंतर्द्वंद्व तो आज हर देश के कथाकारों के पास कथानक की मुख्य प्रक्रिया के रूप में उपस्थित है। पर टोनी मॉरिसन की विशेषता है कि उन्होंने आधुनिक उपन्यास के ढाँचे को लोक आख्यान के शिल्प से जोड़ा और उसमें भाषा को विशेष महत्त्व दिया। यही गुण उन्हें अन्य उपन्यासकारों से अलग स्थापित करता है। भाषा के प्रति बेहद सावधान और श्रमशील मॉरिसन कहती हैं, ''भाषा सावधान हो, लेकिन उसे सहज होना चाहिए, पसीने से लथपथ नहीं। उससे वही अर्थ निकलना चाहिए, जो उसका मूल अर्थ है। इसके लिए भाषा की निरंतर झाड़-पोंछ करते रहना चाहिए। लेखक की भाषा एक अच्छे उपदेशक की भाषा की तरह संकेतपूर्ण हो, उत्तेजक हो, पर इसके साथ दिल को छू लेनेवाली भी हो कि पाठक उसे पढ़ते हुए अपने भीतर से निकलनेवाली आवाज माने, यानी वह पाठक को आत्मविस्मृत कर देने की क्षमता रखती हो।'' यद्यपि मॉरिसन स्वयं भाषा के तौर पर अपने उपन्यासों के लिए काव्यात्मक या गीतात्मक विशेषण पसंद नहीं करतीं। किंतु उनका उपन्यास 'सांग ऑफ सोलोमन' ही इस विशेषण की पुष्टि के लिए पर्याप्त है।

समीक्षकों ने उनके औपन्यासिक पात्रों को 'अति में जीनेवाले लोग' कहा है। वे स्वयं भी स्वीकार करती हैं कि अपने लेखन में सामान्य जीवन के सामान्य पात्र उन्हें पसंद नहीं। इसलिए समीक्षक कुछ भी कहें, उनके सभी उपन्यास बेहद लोकप्रिय हुए, क्योंकि उनके लेखन में लोक-रुचि के पौराणिक संदर्भों, मिथकों और फंतासी का सहारा लेकर 'ट्रेजडी में भी कॉमेडी का टच' देने की कोशिश की गई है—'अपनी स्थितियों पर हँस सकने की क्षमता आपको अपनी जिंदगी का मूल स्वरूप लौटा देती है। आप वापस जिंदगी पा जाते हैं।'

लेखक-आलोचक संबंध पर मॉरिसन कहती हैं, ''पहले लेखक आलोचनात्मक प्रतिभा के भी धनी होते थे, आज ऐसे लेखक कम हैं। आधुनिक आलोचक अपने और अपनी आलोचना के बारे में ही ज्यादा बात करते हैं। इससे न लेखकों का भला होता है, न पाठकों का। साहित्य के लिए फिर व्यापक

पाठकीय फलक कैसे बनेगा? आलोचकों का यह कहना गलत है कि अच्छी किताब नहीं है। अगर अच्छी आलोचना नहीं होगी तो अच्छी किताब भी नहीं होगी। अगर कभी सारे प्रकाशन बंद हो जाएँ, तब भी मैं लिखती रहूँगी, क्योंकि जो प्रकाश में नहीं आ पाता, वह लेखन भी महत्त्वपूर्ण है। रचना-प्रक्रिया, जब लेखक की सारी संवेदनाएँ जाग्रत् होती हैं, अपने आप में बड़ा सुख है। लिखना अपने को खास तरह से स्वायत्त करना है। लिखते रहने से लेखक का स्वतः विकास होता रहता है।''

टोनी मॉरिसन का तीसरा उपन्यास 'सांग ऑफ सोलोमन' अपनी जीवंत लयात्मक शैली और विडंबनापूर्ण स्थितियों में भी जिंदगी से लबरेज होने के कारण इतना अधिक सराहा गया कि उसे सन् १९७७ में सर्वश्रेष्ठ उपन्यास घोषित किया गया और इस घोषणा के बाद सन् १९७८ में उसे 'नेशनल बुक्स क्रिटिक्स सर्कल अवार्ड' भी मिल गया। इसके बाद का उनका 'टार बेबी' उपन्यास आलोचना का शिकार हुआ। पर अगले दो उपन्यासों—'बिलवेड' और 'जॉज' ने टोनी मॉरिसन को न केवल पुरानी शोहरत लौटा दी, बल्कि नई ऊँचाइयों पर भी पहुँचा दिया।

इनमें से भी 'बिलवेड' के भाषा-सौंदर्य ने संसार भर से इतनी प्रशंसा अर्जित की कि इसपर उन्हें सन् १९९३ का साहित्य का नोबेल पुरस्कार प्रदान किया गया। उन्हें पुरस्कार से सम्मानित करते हुए स्वीडिश एकेडमी ने कहा, ''वे भाषा की गहराइयों में डूबकर उसे नस्ल की बेड़ियों से आजाद करना चाहती हैं और बात कविता-सी सुंदर भाषा में करती हैं।'' टोनी मॉरिसन की इस कृति को इसके पूर्व सन् १९८८ में 'पुलित्जर पुरस्कार' भी दिया जा चुका था।

नोबेल पुरस्कार मिलने की खबर पर उनकी प्रतिक्रिया थी, ''मैं अभिभूत हूँ। यह पुरस्कार हासिल करना ही बड़ी बात है, लेकिन एक अमेरिकी महिला, वह भी अश्वेत महिला की हैसियत से यह पुरस्कार जीतना तो और भी बड़ी बात है। मैं ईश्वर का अनुग्रह मानती हूँ कि यह दिन देखने के लिए मेरी माँ जिंदा हैं। उनकी प्रेरणा मेरे लिए अमूल्य है, इसलिए ही नहीं, इसलिए भी कि मातृसत्ता मेरे उपन्यासों के केंद्र में होती है।''

टोनी मॉरिसन अमेरिका और पश्चिम की उन नारीवादी लेखिकाओं से अलग हैं, जो अपने एकपक्षीय दृष्टिकोण के कारण अपने लेखन में जाने-अनजाने एकांगी हो गई हैं। वे जीवन को संपूर्णता में देखनेवाली कथाकार हैं, जिन्हें अफ्रीकी-अमेरिकी साहित्य की विशेषज्ञता हासिल है।

प्रमुख कृतियाँ

१. द ब्लूएस्ट आई
२. सुला
३. सांग ऑफ सोलोमन
४. टार बेबी
५. ड्रीमिंग इम्मेट
६. बिलवेड
७. जॉज
८. प्लेइंग इन द डार्क व्हाइटनेस एंड द लेटरेरी इमिजिनेशन
९. रेसिंग जस्टिस, एनजेंड्रिंग पॉवर

इनके अतिरिक्त उन्हें कई संदर्भ ग्रंथों में संकलित व उद्धृत किया गया है। स्वयं उनके सृजन कार्य पर भी कई शोध प्रबंध लिखे गए हैं।

□

जैविक संदर्भों में मानव जीवन के सत्य का चित्रण

विस्लावा शिंबोर्सका

[पुरस्कार वर्ष १९९६]

पोलैंड की कवयित्री विस्लावा शिंबोर्सका को सन् १९९६ में जब नोबेल पुरस्कार देने की घोषणा की गई तब विश्व के अधिकतर साहित्य-प्रेमी पाठकों के लिए यह नाम अनजाना-सा था। हिंदी पत्र-पत्रिकाएँ तो प्राय: इस नाम से अनभिज्ञ ही थीं। इसलिए आम प्रतिक्रिया रही कि नोबेल कमेटी ने एक नया तारा खोज लिया है। यह नया तारा भी उनकी एक कविता से ही उद्धृत किया गया था।

"एक नया तारा खोज लिया गया है
पर इसका मतलब यह नहीं कि चीजें सुनहरी हो गई हैं
या जिसकी कमी थी, वह आ गई है।"

विस्लावा शिंबोर्सका पोलैंड की कवयित्रियों में एक अग्रणी नाम है। वे एक गंभीर और लोकप्रिय कवयित्री हैं। आज यह संगम दुर्लभ होता है। विशेष रूप से हिंदी में लोकप्रिय मंचीय कवि और अच्छी पत्र-पत्रिकाओं में छपनेवाले सशक्त लेखनी के धनी गंभीर कवि प्राय: एक श्रेणी में नहीं रखे जाते। लेकिन जहाँ यह संगम होता है, वहाँ कवि या कवयित्री की लोकप्रियता और प्रतिष्ठा का भी संगम

देखने को मिल जाता है।

इस सशक्त और लोकप्रिय पोलिश कवयित्री को सन् १९९६ में साहित्य का नोबेल पुरस्कार प्रदान करते हुए रायल स्वीडिश एकेडमी ने कहा, ''विस्लावा शिंबोर्सका की कविता मानव जीवन के सत्य के इतिहास के साथ जैविक संदर्भ में भी महत्त्वपूर्ण है।'' यह जैविक संदर्भ उनकी कई सहज कविताओं में देखा जा सकता है—विशेष रूप से 'पोर्टेट ऑफ ए वूमेन', 'इन प्रेज ऑफ माई सिस्टर' और बचपन व मातृत्व से संबंधित उनकी इस तरह की अन्य कविताओं में।

विस्लावा शिंबोर्सका का जन्म २ जुलाई, १९२३ को पश्चिमी पोलैंड के कार्निक नामक स्थान पर हुआ था। सन् १९३१ में वे क्रेको चली गईं। यहीं सन् १९४५ से १९४८ के दौरान उन्होंने जेगोलियन यूनिवर्सिटी से पोलिश साहित्य और समाजशास्त्र का अध्ययन किया। इसके बाद सन् १९५३ में क्रेको के साहित्यिक साप्ताहिक 'जिस्सी लिप्रेटी' की कविता-संपादक बन गईं और उसी पत्रिका में एक स्तंभकार के रूप में धारावाहिक गद्य लेखन भी करने लगीं। उनकी यह लेखमाला बाद में दूसरे पत्रों में भी छपी और पुस्तक रूप में भी प्रकाशित हुई।

विस्लावा शिंबोर्सका के सन् १९५२, १९५४, १९५७, १९६२, १९६४, १९६७, १९७०, १९७२, १९७३, १९७६, १९८३, १९८६, १९९३, १९९६ में कई कविता संग्रह प्रकाशित हुए—१९६७ और १९७६ में दो-दो कविता-संग्रह, इस तरह १९९६ तक कुल सोलह। इनके अलावा विस्लावा ने फ्रेंच कविता से कई अनुवाद किए और कुछ विदेशी पौराणिक काव्यों के पोलिश भाषा में अनुवाद भी। स्वयं विस्लावा की कविताओं के अंग्रेजी, स्वीडिश, इटैलियन, डेनिश, हिब्रू, हंगेरियन, चेक, स्लोवाक, रोमानियन, बल्गेरियन आदि विश्व की अनेक भाषाओं में अनुवाद हुए हैं।

जहाँ पोलैंड के चेस्लाव मिर्लान जैसे कवि पोलैंड से निर्वासित होकर अपनी प्रतिभा को बाहर निखार पाए, वहाँ विस्लावा शिंबोर्सका ने पोलैंड में रहकर ही अपने काव्य-सृजन को जारी रखा। सेंसरशिप के बावजूद अपनी विशेष शैली के कारण वे सेंसरशिप के क्रूर पंजों से बचती रहीं। यद्यपि वे राजनीतिक कवयित्री नहीं हैं, लेकिन व्यवस्था-विरोध में पीछे भी नहीं रहीं। राजनीतिक कविताओं के बारे में उन्होंने अपनी कविता में यों स्पष्टीकरण दिया है—

''अराजनीतिक कविताएँ भी गहरे अर्थों में राजनीतिक हैं
और हमारे ऊपर जो चंद्रमा चमक रहा है
वह भी विशुद्ध रूप से चंद्रमा नहीं है

यहाँ तक कि तुम जंगलों में भी चले जाओ
तो वहाँ भी तुम राजनीतिक मैदानों में
राजनीतिक कदम उठा रहे होगे।''

विस्लावा की कविता की विशेषता है रोजमर्रा के जीवन-अनुभवों को कविता में अर्थवत्ता प्रदान करना, उन्हें गहरे सामाजिक-राजनीतिक आशयों में बदलना और सामाजिक यथार्थ के विरोधाभासों, विडंबनाओं तथा राजनीतिक मूर्खताओं को अपनी कविता के माध्यम से हास्य-मिश्रित करुणा में बदल देना। व्यवस्था-विरोध के लिए वे पकड़ में नहीं आईं तो कविता की अपनी इसी विशेष शैली के कारण—बात को सीधे न कहकर हास्य-व्यंग्य में कहना और व्यवस्था की जड़ता की खिल्ली उड़ाना। गहरे अर्थ में उनका यह प्रयास व्यक्तिगत स्तर पर व्यक्ति की अस्मिता की रक्षा के लिए लगातार अपना जेहाद जारी रखना ही है। 'एन ओपीनियन ऑन द क्वेश्चन ऑफ पोर्नोग्राफी' उनकी इसी तरह की हास्य-करुणा मिश्रित अवसाद की कविता है, जिसे प्रस्तुत करते हुए उन्होंने अप्रत्यक्ष तकनीक का सहारा लिया है, यानी तकनीक का कलात्मक इस्तेमाल किया है।

विस्लावा के कविता-संग्रहों में से सन् १९८६ में प्रकाशित 'पीपल ऑन द ब्रिज' एक महत्त्वपूर्ण संग्रह माना गया है। सृजन के दस साल बाद प्रकाशित उनका यह सर्वाधिक प्रतिनिधि संग्रह भी है। इसकी ख्याति पर ही संभवत: उन्हें साहित्य का सर्वाधिक प्रतिष्ठित पुरस्कार 'नोबेल पुरस्कार' प्रदान किया गया। 'पीपल ऑन द ब्रिज' में प्रस्तुत बाईस कविताएँ इस बात की गवाह हैं कि वे आम आदमी के सुख-दु:ख से जुड़ी हैं और सामाजिक-राजनीतिक जीवन की विडंबनाओं को अच्छी तरह जानती-पहचानती हैं।

सन् १९९६ में जब उनका नाम नोबेल पुरस्कार के लिए घोषित किया गया, उनके एक साथी ने 'टाइम्स लिटरेरी सप्लीमेंट' में लिखा, ''उसे नोबेल पुरस्कार देने का अर्थ है उस कवयित्री को पुरस्कार देना, जो कद में बड़ी होने पर भी पुराने फैशन की कविताएँ लिखती है और बीसवीं शताब्दी की यूरोपियन कविता की आवाज बनकर सामने आती है।'' पर विस्लावा की कविताएँ किसी भी फैशन की हों, उनकी कविता को केवल पोलिश कविता नहीं कहा जा सकता। क्षेत्रीय रंगों से ऊपर उठकर विशिष्ट भाषा में लिखी गईं वे विशिष्ट कविताएँ हैं, जिनका वैश्विक मूल्य है। यहाँ श्री सुरेश सलिल द्वारा हिंदी में अनूदित उनकी 'अपनी बहन की तारीफ में' शीर्षक कविता और श्री विजय कुमार द्वारा अनूदित उनकी 'प्याज'

शीर्षक कविता के कुछ अंश दिए जा रहे हैं—

अपनी बहन की तारीफ में

मेरी बहन कविता नहीं लिखती
और मुझे नहीं लगता कि कभी यक्-ब-यक्
वह कविता लिखने लगेगी
वह अपनी माँ जैसी है, जो कविता नहीं लिखती थी
और अपने पिता जैसी, जिन्हें कविता से कोई लेना-देना नहीं था
मेरे जीजा कविता लिखने के बजाय मर जाना बेहतर मानेंगे
और यह हाथ आई कविता जैसा महसूस होता है
कि मेरे रिश्तेदारों में से कोई भी कवि-कर्म से जुड़ा हुआ नहीं है।
ऐसे बहुत से परिवार हैं, जिनमें कविता से किसी का कोई लेना-देना नहीं
और है भी तो बमुश्किल किसी एक का
लेकिन कभी-कभार ऐसी भी मिसालें देखने में आती हैं
कि एक के बाद एक
पीढ़ियों से कविता उफनती चली आ रही है—
आपसी भावनाओं में भीषण भँवर बनाती हुई।
मेरी बहन बोलचाल का बहुत अच्छा गद्य गोदती है
उसका लिखना-पढ़ना महज छुट्टियों के दौरान लिखे जानेवाले
पोस्टकार्डों तक सीमित है,
पर उसका सूप बढ़िया तरीके से बना होता है
अपनी बहन की छत के नीचे
मैं अपने आपको सुरक्षित महसूस करती हूँ।

प्याज

प्याज भी सचमुच एक चीज है ।
इसमें आँतें नहीं मौजूद।
अपने में उसके महज प्याजपन है
समूची हार्दिकता से भरा हुआ।
सुसंगत और सुगठित

भीतर से शांत।
अंदर उसके एक छोटा प्याज
अक्षत गुणवत्ता से भरपूर।
दूसरे के भीतर एक तीसरा
तीसरे के भीतर चौथा।
केंद्र की ओर ले जाता हुआ।
शृंखलाबद्ध।
स्वरों के मेल की अनुगूँजों से भरा हुआ।
प्याज, मैं उसकी प्रशंसक हूँ।

मृत्यु पर

एक चुटकुले पर यह हँस नहीं सकती
तारे का पता नहीं लगा सकती
पुल नहीं बना सकती
यह बुनाई, खुदाई, किसानी,
जहाज बनाने और रोटी पकाने के बारे में भी कुछ नहीं जानती।
यह वे चीजें भी नहीं करवा सकती
जो इसका धंधा ही है
जैसे कब्र खोदना
कफन बनाना
और अपने बाद अपनी सफाई करना
मारने के अपने धंधे में दिन-रात लगी हुई यह
अपना काम भी सलीके से नहीं करती।
पर कल की हमारी योजना में
आखिरी राय इसी की है
और ऐसा हमेशा हुआ है।

विस्लावा शिंबोर्सका को १९९६ के नोबेल पुरस्कार से पूर्व १९९१ में 'गोएथे पुरस्कार', १९९५ में 'हार्डर पुरस्कार', १९९६ में 'पोलिश पेन क्लब पुरस्कार' और कुछ विश्वविद्यालयों से ऑनरेरी डिग्रियों से भी सम्मानित किया जा चुका था।

पुरस्कार के समय स्वीडिश एकेडमी ने प्रशस्ति के साथ यह भी कहा, ''शिंबोर्सका की कविताओं का उनकी विशेष शैली के कारण अन्य भाषाओं में अनुवाद बेहद कठिन है, फिर भी उनका विश्व की अनेक भाषाओं में अनुवाद होगा, होना चाहिए कि कविताओं के प्रमुख अंशों पर संसार का ध्यान जाए और इन कविताओं को व्यापक पठनीयता का लाभ मिले।''

पुरस्कार की घोषणा पर कवयित्री विस्लावा की प्रतिक्रिया थी, ''मैं चकित हूँ, स्तब्ध हूँ और भयभीत भी। डरी हुई इसलिए कि अब मुझे कोई सामान्य जीवन नहीं जीने देगा।'' विश्व-ख्याति के साथ जुड़ा हुआ एक सच, जो उस अनुभव से पूर्व अनायास ही उनके मुख से उद्घाटित हुआ। नोबेल पुरस्कार से पूर्व विश्व के लिए अनजानी-सी कवयित्री आज पोलैंड की ही नहीं, विश्व की ख्यात व बहुचर्चित कवयित्री जो हैं।

प्रमुख कृतियाँ

१. दैट्स व्हाय वी आर अलाइव
२. क्वेस्चनिंग वन सेल्फ
३. कालिंग आउट टू येति
४. सोल
५. ए हंड्रेड च्वाइज
६. पीपल ऑन द ब्रिज
७. साउंड्स, फीलिंग्स, थॉट्स
८. ऑन डेथ, विदाउट एग्जैगरेशन
९. द थ्री आडेस्ट वर्ल्ड्स
१०. पॉसिबिलिटीज
११. द जॉय ऑफ राइटिंग

और

पोयम्स, न्यू एंड कलेक्टेड (१९५७-१९९७)
व्यू विद ए ग्रेन ऑफ सैंड (चुनी हुई कविताएँ)

विश्व शांति के लिए नोबेल पुरस्कार

नोबेल शांति पुरस्कार की प्रेरणा

बर्था वान सट्नर

[पुरस्कार वर्ष १९०५]

सन् १९०५ में विश्व-शांति के लिए नोबेल पुरस्कार प्राप्त करनेवाली विश्व की पहली महिला थीं बर्था वान सट्नर, जो एक ऑस्ट्रियन उपन्यासकार थीं, पर उपन्यासकार से अधिक महान् शांतिवादी के रूप में विख्यात हुईं। कहते हैं, नाइट्रोग्लिसरीन और डायनामाइट जैसे विस्फोटकों का आविष्कार करनेवाले वैज्ञानिक अल्फ्रेड नोबेल को शांति के लिए पुरस्कार निर्धारित करने की प्रेरणा देनेवाली बर्था वान सट्नर ही थीं।

बर्था वान सट्नर अल्फ्रेड नोबेल के जीवन में बहुत थोड़े समय के लिए आई थीं, पर जीवन भर के लिए अपना प्रभाव उनपर छोड़ गई थीं। उनका पत्र-व्यवहार बराबर चलता रहा। नोबेल उनके शांति-समर्थक कार्यों का बराबर ध्यान से अध्ययन करते रहे। फिर जब वान सट्नर का प्रख्यात उपन्यास 'ले डाउन आर्म्स' (हथियार डाल दो) प्रकाशित हुआ तो उसने अल्फ्रेड नोबेल को भी बेहद प्रभावित किया। उपन्यास पसंद आने पर उसकी प्रशंसा करते हुए उन्होंने वान सट्नर को लिखा, ''मैं चाहता हूँ, किसी ऐसे विस्फोटक मसाले का आविष्कार करूँ या ऐसी कोई मशीन बनाऊँ जिससे आमने-सामने युद्धार्थ खड़ी सेनाएँ एक सेकंड में एक-दूसरी

का सर्वनाश कर सकें। तभी सभ्य कहलानेवाली जातियों की आँखें खुलेंगी और वे युद्ध करना छोड़ सकेंगी।'' इसके कुछ दिन बाद उन्होंने फिर वान सट्नर को लिखा, ''मैं अपनी संपत्ति का एक भाग एक पुरस्कार के लिए रख देना चाहता हूँ। यह पुरस्कार प्रति पाँचवें वर्ष उस व्यक्ति को दिया जाए, जो संसार से युद्ध का समूल विनाश करने के पक्ष में जोरदार आवाज उठाए या इस दिशा में महत्त्वपूर्ण काम करे। यह पुरस्कार तीस वर्षों में कुल छह बार ही दिया जाए। यदि इतनी लंबी अवधि के बाद भी राष्ट्र अपना रवैया न बदलें तो वे बर्बरता की चरम सीमा पर पहुँच जाएँगे। तब पुरस्कार को जारी रखने का कोई अर्थ न रह जाएगा।''

इन पत्रों से शांति पुरस्कार के लिए बर्था वान सट्नर की प्रेरणा की पुष्टि होती है।

बर्था का जन्म ९ जून, १८४३ को प्राहा में एक सामंती परिवार में हुआ। वे काउंट फ्रांज वान किंस्की नामक ऑस्ट्रियन फील्ड मार्शल की पुत्री थीं। किंतु बाद में निर्धनता के कारण उन्होंने वियना के बैरन परिवार में 'गवर्नेस' के रूप में काम करना शुरू कर दिया था। बैरन वान सट्नर की चार पुत्रियों की देखभाल का काम उनके जिम्मे था। यहीं बैरन वान सट्नर के एक पुत्र से उनका प्रेम-संबंध भी चलने लगा। यह लड़का आर्थर वान सट्नर उनसे सात वर्ष छोटा था। उम्र के इस अंतर तथा बर्था की आर्थिक स्थिति के कारण आर्थर के माता-पिता इस विवाह के प्रबल विरोधी थे। आर्थर के झुकाव को देखकर उन्होंने बर्था को नौकरी से अलग कर देने का निश्चय किया, ताकि अलग रहकर वे दोनों धीरे-धीरे एक-दूसरे को भूल सकें। अब बर्था के सामने फिर रोजी की समस्या थी।

अल्फ्रेड नोबेल उस समय पेरिस में रह रहे थे। अठारह वर्ष की तरुणावस्था में उन्हें एक लड़की से प्रेम हुआ था, जो थोड़े समय बाद चल बसी थी और अल्फ्रेड नोबेल को गहरा आघात दे गई थी। एक लंबे समय तक नोबेल इस व्यथा को अंतर्मन में छुपाए अपने विज्ञान के प्रयोगों में खोए डूबे रहे और अपने आविष्कारों से अपार संपत्ति अर्जित करते रहे। इस समय उनके पास कई बँगले थे। पेरिस के उस आलीशान बँगले में घुड़साल, प्रयोगशाला, अध्ययन-कक्ष के अलावा कई कमरे और भी थे। पर कोई साथी न था जो इस ऐश्वर्य का उपभोग कर सके। एक लंबे अंतराल के बाद जब उन्हें यह ध्यान आया तो उन्होंने समाचार-पत्र में एक विज्ञापन निकलवाया, ''एक बहुत धनी, शिष्ट, प्रौढ़ सज्जन के लिए कुछ अधिक अवस्था की एक ऐसी स्त्री की आवश्यकता है जो कई भाषाएँ जानती हो, उनकी सेक्रेटरी का काम कर सके तथा उनके घर की देखभाल भी कर सके।''

प्रेम में निराश और नौकरी से बरखास्त बर्था किंस्की ने प्रार्थना-पत्र भेज दिया। उस समय बर्था की आयु तैंतीस वर्ष थी। इस प्रार्थना-पत्र के बाद बर्था किंस्की और अल्फ्रेड नोबेल में कई पत्रों का आदान-प्रदान हुआ। फिर उन्हें पेरिस से अल्फ्रेड नोबेल का बुलावा आ गया। निश्चित तिथि को बर्था पेरिस पहुँची तो अल्फ्रेड को स्टेशन पर प्रतीक्षा करते हुए पाया। प्रथम दृष्टि में ही दोनों ने एक-दूसरे को प्रभावित किया। अल्फ्रेड नोबेल की सेक्रेटरी का काम बर्था ने सँभाल लिया। नोबेल ने भी उन्हें हर तरह से सुखी बनाने का प्रयत्न किया। एक सप्ताह बीत जाने पर नोबेल ने जब स्पष्ट शब्दों में पूछा कि क्या वे किसी से प्रेम करती हैं, तो बर्था रो पड़ीं और उन्होंने बैरन वान सट्नर परिवार तथा उनके लड़के आर्थर से अपने प्रेम की सारी कहानी उन्हें सुना दी। सुनकर अल्फ्रेड दुःखी हुए और मौन हो गए।

अभी बर्था किंस्की को पेरिस आए दस-बारह दिन ही बीते थे कि उन्हें आर्थर का तार मिला, "तुम्हारे बिना जीना असंभव है। तुरंत चली आओ।" अल्फ्रेड नोबेल उस समय किसी कार्यवश स्वीडन गए हुए थे। उनके पीछे ही बर्था वियना चली गईं। एक महीने बाद आर्थर वान सट्नर और बर्था किंस्की विवाह-सूत्र में बँध गए। तभी अल्फ्रेड नोबेल को यह समाचार मिला, जिससे उन्हें काफी दुःख हुआ। ग्रीष्म ॠतु में अल्फ्रेड वियना गए, इस विचार से कि बर्था किंस्की से उनकी भेंट हो सकेगी; पर वहाँ भी उन्हें निराश होना पड़ा, क्योंकि विवाह के बाद दोनों अपने कुछ मित्रों के पास काकेशस चले गए थे।

यह घटना सन् १८७६ की है। इसके बाद ग्यारह वर्ष तक अल्फ्रेड की भेंट वान सट्नर दंपती से नहीं हो सकी। जब वे लोग सन् १८८७ में पेरिस आए तभी बर्था अल्फ्रेड से मिल सकीं। इसके बाद कभी-कभी भेंट होती रहती थी। बर्था अपना मार्ग चुन चुकी थीं। उन्होंने अपना काफी समय लेखन और सामाजिक कार्यों में लगाना शुरू कर दिया था। अल्फ्रेड का मार्ग अलग था। संपर्क भी बहुत कम हो पाता था। पर कभी-कभी पत्र-व्यवहार द्वारा उनकी मित्रता निभती रही। कभी भेंट होने पर अल्फ्रेड के युद्ध-संबंधी विस्फोटकों के आविष्कार और उनके उत्पादन तथा बर्था के लेखन व शांति-प्रयासों के परस्पर विरोधी विषयों पर चर्चाएँ भी होतीं। बर्था युद्ध पर इन विस्फोटकों के विनाशकारी प्रभाव से डरती थीं, इसलिए उनका विरोध करती थीं। अल्फ्रेड नोबेल किसी अत्यंत भयंकर विस्फोटक के आविष्कार के बाद ही युद्ध के खात्मे की संभावना देखते थे (आज विश्व युद्धों की रोक थाम में अणु-शक्ति के आविष्कार का प्रमुख हाथ देखकर उनके चिंतन

की दिशा का आभास मिलता है)। दोनों की राहें भिन्न थीं, पर उद्देश्य एक था—युद्ध का खात्मा और विश्व-शांति। अतः मतभेद के बावजूद दोनों जीवनपर्यंत मित्र बने रहे और एक-दूसरे को प्रभावित करते रहे।

पेरिस में जब अल्फ्रेड से मुलाकात हुई उस समय तक बर्था की 'इन्वेंटरी ऑफ ए सोल' पुस्तक प्रकाशित हो चुकी थी और वे 'द मशीन एज' नामक दूसरी पुस्तक लिख रही थीं। बाद में सन् १८८९ में जब उनका 'ले डाउन आर्म्स' उपन्यास प्रकाशित हुआ तो उसकी चारों ओर धूम मच गई। युद्ध-विरोधी साहित्य में इस उपन्यास का प्रमुख स्थान है और 'अंकल टाम्स कॉटेज' के बाद उन्नीसवीं शताब्दी के लोकप्रिय उपन्यासों में दूसरा। इसी उपन्यास ने अल्फ्रेड नोबेल को प्रभावित कर उन्हें शांति पुरस्कार के लिए प्रेरित किया। विश्व-शांति के लिए किए गए बर्था के सभी प्रयत्नों में इस उपन्यास के लेखन का अपना विशिष्ट महत्त्व है, जिसकी कहानी में संसार में शांति स्थापना की आवश्यकता पर कलात्मक ढंग से बल दिया गया है। उन्हें 'नोबेल शांति पुरस्कार' इसी पर मिला, यद्यपि सन् १८९१ में ऑस्ट्रियन शांति-समर्थकों के संगठन की स्थापना और उसके माध्यम से विश्व-शांति के सक्रिय प्रयत्नों का श्रेय भी उन्हें प्राप्त है। शांति-समर्थक एक पत्रिका का संपादन भी वे सन् १८९२-९९ के बीच करती रही थीं।

बेरोनेम बर्था वान सट्नर ने अपने संस्मरण भी लिखे हैं, जिनसे अल्फ्रेड नोबेल के व्यक्तित्व, उनके स्वभाव व चरित्र तथा नोबेल पुरस्कारों—विशेष रूप से नोबेल शांति पुरस्कारों—के उद्देश्य पर अच्छा प्रकाश पड़ता है।

२१ जून, १९१४ को वियना में उनकी मृत्यु हो गई। एक महान् शांतिवादी उपन्यासकार और विश्व-शांति के लिए नोबेल पुरस्कार पानेवाली प्रथम महिला के रूप में उनका नाम अमर है। इस रूप में भी कि उन्होंने एक महान् व्यक्ति को महान् उद्देश्य के लिए प्रेरित किया।

□

'पीस पार्टी' और 'हल हाउस' की संस्थापिका

जेन एडम्स

[पुरस्कार वर्ष १९३१]

सन् १९३१ का विश्व-शांति के लिए नोबेल पुरस्कार अमेरिका की महान् समाज-सेविका और शांति-प्रेमी महिला जेन एडम्स को प्रदान किया गया। सन् १९०५ में वान सट्नर को प्रथम बार यह पुरस्कार मिला था। इतने लंबे समय के व्यवधान के बाद जेन एडम्स दूसरी महिला थीं, जिन्हें इस पुरस्कार से सम्मानित किया गया।

शिकागो के विख्यात 'हल हाउस' की संस्थापिका जेन एडम्स का नाम प्रबुद्ध पाठकों के लिए अपरिचित नहीं है। संत इमर्सन और क्राइस्ट की अनन्य भक्त जेन एडम्स ने इमर्सन के काव्य-सौंदर्य और क्राइस्ट के सेवा-संतोष दोनों को आत्मसात् कर अपने व्यक्तित्व का निर्माण किया था और उसी से अपने जीवन को दिशा दी थी।

उनका 'हल हाउस' सेवा का प्रतीक था तो 'पीस पार्टी' मानव-जीवन के सौंदर्य को अनैतिकता और हिंसा की विकृतियों से बचाने का सटीक प्रयत्न। 'पीस पार्टी' की संस्थापिका जेन एडम्स के सामने सन् १९१४-१८ का प्रथम महायुद्ध एक चुनौती बनकर आया था। इस चुनौती को स्वीकार न करने का अर्थ था अपने सिद्धांतों की हत्या और मनुष्य की मनुष्यता या अच्छाइयों के प्रति अविश्वास।

दूसरी ओर युद्ध के दौरान युद्ध का विरोध भी कोई आसान काम न था। पर अंतरात्मा की आवाज प्रबल हो तो कोई बाधा नहीं रहती। जेन एडम्स ने घूम-घूमकर एक-एक दिन में कई-कई भाषण दिए। लोगों को हिंसा की हानियाँ समझाईं और युद्ध का डटकर विरोध करने के लिए प्रेरित किया। उनके शांति-संदेश को संदेह की निगाह से देखा गया और कई वर्ष के लिए अमेरिका में ही नजरबंद करके रखा गया। इसका परिणाम यह हुआ कि उनकी 'पीस पार्टी' छिन्न-भिन्न हो गई। युद्ध समाप्ति और अपनी रिहाई के बाद उन्होंने इन बिखरे सूत्रों को फिर से जुटाया और अमेरिकन स्त्रियों की 'पीस पार्टी' को 'अंतरराष्ट्रीय महिला लीग' में सम्मिलित कर दिया। जेन एडम्स इस अंतरराष्ट्रीय महिला लीग की अध्यक्षा चुनी गईं और लीग के माध्यम से विश्व-शांति संबंधी गतिविधियाँ और तेज कर दी गईं। इन्हीं महती सेवाओं और शांति प्रयत्नों के लिए जेन एडम्स को सन् १९३१ का नोबेल पुरस्कार निकोलस मरे बटलर के साथ आधा विभाजित करके प्रदान किया गया।

नोबेल पुरस्कार यद्यपि उन्हें शांति प्रयत्नों के लिए मिला, पर सेवा-क्षेत्र में उनकी देन इससे भी महान् है। देखा जाए तो शांति की बात भी मानवता की सेवा के साथ ही जुड़ी है, इसलिए उनके संपूर्ण कार्य को मानवीय सेवा-संवेदना के रूप में ही आँकना ठीक होगा। हालस्टेड स्ट्रीट स्थित उनका 'हल हाउस' एक ऐसा आश्रय-स्थल था, जहाँ बिना किसी भेदभाव के हर कोई आकर अपना शारीरिक, मानसिक, आर्थिक संताप मिटा सकता था। इस भवन के बाहर लिखा था, ''यदि आप भूखे हैं तो यहाँ आएँ, भोजन करें; यदि आप थके हैं तो यहाँ आएँ, विश्राम करें।'' ज़ेन एडम्स के अनुसार, ''भूख धन की या भोजन की ही नहीं होती, शांति, मैत्री और सद्भावना की भी होती है। गरीब अपनी सामान्य जरूरतों और सुख-सुविधाओं के भूखे हैं तो अमीर स्नेह, सद्भावना और अपनत्व के। 'हल हाउस' सभी के लिए है। इसका ध्येय है, छोटे-बड़े, गरीब-अमीर, काले-गोरे, देशी-विदेशी—सभी को सद्भावना के एक सूत्र में बाँधना। अंग्रेज, फ्रांसीसी, जर्मन, यहूदी, नीग्रो, आयरिश, इटैलियन, रूसी, स्कैंडिनेवियन आदि अनेक जातियाँ अमेरिका में आकर बसी हैं; पर उनमें परस्पर सद्भावना का अभाव है, इसीलिए जातीय पक्षपात और भ्रांतियों को बढ़ावा मिला है। 'हल हाउस' इन सभी के मिल बैठने और स्वतंत्र आदान-प्रदान द्वारा ये भ्रांतियाँ मिटाने के लिए खुला है।''

शुरू में लोगों ने 'हल हाउस' की सेवाओं को भी संदेह की दृष्टि से देखा, फिर धीरे-धीरे उसके उद्देश्य लोगों के सामने स्पष्ट होते गए। 'हल हाउस' में

भूखों को भोजन कराया जाता। रोगियों को चिकित्सा सहायता दी जाती। परिवार में सताई स्त्रियों को आश्रय दिया जाता, फिर उनके घरेलू झगड़ों को सुलझाने में या उन्हें काम दिलाने में सहायता कर उन्हें पुनः स्थापित किया जाता। कारखानों में काम करनेवाली माताओं के बच्चों के लिए 'शिशु गृह' और 'किंडर गार्टन' स्कूल की व्यवस्था थी। वृद्धों के लिए आमोद-प्रमोद, गृह और कला-प्रेमियों के लिए कला-केंद्र भी थे। इस सबके साथ थी—'गुड नेबर पॉलिसी', जिसके अंतर्गत विचार-गोष्ठियाँ होतीं; पारिवारिक, सामाजिक, अंतरराष्ट्रीय मसलों के शांतिपूर्ण समाधानों की खोज होती; जाति-विद्वेष और युद्ध-भावना के खिलाफ वातावरण तैयार किया जाता। 'सोशल एक्सटेंशन कमेटी' के माध्यम से सद्भावना, ऐक्य और भाईचारे का प्रचार होता। 'हल हाउस' के अनुकरण पर बाद में अन्य अनेक राष्ट्रीय व अंतरराष्ट्रीय सहयोग संस्थाओं का जन्म हुआ।

बाल श्रमिक समस्या के समाधान में भी जेन एडम्स का योगदान भुलाया नहीं जा सकता। अठारहवीं और उन्नीसवीं शताब्दी के कई छोटे-मोटे प्रयत्नों के बाद भी बीसवीं शताब्दी के प्रारंभ तक बाल-श्रम की समस्या ज्यों-की-त्यों बनी हुई थी। सात-आठ साल के बच्चों को चौदह-चौदह घंटे काम पर लगाया जाता था और मजदूरी उन्हें एक-तिहाई दी जाती थी। कहीं-कहीं तो चार-पाँच साल के बच्चे भी दिन भर जोतकर रखे जाते थे। जेन एडम्स से यह देखा नहीं गया। उन्होंने समस्या का गहराई से अध्ययन किया और यह जिम्मेदारी भी अपने सिर ले ली। इलिनोस में विभिन्न संस्थाओं को संगठित कर उन्होंने प्रस्ताव पास कराया कि सोलह वर्ष से कम उम्र के बच्चों के लिए सुबह सात बजे से पहले और शाम सात बजे के बाद काम पर जाने और रहने का निषेध किया जाए। बाद में यही कानून 'जेन एडम्स कानून' के नाम से जाना गया। बाल-श्रम की बुराइयों को खत्म करवाने के साथ उन्होंने व्यावसायिक केंद्रों में बच्चों के लिए क्रीड़ा-गृहों की व्यवस्था भी कराई। उनके 'हल हाउस' में देश-विदेश के विभिन्न भागों से सैकड़ों बच्चे रोज आते थे। विभिन्न जातियों में सद्भावना और शांति-प्रसार का पाठ वे बच्चों के माध्यम से ही अगली पीढ़ी को पढ़ाना चाहती थीं।

विभिन्न देशों व जातियों के बच्चे एक-दूसरे की भाषा नहीं समझते थे, पर प्रेम की भाषा, जो वहाँ पढ़ाई जाती थी, उसे वे खूब समझते थे और समझकर खुश होते थे। काश! जेन एडम्स के इन प्रयत्नों को उनके बाद वहाँ और हर जगह इसी तरह बढ़ाया जाता तो आज दुनिया का नक्शा कुछ और होता। उनकी पुस्तक 'द स्पिरिट ऑफ यूथ' पर ध्यान दिया जाता तो आज की यह विश्वव्यापी युवा-

समस्या इतना विकट रूप लेकर सामने न आती।

जेन एडम्स के पिता सीडरविल इलिनोस के एक धनी मिल मालिक और स्टेट सीनेटर थे। सन् १८६० में जेन को जन्म देकर माँ दो वर्ष बाद चल बसी थीं। पिता एक विचारशील और उदार व्यक्ति थे। उनका व्यक्तित्व भी बड़ा सुंदर था। जेन छोटे कद की, दुबली-पतली और पढ़ने में सामान्य लड़की थी। एक तो माँ का अभाव और दूसरे हीनभाववश भावुक जेन पिता के पास जाते हुए शरमाती। मन-ही-मन भगवान् से मनाती कि वह या तो उसे पिता की तरह योग्य बनाए या फिर हटा ले। एक बार एक सार्वजनिक स्थल पर पिता के सामने पड़ जाने पर उसने घबराकर उनसे पूछा, ''क्या लोगों के सामने मुझे अपनी बेटी बताते आपको संकोच का अनुभव नहीं होता?'' पिता उसके दूर-दूर रहने का रहस्य समझ गए। उन्होंने जेन एडम्स की पीठ थपथपाई। उसे अपने प्यार का आश्वासन दिया और प्रेरणा दी कि अपने भीतर का हीनभाव निकालने के लिए वह महापुरुषों की जीवनियाँ पढ़े।

यह जेन के जीवन का पहला मोड़ था। उसने अनेक महापुरुषों की जीवनियाँ पढ़ डालीं। पर सबसे ज्यादा प्रभावित हुई इमर्सन और क्राइस्ट से। 'न्यू टेस्टामेंट' की एक-एक लाइन ध्यान से पढ़ती और घंटों भाव-विभोर रहती। मन-ही-मन संकल्प करती, वह भी अपना जीवन ऐसे ही दु:खियों और रोगियों की सेवा में लगाएगी। पर तब तक दु:खी या गरीब लोगों के बारे में उसकी परिकल्पना अपूर्ण थी। फिर एक बार अपनी इंग्लैंड-यात्रा के समय जब वह किराए की बस में बैठकर रात को लंदन की उन गलियों से गुजर रही थी जहाँ के दृश्य की उसने कभी कल्पना भी न की थी, तो उसके जीवन का दूसरा मोड़ आरंभ हुआ। जेन ने देखा, दुर्गंधमय गली के एक मोड़ पर एक दुकान से गरीब स्त्री-पुरुष सड़ी-गली तरकारियाँ सस्ते दामों पर खरीद रहे थे। भीड़ अधिक होने से बस को रुक-रुककर चलना पड़ रहा था और जेन देख-देखकर घबरा रही थी। मैले-कुचैले अर्धनग्न कंकाल। गंदगी, गाली-गलौज और छीना-झपटी। कीड़ों से खाई हुई तरकारियों को दो-दो पेंस में खरीदकर वे उन्हें कच्ची ही चबाए जा रहे थे। सड़ी वस्तुएँ और उन्हें सस्ते में प्राप्त करने की इतनी होड़ और प्राप्ति के बाद इतनी खुशी! जेन को एक धक्का-सा लगा। दु:ख और गरीबी की परिभाषा उसकी समझ में आ गई। उस समय वह मेडिकल कॉलेज में पढ़ रही थी। अस्वस्थता के कारण डॉक्टर ने उसे यूरोप घूमने की सलाह दी थी।

इसी भ्रमण के दौरान लंदन में यह घटना घटी और जेन के जीवन का ध्येय निश्चित हो गया।

शिकागो लौटकर जेन एडम्स ने पिता को अपना निश्चय सुनाया, ''मैं विवाह नहीं करूँगी और समस्त जीवन दीन-दु:खियों की सेवा में बिताऊँगो।'' कार्य कठिन था, पर न तो जेन के पास आत्मबल की कमी थी, न पिता के पास धन की। राह निश्चित हुई तो कदम भी दृढ़ता से बढ़ चले। आगे की लंबी साधना की कहानी तो 'हल हाउस में चालीस वर्ष' वाली दो भागों की पुस्तक में संगृहीत है।

मानवता की सेवा में लगभग पचपन वर्ष तक निरंतर संलग्न रहने के बाद सन् १९३५ में उनकी मृत्यु हुई। मृत्यु से चार दिन पूर्व उनके पेट में अचानक भयंकर दर्द उठा था। डॉक्टरों ने ऑपरेशन की सलाह दी। अस्पताल ले जाने के लिए जब एंबुलेंस आई तो दर्द को दबाते हुए उन्होंने हँसकर कहा, ''क्या आप दो-चार मिनट प्रतीक्षा नहीं कर सकते? मेरे उपन्यास के कुछ ही पृष्ठ शेष हैं। कहानी का अंत लाए बिना मरना मुझे कैसे अच्छा लगेगा?'' पर डॉक्टरों ने उनकी बात अनसुनी कर दी। उन्हें विश्वास था कि वे उन्हें बचा लेंगे। पर ऐसा नहीं हुआ।

जेन एडम्स के शव के साथ हजारों श्रद्धालुओं की भीड़ थी और हर देश, जाति, रंग का व्यक्ति उन्हें अपनी श्रद्धांजलि अर्पित कर रहा था। मानवता और विश्व-शांति व मैत्री की शाश्वत भावना के साथ उनका नाम भी अमर है।

प्रमुख कृतियाँ

१. द स्पिरिट ऑफ यूथ
२. न्यूअर आइडियल ऑफ पीस
३. डेमोक्रेसी एंड सोशल इथिक्स
४. द लांग रोड ऑफ वीमेंस मेमोरी
५. ट्वेंटी इयर्स एट हल हाउस
६. सेकंड ट्वेंटी इयर्स एट हल हाउस।

□

‘वीमेंस इंटरनेशनल लीग फॉर पीस एंड फ्रीडम’ की प्रेरणा

एमिली ग्रीन बाल्च

[पुरस्कार वर्ष १९४६]

‘यह सम्मान मेरे लिए नहीं, मेरी संस्था के लिए है।’

यह कहते हुए सारी पुरस्कार राशि ‘वीमेंस इंटरनेशनल लीग फॉर पीस एंड फ्रीडम’ को देने की घोषणा करनेवाली कुमारी एमिली ग्रीन बाल्च ने एक बार फिर समूचे विश्व का ध्यान अपनी ओर आकर्षित कर लिया।

विश्व-शांति के लिए जीवन भर अथक प्रयत्न करनेवाली एमिली बाल्च को शांति का नोबेल पुरस्कार सन् १९४६ में वाई.एम.सी.ए. के लीडर जोन आरमांट के साथ आधा बाँटकर दिया गया था।

‘वीमेंस इंटरनेशनल लीग फॉर पीस एंड फ्रीडम’ के साथ एमिली बाल्च का नाम इसके स्थापना वर्ष से ही जुड़ा था। जेन एडम्स के साथ मिलकर वे इसकी स्थापना में भी भागीदार रहीं। जब तक जेन एडम्स जिंदा रहीं, उनकी अध्यक्षता-अवधि में एमिली बाल्च ही इस अंतरराष्ट्रीय संस्था की महामंत्री रहीं। फिर जेन एडम्स की मृत्यु के बाद सन् १९३६ से लेकर अपने अंतिम समय तक वे ही इसके अध्यक्ष पद पर भी आसीन रहीं। यद्यपि उनका विश्व-शांति के लिए किया गया कार्य मुख्यतः इस संस्था के कार्य से ही संबंधित है, पर उनके शांति प्रयत्न व

समाज-सेवा कार्य इसकी स्थापना से काफी पहले ही प्रारंभ हो चुके थे।

एमिली ग्रीन बाल्च का जन्म ८ जनवरी, १८६७ को जुमैका प्लेन, मास, अमेरिका में हुआ। पिता वकील थे, जो कि एक समय 'एन आल आउट फॉर पीस' के नाम से प्रसिद्ध एडवोकेट चार्ल्स समनर के सेक्रेटरी थे। एमिली में शांति की चाह के संस्कार संभवतः यहीं से पड़े।

एमिली ने प्रारंभिक शिक्षा प्राइवेट स्कूलों में ली थी। फिर ब्राइन मान कॉलेज से स्नातक बनीं। कॉलेज में पढ़ते समय ही वे स्लम-सुधार कार्य में दिलचस्पी लेने लगी थीं। स्नातक बनने के बाद एक वर्ष तक उन्होंने प्रसिद्ध समाजशास्त्री फ्रेंकलिन एच. गिडिंग्स के निर्देशन में उनके पास प्राइवेट रूप से समाजशास्त्र का अध्ययन किया। फिर सन् १८९० में ब्राइन मान कॉलेज की ओर से यूरोपियन फेलोशिप अवार्ड लेकर समाजशास्त्र में आगे शोध-अध्ययन के लिए पेरिस चली गईं। वहाँ एक वर्ष तक प्रोफेसर ई. लेवाजयुर के निर्देशन में अर्थशास्त्र तथा 'फ्रेंच पुअर रिलीफ सिस्टम' में शोधकार्य किया। सन् १८९३ में प्रकाशित उनकी पुस्तक 'पब्लिक असिस्टेंस ऑफ द पुअर इन फ्रांस' इसी अध्ययन पर आधारित है।

सन् १८९१ में बोस्टन लौटकर मिस बाल्च 'चिल्ड्रन एड सोसाइटी' में सोशल वर्कर के रूप में कार्य करने लगीं। सन् १८९२ में विडा डी स्कडर के साथ मिलकर उन्होंने बोस्टन में 'डेनियस हाउस सेटिलमेंट' की स्थापना की। इसी समय श्रमिक समस्याओं में वे पूरी तरह रुचि लेने लगी थीं। 'वीमेन ट्रेड यूनियन लीग' की स्थापना उनके ही प्रयत्नों का परिणाम था। 'कंज्यूमर्स लीग' की चेयरमैन के रूप में उनकी नागरिक सेवाएँ तथा अमेरिकी विधान में प्रथम न्यूनतम वेतन बोर्ड का प्रारूप तैयार करने में उनका वैधानिक योगदान भी उल्लेखनीय है।

सामाजिक क्षेत्र में इतना कार्य कर लेने के बाद कुमारी एमिली बाल्च अध्यापन कैरियर की ओर झुकीं। हार्वर्ड यूनिवर्सिटी एनेक्स (अब रेड क्लिफ कॉलेज) में, यूनिवर्सिटी ऑफ शिकागो में तथा यूनिवर्सिटी ऑफ बर्लिन में अध्यापन करने के बाद सन् १९०२ में उनकी नियुक्ति वेलेजली कॉलेज के अर्थशास्त्र विभाग में असिस्टेंट के रूप में हुई। एक वर्ष उन्हें इंस्ट्रक्टर रखा गया, फिर सन् १९०३ में एसोसिएट प्रोफेसर। सन् १९१३ से १९१८ तक वे प्रोफेसर भी रहीं। फिर सन् १९१८ में अपनी युद्ध-विरोधी व शांति-समर्थक नीति के अनुसार प्रथम विश्वयुद्ध की पूरी अवधि भर कॉलेज से लंबी छुट्टी लेकर अनुपस्थित रहने के कारण उन्हें कॉलेज-सेवा से अलग कर दिया गया।

अपने अध्यापन काल के सभी वर्षों में विश्व-शांति की दिशा में उनका कार्य

निरंतर चलता रहा, जिसे 'वीमेंस इंटरनेशनल लीग फॉर पीस एंड फ्रीडम' संस्था की स्थापना के बाद तथा कॉलेज से अवकाश ग्रहण करने के बाद और गति प्रदान की गई।

बोस्टन नगर के बच्चों के लिए स्थापित 'म्युनिसिपल बोर्ड ऑफ ट्रस्टीज' (१८९७-९८) में 'इंडस्ट्रियल एजुकेशन' के 'स्टेट कमीशन' (१९०८-०९) में तथा 'सिटी प्लानिंग बोर्ड, बोस्टन सिटी' (१९१४-१७) में सक्रिय सदस्या के नाते उनकी सेवाएँ उल्लेखनीय रहीं। अध्यापन में भी, कहते हैं, वे अपने विद्यार्थियों को रंग व वर्णभेद के खिलाफ आवाज उठाने के लिए सदा तैयार करती रहती थीं। उनके समाजशास्त्रीय व्यावहारिक अध्ययन भी या तो समुदायों में होते थे या म्युनिसिपल संस्थानों में। अध्यापन काल में ही उनका संबंध अनेक अंतरराष्ट्रीय संस्थाओं व योजनाओं से हो गया था। सन् १९०५-०६ में उन्होंने ऑस्ट्रिया व हंगरी का दौरा कर वहाँ की अमेरिकन बस्तियों का अध्ययन किया था। आगामी वर्षों में भी वे इन क्षेत्रों की यात्रा करती रहीं। उनकी सन् १९१० में प्रकाशित पुस्तक 'अवर स्लेविक फेलो सिटिजंस' इसी अध्ययन पर आधारित है। इसमें उन्होंने आव्रजन व प्रवासी समस्या का वैज्ञानिक विश्लेषण प्रस्तुत किया है।

पर उनका प्रमुख कार्य प्रारंभ होता है सन् १९१५ से, जब कि हेग में आयोजित 'इंटरनेशनल कांग्रेस ऑफ वीमेन' में वे प्रतिनिधि बनकर गईं। हेग इसके पूर्व भी अनेक शांति-आंदोलनों का गढ़ रह चुका था। इस कांग्रेस में जेन एडम्स ('हल हाउस' की संस्थापिका व प्रमुख शांतिवादी) शिकागो के 'हल हाउस' से शांति-समर्थक चालीस स्वयंसेविकाओं का दल लेकर वहाँ गई थीं और एमिली बाल्च 'वीमेन इंटरनेशनल कमेटी फॉर परमानेंट पीस' नामक एडहॉक कमेटी की ओर से। कॉन्फ्रेंस के बाद प्रमुख सदस्याएँ छोटे-छोटे दल लेकर विभिन्न देशों की सरकारों के पास अपने शांति-प्रस्ताव लेकर गई थीं। कुमारी बाल्च ने तीन अन्य सदस्याओं के साथ स्कैंडेनेवियन देशों तथा रूस की यात्रा की। इस मिशन की प्रकाशित रिपोर्ट 'वीमेन एट द हेग' (१९१५) के सात में से तीन अध्याय एमिली बाल्च ने ही लिखे थे। सन् १९१६ के वसंत में उन्होंने स्टॉकहोम में हेनरी फोर्ड द्वारा स्थापित 'न्यूट्रल कॉन्फ्रेंस फॉर कंटीन्यूअस मेडिएशन' में भी भाग लिया था।

गरमियों में न्यूयॉर्क लौटकर वे सैनिकवाद के विरोध में पूरी तरह सक्रिय हो गईं। इस कमेटी में तथा स्कूलों में सैनिक शिक्षा विरोध कमेटी में भाग लेकर उन्होंने निरस्त्रीकरण व शांति के पक्ष में अपनी आवाज बुलंद की। 'फेलोशिप ऑफ रिकंसीलिएशन' में भी वे सक्रिय रहीं। फिर जब अमेरिका युद्ध में लिप्त

हुआ तो उनकी शांति-समर्थक गतिविधियों के केंद्र वेलेजली कॉलेज को संकट से बचाने के लिए उन्होंने लंबी छुट्टी ले ली और युद्ध-समाप्ति वर्ष १९१८ तक अपनी नौकरी से अनुपस्थित रहीं। सन् १९१८ में फैकल्टी तथा विद्यार्थियों के विरोध के बावजूद उन्हें नौकरी पर वापस नहीं लिया गया। कारण था, युद्ध व शांति संबंधी उनके घोषित विचार व पूरे युद्धकाल में उनकी कॉलेज-सेवा से अनुपस्थिति। उनकी पुस्तक 'एप्रोचेज टू द ग्रेट सेटलमेंट' इसी समय की लिखी हुई है। इसमें उनकी सुझाई गई शांति शर्तों का सूक्ष्म विश्लेषण है। यहाँ यह उल्लेखनीय है कि सन् १९४६ में उनके लिए नोबेल पुरस्कार की सिफारिश करने में एक नाम इसी वेलेजली कॉलेज के चेयरमैन का था। इसके पूर्व सन् १९३५ में, संभवतः उनकी बरखास्तगी के पछतावे के रूप में उन्हें कॉलेज के एक समारोह में मुख्य वक्ता के रूप में सादर आमंत्रित भी किया जा चुका था। वेलेजली कॉलेज़ से अवकाश प्राप्त कर एमिली बाल्च ने एक साल तक 'नेशन' के संपादकीय विभाग में कार्य किया, फिर शांति के पक्ष में निरंतर आवाज उठानेवाली अपनी अंतरराष्ट्रीय महिला संस्था में ही पूरा समय देने लगीं।

सन् १९१९ में ज्यूरिख में 'इंटरनेशनल कांग्रेस ऑफ वीमेन' की द्वितीय मीटिंग हुई। यहीं शांति-आंदोलन को स्थायी रूप देने के लिए एक स्थायी संस्था की माँग उठी। तभी 'वीमेंस इंटरनेशनल लीग फॉर पीस एंड फ्रीडम' नाम की यह वर्तमान संस्था अस्तित्व में आई। उसी वर्ष जिनेवा में इस संस्था का मुख्यालय भी स्थापित हुआ। जेन एडम्स इंटरनेशनल प्रेसीडेंट चुनी गईं और एमिली बाल्च इंटरनेशनल सेक्रेटरी। सन् १९३५ में जेन एडम्स की मृत्यु के बाद १९३६ से उन्हें ही ऑनरेरी अध्यक्ष पद सँभालना पड़ा। इसके साथ अमेरिकन शाखा की कार्यकारिणी में रहकर वे राष्ट्रीय स्तर पर भी कार्य करती रहीं। एक बार जब उनकी यह अंतरराष्ट्रीय संस्था आर्थिक संकट में घिर गई तो उन्होंने सेक्रेटरी के नाते अपना अठारह महीने का वेतन छोड़ दिया। इस तरह व अन्य साधनों से धन जुटाकर वे संस्था को फिर से आत्मनिर्भर बनाने में समर्थ हो गई थीं।

'वीमेंस इंटरनेशनल लीग फॉर पीस एंड फ्रीडम' का कार्य अधिकांश रूप में संयुक्त राष्ट्र संघ के पूर्व रूप 'लीग ऑफ नेशंस' से संबद्ध था। इस नाते मिस बाल्च को विश्व के प्रमुख राजनीतिज्ञों, प्रशासकों व शासकों से संपर्क का अवसर मिला। उन्होंने अपने कार्य में लीग से सहायता लेने के साथ लीग के अनेक कार्यों में भी हाथ बँटाया—जैसे ड्रग कंट्रोल नियम बनाने में, एलबानिया को प्रवेश दिलाने में, लाइबीरियन विभाग को देखने में तथा 'एविएशन' के अंतरराष्ट्रीयकरण में। पर उनका प्रमुख योगदान निरस्त्रीकरण की दिशा में ही रहा।

सन् १९३६ में अंतरराष्ट्रीय वीमेंस लीग की ओर से हैती की स्थिति का निरीक्षण करने के लिए वे अपना एक गैर-सरकारी दल लेकर गईं। 'ऑक्यूपाइड हैती' नामक रिपोर्ट (१९२७) में अधिकांश लेखन उनका था तथा संपादन भी उन्हींने ही किया था। अनेक भाषणों व आंदोलनों द्वारा उन्होंने हैती में अमेरिकन हस्तक्षेप का विरोध किया। बाद में अमेरिकी सरकार द्वारा उनकी अनेक सिफारिशें मंजूर कर ली गईं।

सन् १९४४ में उन्होंने शांति शर्तों की एक सूची तैयार की और उसे अपनी अंतरराष्ट्रीय संस्था की अमेरिकी शाखा से प्रकाशित करवाया। सन् १९३३ से लगातार वे साम्राज्यवाद व तानाशाही से पीड़ित जनता का पक्ष ले रही थीं। अब उन्होंने अमेरिकी एटम बम के शिकार जापानियों के पक्ष में भी बोलना व लिखना शुरू कर दिया था। दरअसल, जब द्वितीय विश्व युद्ध शुरू हुआ और विशेष रूप से जब अमेरिका उसमें शामिल हुआ तो अपनी विचारधारा व घोषित राष्ट्रीय नीति में कोई तर्कसम्मत समझौता न कर पाने की स्थिति में वे एक लंबे मानसिक संघर्ष में फँस गई थीं। ऐसा उन्होंने स्वयं कहीं स्वीकार किया है। इस अवधि में अपना अधिकांश समय वे विभिन्न युद्ध-समझौतों में संशोधन के लिए सुझाई गई दलीलों के प्रकाशन में ही लगाती रहीं।

द्वितीय युद्ध के बाद हुई 'वीमेंस इंटरनेशनल लीग फॉर पीस एंड फ्रीडम' की दसवीं कॉन्फ्रेंस के लिए लग्जमबर्ग जाते समय प्रेस रिपोर्टरों को दिए इंटरव्यू में उन्होंने कहा था, ''मेरी राय में स्थायी विश्व-शांति के लिए अंतरराष्ट्रीय शांति पार्टी के बजाय स्त्रियों की अंतरराष्ट्रीय राजनीतिक पार्टी होनी चाहिए, जिसमें सभी देशों की शांतिप्रिय राजनीतिक नेत्रियाँ शामिल होकर स्थायी विश्व-शांति के लिए कोई व्यावहारिक योजना बनाएँ और फिर अपनी संगठित शक्ति से उसे अमल में लाएँ। दूसरे, मैं चाहती हूँ कि इस संस्था की गतिविधियों को शांति समर्थक प्रमुख महिलाओं तक ही सीमित न रखकर उसे समस्त कामकाजी स्त्रियों व सामान्य गृहिणियों तक फैलाया जाए। इस तरह लीग की शक्ति बढ़ेगी और उनकी आवाज बुलंद होगी।''

अपने अंतिम दिनों से पूर्व एक बार जब वे ब्रोंकाइल दमा से बुरी तरह पीड़ित हो अस्पताल की शय्या पर थीं और अशक्तता के कारण उसे बहुत कठिनाई से झेल पा रही थीं, 'न्यूयॉर्क वर्ल्ड टेलीग्राम' के रिपोर्टर ने उनसे अस्पताल में भेंट की। भेंटकर्ता ने लिखा, ''इस अवस्था में भी उनकी मानसिक शांति व विश्व-शांति की अदम्य चाह देखते ही बनती थी। मनुष्य की भलाई में उनका विश्वास पूर्ववत्

बरकरार था।'' उन्होंने कहा, ''यदि लोग संगठित हों और उनका भाग्य कुछ सिरफिरे राजनीतिज्ञों के हाथ में न सौंप दिया जाए तो सर्वप्रभुसत्ता-संपन्न राष्ट्र मिलकर एक ऐसे विश्वराज्य की कल्पना को साकार कर सकते हैं, जहाँ हर मानव भय से मुक्त रह सके। ऐसे शांतिपूर्ण विश्वराज्य की संभावना में संदेह करना कायरता होगी। मुझे पूरा विश्वास है कि न केवल बहुमत से बल्कि विभिन्न सरकारों की परस्पर सहमति से प्राप्त सर्वसम्मति से संसार में नैतिक वातावरण लाया जा सकता है। जब तक सभी निर्णय परस्पर सहमति से संभव नहीं होते, हमें इस दिशा में कार्य करते रहना चाहिए। साम्राज्य-लिप्सा व तानाशाही सभ्य संसार के लिए अभिशाप हैं। जब तक अंतरराष्ट्रीय युद्ध समझौते कायम हैं या नए समझौते होते रहेंगे, हमें यह अपेक्षा नहीं करनी चाहिए कि स्थायी शांति स्थापित हो सकेगी।''

सन् १९४७ में तत्कालीन राष्ट्रपति टू मैन को अपने पाँच सौ तैंतालीस साथियों के हस्ताक्षरों से युक्त एक ज्ञापन देकर उन्होंने माँग की थी कि युद्धकाल में शांतिवादियों पर लगाई गई सभी पाबंदियों और उनपर चलाए गए सभी मामलों को वापस लिया जाए। वे उन तीन महिलाओं में से भी एक थीं जो शांति मिशन के 'वर्ल्ड ट्रिप' के लिए चुनी गई थीं।

समाजशास्त्रीय अध्ययनों व रिपोर्टों के अलावा कुमारी बाल्च ने अपने अवकाश के क्षणों में कविताएँ भी लिखी हैं और रेखाचित्र भी बनाए हैं। अपनी मित्रमंडली को लेकर उन्होंने 'सोसाइटी ऑफ फ्रेंड्स' की स्थापना भी की थी। इन निजी हॉबियों और सधे हुए शांत व्यक्तित्व के कारण अंतिम समय तक वे जमकर कार्य करती रहीं। एक बार उनसे किसी ने उनकी निरंतर बनी रहनेवाली शक्ति का राज पूछा तो उन्होंने मुसकराकर उत्तर दिया, ''मेरे दादा कहा करते थे कि औरत जितनी बूढ़ी होगी उतनी ही सख्त और सशक्त होगी।'' जटिल प्रश्नों का ऐसा सरलीकरण उनकी विशेषता रही।

प्रमुख कृतियाँ

१. पब्लिक असिस्टेंस ऑफ द पुअर इन फ्रांस
२. अवर स्लेविक फेलो सिटिजंस
३. एप्रोचेज टू द ग्रेट सेटलमेंट
४. रिफ्यूजीज एज एसेट्स तथा अन्य कई अध्ययन रिपोर्टें।

उनकी कविता-पुस्तक 'द मिराकिल्स ऑफ लिविंग' सबसे अंत में सन् १९४१ में प्रकाशित हुई।

□

दंगों व हिंसा के खिलाफ लड़ाई

बेट्टी स्मिथ विलियम्स

[पुरस्कार वर्ष १९७६]

सन् १९७६ के नोबेल शांति पुरस्कार की विजेता बेट्टी स्मिथ विलियम्स की कहानी संक्षेप में इस प्रकार है—

उत्तरी आयरलैंड में प्रोटेस्टेंटों का राज्य था, अतः सरकारी नौकरियों में भेदभाव के खिलाफ कैथोलिक छात्र कभी-कभी उग्र हो उठते थे और आएदिन होनेवाले दंगों में हिंसा भड़क उठती थी। 'नॉर्दर्न आयरलैंड सिविल राइट्स एसोसिएशन' की स्थापना के बाद 'आयरिश रिपब्लिकन आर्मी' का गठन कर कैथोलिकों ने अपनी रक्षा के लिए मोरचा बनाया तो दूसरी ओर 'अलस्टर डिफेंस एसोसिएशन' बनाकर प्रोटेस्टेंटों ने भी मोरचा सँभाल लिया। स्थिति विस्फोटक होने पर ब्रिटेन से सहायता माँगी गई तो शांति स्थापना के लिए सीधे लंदन से शासन शुरू हो गया और कैथोलिक उग्रवादियों व ब्रिटिश सिपाहियों में अकसर मुठभेड़ें होने लगीं।

बेलफास्ट शहर की एक शाम। एक स्त्री तेज कदमों से घर लौट रही थी। घर में उसकी माँ बीमार थीं, इसलिए वह जरा जल्दी में थी। तभी समीप से दंगे जैसा शोरगुल सुनकर वह खीझ उठी। उसकी खीझ स्वाभाविक थी। उन दिनों वहाँ यह बात जैसे आम हो गई थी। आएदिन प्रोटेस्टेंटों और कैथोलिकों के बीच दंगे-फसाद

होते रहते थे। 'कोई कहाँ तक उनसे उलझे' कहकर उसने सिर को एक झटका दिया और उपेक्षा भाव से आगे बढ़ने लगी। पर तभी घटी एक घटना ने उसे झकझोरकर रख दिया।

आतंकवादियों और पुलिस की मुठभेड़ भी आम बात हो चली थी। उसे देखने वह शायद ही रुकती, पर पुलिस से बचने के लिए एक आतंकवादी जो जीप लेकर भागा तो उसकी अंधाधुंध चालन गति से वहाँ भगदड़ मच गई। लोग जान बचाकर इधर-उधर भाग रहे थे। उस औरत को भी भीड़ व भगदड़ से बचने के लिए अपना सीधा रास्ता छोड़ एक तरफ होना पड़ा। तभी उसने जो दृश्य देखा, उससे उसके रोंगटे खड़े हो गए। भागती जीप और जीप का पीछा करती पुलिस गाड़ी की चपेट में अपने घर से बाहर खेलते तीन मासूम बच्चे आ गए थे और उन्होंने वहीं दम तोड़ दिया था।

बड़ा दर्दनाक दृश्य था। जीवन-मृत्यु के बीच आखिरी क्षणों में छटपटाते लहूलुहान बच्चे! बच्चों की माँ का दिल दहलानेवाला करुण चीत्कार! बच्चों की आंटी की दंगाइयों के प्रति घृणा व क्रोध भरी फुफकार। शांतिप्रिय राहगीरों की अफसोस भरी गुहार! वह औरत घर जाने की जल्दी में थी। पर अब उसके कदम वहीं थम गए। क्षण भर वह बेबस सी भौंचक देखती रही। फिर उसके भीतर बहुत दिनों से उबलता लावा ज्वालामुखी-सा फूट पड़ा। गुस्से से उबलती, आँखों से चिनगारियाँ छोड़ती वह पागल की तरह चीखी, ''बंद करो यह हिंसा। बंद करो यह पागलपन। बहुत हो चुका, अब यह और बिलकुल सहन नहीं किया जाएगा।''

आस-पास जुटी भीड़ को संबोधित कर वह न जाने कितनी देर गरजती-चिल्लाती रही। भूल गई कि उसे जल्दी घर लौटना था। भूल गई कि उसकी बीमार माँ को उसकी जरूरत है। उसकी आँखों में झूल रहे थे मृत मासूम बच्चों के विकृत चेहरे, उनकी माँ का क्रंदन और राहगीर दर्शकों की सहमी हुई खामोशी। उसने देखा, आम जनता इसमें भागीदार नहीं है। यह केवल कुछ स्वार्थी लोगों का धर्नांध जुनून है, जिसने सभी की शांति भंग कर रखी है। और उसने उसी समय एक निर्णय, एक संकल्प ले लिया—वह अवश्य इसके लिए कुछ करेगी। इन शांतिप्रिय लोगों को साथ लेकर हिंसा के खिलाफ लड़ेगी। तब तक लड़ती रहेगी जब तक यह हिंसा बंद नहीं हो जाती।

जब कोई संकल्प ले लिया जाता है तो मन को चैन कहाँ! घर जाकर वह एक पल को भी शांति से नहीं बैठ पाई। घर-घर जाकर इस हिंसा, निर्दोष लोगों की यातना और मासूम बच्चों की बेरहम हत्या के खिलाफ उन्हें संगठित करने लगी।

यह महिला थी बेट्टी एस. विलियम्स, जिसे अपनी एक अन्य सहयोगिनी के साथ सन् १९७६ का 'नोबेल शांति पुरस्कार' १९७७ में प्रदान किया गया था।

वह दुर्घटना घटी थी १० अगस्त, १९७६ को। दूसरे दिन बच्चों की आंटी माइरीड कोरीगन ने टेलीविजन पर इस घटना की निंदा की। विलियम्स ने भी टेलीविजन पर लोगों से अपील की कि इन अमानवीय घटनाओं को रोका जाए। साथ ही उन्होंने एक शांति मार्च की घोषणा की। इसका अच्छा परिणाम सामने आया। बेट्टी विलियम्स और माइरीड कोरीगन की संयुक्त अपील पर इसके तीन दिन बाद ही १४ अगस्त को बेलफास्ट की सड़कों पर बेट्टी विलियम्स के नेतृत्व में जो शांति मार्च निकाला गया, उसमें दस हजार महिलाओं ने भाग लिया। सड़कों पर प्रार्थना की मुद्रा में चलते यह जुलूस उन बच्चों की कब्र तक जाकर समाप्त हुआ। इसके बाद हर शनिवार को ये जुलूस निकाले जाने लगे। धीरे-धीरे उनमें भाग लेनेवालों की संख्या भी बढ़ती गई। फिर पुरुष भी इनमें शामिल होने लगे। प्रोटेस्टेंट और कैथोलिक, दोनों धर्मों के मतावलंबी इनमें सम्मिलित थे, क्योंकि सभी लोग रोज-रोज के इन दंगों, निर्दोष लोगों की हत्याओं और जान-माल की असुरक्षित स्थिति से तंग आ चुके थे।

जुलूसों में भाग लेनेवालों की संख्या दस हजार से बढ़कर पचास-पचपन हजार तक पहुँच गई कि सुश्री विलियम्स को अपना यह आंदोलन जुलूसों के माध्यम से चलाना बंद कर देना पड़ा। कारण, इन शांतिप्रिय जुलूसों में भी अब हिंसा का समावेश होने लगा था। १३ अक्तूबर के एक जुलूस में दंगाइयों की शरारत और पुलिस-काररवाई से सत्तावन लोग घायल हो गए तो हिंसा के खिलाफ लड़नेवाली बेट्टी विलियम्स यह हिंसा कैसे बरदाश्त कर सकती थीं। गांधीजी भी अपने आंदोलनों का अहिंसात्मक स्वरूप नष्ट होते देखकर आंदोलन वापस लेने की घोषणा कर देते थे। बेट्टी विलियम्स गांधीजी के संपर्क में न होने पर भी उनके उसूलों पर चलनेवाली उनकी अनुयायिनी हैं, अतः उन्होंने भी गांधीजी का ही यह तरीका अपनाया, लेकिन अपना अभियान उन्होंने बंद नहीं किया। वह अन्य तरीकों से—सभाओं द्वारा या अपीलें निकालकर—चलता रहा। सिचारन मैकनियोन की शांति सेना के साथ मिलकर इन्होंने 'कम्युनिटी ऑफ पीस पीपुल्स' का गठन कर लिया। शांतिप्रिय लोगों के इस समुदाय ने इसके बाद अपने काम का दायरा आयरलैंड से बाहर भी बढ़ा लिया।

इस सारे कार्यक्रम में उनकी अनवरत सहयोगिनी थीं उन तीनों मृत बच्चों की आंटी मिस माइरीड कोरीगन, जिन्हें उनके साथ ही 'शांति नोबेल पुरस्कार' प्रदान

किया गया। पर इस शांति-आंदोलन में सोच भी बेट्टी विलियम्स की थी, नेतृत्व भी उन्हीं का था।

बेट्टी विलियम्स का जन्म उत्तरी आयरलैंड के बेलफास्ट शहर में ही २ मई, १९४३ को हुआ था। वह तेरह वर्ष की थीं कि उनकी माँ को लकवा मार गया और उन्हें शिक्षा के साथ घर का सारा काम-काज भी सँभालना पड़ा, माँ की सेवा-शुश्रूषा भी करनी पड़ी। उनकी माँ कैथोलिक थीं, पिता प्रोटेस्टेंट। जब वह यूनिवर्सिटी में पढ़ती थीं, धर्म की आड़ में मानवता की हत्या से उन्हें बहुत चोट पहुँचती थी। तब छात्रा के रूप में भी उन्होंने कैथोलिकों पर होनेवाले अन्याय के विरोध में निकाले गए जुलूस में अग्रणी हो भाग लिया था। उनका विश्वास है कि इन झगड़ों का अंत अशांति या हिंसा फैलाने से नहीं, शांति, प्यार और भाईचारे के मार्ग से ही हो सकता है। उन्होंने गांधी और टैगोर को पढ़ा है। टैगोर के अन्याय के खिलाफ 'एकता चलो' और गांधी के 'सत्याग्रह' से वे बहुत प्रभावित हैं और उन्हीं की प्रेरणा से शांति व अहिंसा के मार्ग पर बढ़ती जा रही हैं। इस प्रेरणा और संकल्प के पहले बीज रूप में उनकी मानसिक तैयारी भी थी।

सन् १९७७ का नोबेल पुरस्कार पानेवाली संस्था 'एमनेस्टी इंटरनेशनल' की स्थापना १९६१ में विश्व-शांति के इसी उद्देश्य से लंदन के एक वकील श्री पीटर बेनेंजन ने की थी। अब सत्तर देशों में इसकी शाखाएँ हैं और एक लाख से ऊपर सदस्य संख्या। सन् १९७३ में एशिया, अफ्रीका, यूरोप, अमेरिका और मध्य-पूर्व के साठ देशों में एक सर्वेक्षण कर इस संस्था ने एक पुस्तक प्रकाशित की थी—'द रिपोर्ट आन टॉर्चर'। इसमें विभिन्न देशों में भिन्न-भिन्न तरीकों से सरकारों द्वारा सूचनाएँ प्राप्त करने के लिए और राजनीतिक दबाव के रूप में अपने विरोधियों या विद्रोहियों के दमन की यातना भरी कहानियाँ दी गई थीं। साथ ही ये विवरण भी कि कमजोर वर्गों पर अत्याचार किन स्थितियों में, किन-किन तरीकों से किए जाते हैं। राजनीतिक कारणों से उपजे इन अत्याचारों के परिणाम भी दरशाए गए थे। धर्म की आड़ में होनेवाले अत्याचारों के पीछे की धर्मांधता, दूसरे धर्मावलंबियों को नीचा दिखाने की दुर्भावना आदि कारणों के साथ इनके दुष्परिणामों पर भी प्रकाश डाला गया था। बेट्टी विलियम्स सन् १९७३ की इस रिपोर्ट से बेहद प्रभावित हुई थीं। इस मानसिक तैयारी के साथ १० अगस्त की दुर्घटना माध्यम बन गई और उन्हें अपने भरे हुए गुस्से को निकालने व अपने सोचे हुए काम को करने का अवसर मिल गया।

'नोबेल पुरस्कार' की घोषणा पर उन्हें बहुत आश्चर्य हुआ, क्योंकि उनकी

स्थापित संस्था 'शांतिप्रिय लोगों का समुदाय' अभी केवल चौदह महीने पुरानी ही थी। उनके विचार में उन्होंने कोई बहुत महत्त्वपूर्ण कार्य नहीं किया था। उनकी जगह कोई भी होता, वही करता। पर यह मात्र उनकी विनम्रता है, अन्यथा दुर्घटना स्थल पर अनेक लोग मौजूद थे, प्रत्यक्ष प्रभावित भी, 'पहल' उन्होंने ही क्यों की? इसलिए कि पहल कोई-कोई ही कर पाता है, वही, जिसमें कुछ करने की प्रेरणा बलवती हो और जिसमें प्रतिभा, सूझ व संगठन-क्षमता भी हो।

एक सच्ची समाज-सेविका की तरह उनकी विनम्रता के कारण ही शायद नोबेल पुरस्कार की 'स्टार्टिंग कमेटी' के पास उनका नाम देर से पहुँचा और सन् १९७६ का पुरस्कार उन्हें १९७७ में मिल पाया। इस बीच उनके कार्य की महत्ता को देखते हुए नॉर्वे के लोगों व संगठनों ने पैसा इकट्ठा कर उन्हें साढ़े तीन लाख डॉलर का 'पीपुल्स पीस प्राइज' दे डाला था, तो नोबेल पुरस्कार समिति का ध्यान इस ओर आकृष्ट हुआ और लगभग पचास लोगों के नामों में से उपयुक्त नाम के चुनाव के कठिन निर्णय की विलंबकारी स्थिति में इन दोनों का नाम एक समाधान के रूप में उनके सामने आ गया। तुरंत निर्णय हो गया और घोषणा कर दी गई।

पुरस्कार प्राप्ति के बाद उन्हें राजनीति में आने और चुनाव में भाग लेने के लिए काफी प्रलोभन दिए गए, बहुत उकसाया गया, पर किसी भी तरह वे राजनीति में आने के लिए राजी नहीं हुईं। राजनीति में आना होता तो शांति कारणों से जुलूस निकालना बंद नहीं करतीं। राजनीति से अलग वह रचनात्मक कार्यों तक ही स्वयं को सीमित रखना चाहती हैं।

उनकी संस्था 'कम्युनिटी ऑफ द पीस पीपुल' या 'शांति-प्रेमी लोगों का समुदाय' का मुख्य उद्देश्य शांति स्थापना व शांति बनाए रखना ही है। इस उद्देश्य में उन्हें भारी सफलता भी मिली। सन् १९७६ के बाद १९८० तक हिंसात्मक घटनाओं में ७४ प्रतिशत की कमी का आकलन इसका एक प्रमाण रहा। इसलिए कि इससे आगे बढ़कर यह संस्था अहिंसा के पालन व आत्मरक्षा के लिए प्रशिक्षण केंद्र खोलने, दंगों में विनष्ट घरों का निर्माण करने, प्रभावित परिवारों के पुनर्वास और सामाजिक-आर्थिक रूप में पिछड़े कैथोलिकों की उन्नति के लिए छोटे-मोटे उद्योग धंधों की स्थापना करने आदि अनेक रचनात्मक कार्यों में भी जुटी रही थी।

सितंबर १९८१ में पश्चिमी जर्मनी के सबसे बड़े औद्योगिक शहर हैंबर्ग में हुई अंतरराष्ट्रीय उद्योग प्रदर्शनी में अपनी संस्था के एक स्टॉल पर सुबह से शाम तक बेट्टी विलियम्स को विक्रेता के रूप में कार्यरत देखकर लोग दंग रह गए थे।

नोबेल पुरस्कार विजेता का गर्व उन्हें छू तक न गया था, बल्कि वे इस बात से बचने का प्रयत्न करती थीं कि कोई उन्हें नोबेल पुरस्कार विजेता के रूप में पहचान न ले। उनके अनुसार, यह प्रतिष्ठित व्यक्ति की एक बड़ी हानि भी होती है कि उसे सामान्य से ऊपर समझकर लोगों से दूर कर दिया जाता है। नेतृत्व के अवसर पर आगे रहकर भी सामान्य स्थिति में वे अपने समुदाय के कार्यकर्ताओं में से ही एक रहना चाहती हैं।

□

जीवंत आस्था और साकार सेवा

मदर टेरेसा

[पुरस्कार वर्ष १९७९]

मानवता की सेवा में समर्पित होनेवाली कोई नन जब आजीवन कुमारी रहने का व्रत लेती है तो उसे तीन प्रतिज्ञाएँ लेनी होती हैं—विनम्रता, सेवा और गरीबी। प्रथम के लिए चाहिए निरंतर साधना। द्वितीय के लिए सदा सजग, तत्पर रहकर सेवा करना और एक अनुशासित सैनिक का-सा जीवन जीना। तृतीय, मन की इच्छाओं को मारकर, सुख-सुविधाओं का त्याग कर स्वेच्छा से गरीबी स्वीकारना।

पर कितनी नन्स हैं, जो इन तीनों प्रतिज्ञाओं का पूरी निष्ठा व सच्चे मन से पालन करती हैं ? तीसरे मार्ग का अनुसरण तो और भी कठिन है। पर मदर टेरेसा ने कॉन्वेंट के बाहर गंदी बस्तियों में रहने की विशेष आज्ञा लेकर स्वयं गरीबी स्वीकार की और एक सच्ची साधिका के इन तीनों गुणों को स्वयं में साकार किया।

मदर टेरेसा, जिन्हें पुरस्कारों से कोई मतलब नहीं, बस काम से ही मतलब था, फिर भी जिन्हें सन् १९६१ में 'पद्मश्री' से, १९६२ में अंतरराष्ट्रीय ख्याति के दस हजार डॉलर के 'मैगसेसे पुरस्कार' से, १९६९ में एक लाख के 'नेहरू पुरस्कार' से और १९७९ में विश्व के सर्वाधिक प्रतिष्ठित 'नोबेल शांति पुरस्कार' से सम्मानित

किया गया। इसके बाद भी यह सिलसिला थमा नहीं। इस बीच भी वेटिकन पोप द्वारा उन्हें तेईसवें शांति पुरस्कार से और सोवियत लैंड पुरस्कार, टैंपल्टन पुरस्कार, ऑर्डर ऑफ मेरिट, नेशनल सिटिजन अवार्ड सहित कई प्रतिष्ठित पुरस्कारों से नवाजा जाता रहा। इनमें से दो विशेष उल्लेखनीय हैं—सन् १९८० में उन्हें मिला भारत का सर्वोच्च अलंकरण 'भारत रत्न' और १९८३ में अमेरिका का सर्वोच्च नागरिक पुरस्कार 'मेडल ऑफ फ्रीडम'। फिर भी ऐसी मान्यता रही कि मानवता के लिए उनकी सेवा इन सबसे बहुत-बहुत ऊपर है।

''कोई काम छोटा नहीं। कोई काम गंदा नहीं। कोई भी काम नीचा नहीं। कोई काम असंभव भी नहीं कि व्यक्ति ठान ले और ईश्वर उसकी मदद न करे। शर्त यही है कि वह काम काम का हो। किसी भी काम के लिए 'असंभव', 'गंदा' या 'नीचा' शब्द मेरी डिक्शनरी में नहीं है।'' ऐसी वाणी बोलनेवाली मदर टेरेसा को कोढ़ियों की सेवा करते देखकर एक बार एक अमेरिकी महिला ने कहा, ''मुझे तो कोई दस लाख डॉलर देता तब भी मैं यह काम न करती।'' उनके काम पर नाक-भौंह सिकोड़ते देखकर मदर टेरेसा ने शांति से मुसकराकर कहा, ''न मैं ही करती।'' यानी पैसे लेकर वे भी न करतीं। इस संक्षिप्त से उत्तर पर वह महिला शर्म से सिकुड़ गई थी।

सचमुच ऐसे कार्य का मूल्य क्या धन से आँका जा सकता है? या पैसे देकर किसी की लगन खरीदी जा सकती है? यह काम तो वही कर सकता है, जो ईश्वरीय आदेश समझकर अपनी लगन इस ओर लगाए हो। जो गरीबों, वंचितों, जरूरतमंदों में ईश्वरीय उपासना का मार्ग देखता हो और दुःखी मानवता में उसके दर्शन करता हो। ईसा, गांधी, टेरेसा जैसे परदुःखकातर, निर्मल हृदयवाले लोग ही कोढ़ियों और मरणासन्न बीमारों की सेवा कर सकते हैं और 'निर्मल हृदय' जैसी संस्थाओं की स्थापना करते हैं।

यूगोस्लाविया के एक अल्बीनियाई परिवार में २७ अगस्त, १९१० को जनमी मदर टेरेसा का बचपन का नाम आग्नेस गोंझा वोयाक्सिया था। पिता स्कोप्य के एक धनी किसान और भवन-निर्माता थे। पर इस बालिका के जन्म-वर्ष में ही उनकी संदिग्ध अवस्था में मृत्यु हो गई थी। माँ कैथोलिक थीं और आग्नेस को अपने साथ गरीबों की मदद के लिए चर्च की शिक्षा दिलाती थीं। 'सेक्रेड हार्ट' चर्च में भारत से भी मिशनरीज के पत्र आते थे। पादरी से उसे अकसर बंगाल मिशनरी के बारे में सुनने को मिलता और उसकी इस ओर रुचि जाग्रत् हो जाती। बारह वर्ष की आयु में ही उसकी शिक्षिका ने भविष्यवाणी कर दी थी कि यह

लड़की एक दिन संत बनेगी।

माँ ने उन्हें आयरलैंड के लारेटो मिशन में जब शामिल कराया तब उनकी आयु अठारह वर्ष थी। इस मिशन का काम भारत में भी था। उनकी इच्छा जानकर लारेटो ने पढ़ाई के लिए सन् १९२९ में उन्हें भारत भेज दिया। दार्जिलिंग में प्रारंभिक प्रशिक्षण लेकर आग्नेस सन् १९४८ तक सेंट मेरी हाई स्कूल में पढ़ाती रहीं और हिंदी व बँगला भाषा भी सीखती रहीं। कलकत्ता में सन् १९४८ में अपना काम शुरू करने से पहले वे १९३१ में नन बन गई थीं और अपना नाम बदलकर फ्रांस की उन्नीसवीं शताब्दी की प्रसिद्ध नन टेरेसा के नाम पर टेरेसा रख लिया था। सन् १९४६ में रेल-यात्रा के दौरान उन्हें अंतरात्मा की आवाज सुनाई दी कि ईश्वर ने उन्हें दीन-दु:खियों की सेवा के लिए इस धरती पर भेजा है, वह अध्यापन-कार्य में क्यों लगी हैं ? और फिर आर्कबिशप से कॉन्वेंट छोड़ने की अनुमति लेकर उन्होंने नीले बॉर्डरवाली सफेद साड़ी पहनी और कलकत्ता की एक गंदी बस्ती से अपना काम आरंभ कर दिया। उस समय उनके पास केवल पाँच रुपए थे।

सन् १९४८ में ही मदर टेरेसा ने भारतीय नागरिकता ग्रहण की और अपना ध्येय निश्चित कर काम में जुट गईं। अल्बानिया में जनमी एक विदेशी महिला। भारत का पिछड़ा जन समुदाय, वह भी तब के कलकत्ता की बदनाम गंदी व घनी बस्तियों का! अकेली नारी। साधनहीनता। भाषा, रीति-रिवाज, परंपराओं को समझने की प्रारंभिक कठिनाई। तुच्छ व नीचा समझा जानेवाला कार्य। पर ऐसी बाधाएँ समर्पित सेवियों के लिए अर्थहीन होती हैं। ईश्वरीय आदेश से मानवता की सेवा में जुटी टेरेसा के मनोबल, तेज व विश्वास की जीत हुई—भले ही उसमें समय लगा और उन्हें अनेक परीक्षाएँ देनी पड़ीं। दिल्ली के 'निर्मल हृदय' में उनसे भेंट के समय स्वयं उनके शब्दों में, "कभी-कभी तो यह निश्चित ही नहीं होता था कि अगले वक्त की चावल-प्लेट कहाँ से आएगी। और कभी खाना रखा होता था, पर खाने का समय ही नहीं मिल पाता था। पर हर बार उस चावल-प्लेट का प्रबंध हो ही जाता है और आगे-पीछे समय में खाकर पेट भी भर ही लिया जाता है। हृदय में ईश्वर का प्यार हो, उसपर विश्वास हो तो संताप कैसा!"

पटना में नर्सिंग का काम सीखकर, कंधे पर क्रॉस लगाकर जब उन्होंने कलकत्ता की झोंपड़ियों में जा-जाकर उन लोगों की कष्ट भरी कहानियाँ सुनीं तो उनका हृदय इतना संवेदित हो उठा कि उन्होंने जल्दी ही उनकी सेवा-शुश्रूषा के लिए एक केंद्र खोलने का निर्णय ले लिया। तंग जगहों में बसे बड़े परिवार। गरीबी, भूख, बीमारी। बिना चिकित्सा के अंधविश्वास में होनेवाली अकाल मौतें। रोगी

और वृद्ध बिना देखभाल के उपेक्षित पड़े हुए । बच्चे नंगे घूमते हुए। इन सबको झुग्गियों से लाकर सेवा और चिकित्सा देनी होगी। उनकी झोंपड़ियों में भी राहत-कार्य करना होगा। काम कठिन था। न धन, न साधन, न जगह। पर कार्य उन्हें अपने मिशन और संकल्प के अनुकूल लगा और वे राहत-कार्यों का अनुमान लगाकर साधन जुटाने में लग गईं।

'जहाँ चाह वहाँ राह'। एक साधारण स्थितिवाले परिवार ने पहले एक कमरा दिया, फिर उनके काम का फैलाव देखकर अपना तीन कमरोंवाला मकान उनके सुपुर्द कर दिया, जहाँ वे गलियों से, सड़कों से उठाकर निराश्रित व मरणासन्न रोगियों को लाने लगीं। उनकी चिकित्सा करतीं, सेवा करतीं। जो बच नहीं पाते, उनकी मरणासन्न स्थिति में भी उनके चेहरों पर 'किसी ने उनकी खबर तो ली', यह संतोष देखकर वे अभिभूत हो उठतीं। सम्मानपूर्वक उनका अंतिम संस्कार करतीं और ऐसा करते-करते ऐसे मरणासन्न रोगियों के लिए एक घर की कल्पना करने लगतीं। यह थी उनके 'निर्मल हृदय' की प्रारंभिक योजना, जिसे उन्होंने एक वीरान पड़ी धर्मशाला में खोलकर अपनी कल्पना को साकार किया।

एक उजाड़ पड़ी धर्मशाला में भी 'निर्मल हृदय' का बोर्ड देखकर पुरोहितों ने इसका प्रबल विरोध किया। किंतु एक लावारिस मरणासन्न ब्राह्मण पुरोहित को भी जब यहाँ लाकर उसकी सेवा-शुश्रूषा की गई तो विरोध दब गया और मदर टेरेसा का काम आगे बढ़ने लगा। इस संस्था की स्थापना के पहले ही दिन जिस अकेली उपेक्षित पड़ी महिला को यहाँ लाया गया, उसका आधा शरीर चूहों और चींटियों ने खा लिया था। जिसने देखा, वही दंग रह गया। पर मदर ने कहा, "यहाँ छुतहा माने जानेवाले कुष्ठ रोगी, तपेदिक के रोगी और मरणासन्न निराश्रित रोगी ही लाए जाएँगे और उन्हें सेवा व चिकित्सा दोनों मिलेंगी। अगर इस महिला को छूत की बीमारी समझकर यों अकेली उपेक्षित न छोड़ दिया जाता तो इसके जीवित शरीर की यह दशा न होती। अब यह बचेगी तो नहीं, पर शांति से मर सकेगी।" सचमुच चौथे दिन मृत्यु के समय आधा शरीर गँवा चुकी उस औरत के चेहरे पर शांति व संतुष्टि झलक रही थी। अब लोगों का मदर के काम में विश्वास जमने लगा था और उन्हें इज्जत बख्शी जाने लगी थी।

इस प्रथम परीक्षा-काल से निपटकर मदर ने कुछ साधन जुटाने पर ध्यान दिया और 'निर्मल हृदय' का धीरे-धीरे विस्तार होने लगा। कूड़े के डिब्बों में छोड़े गए अनाथ शिशु, असाध्य रोगी, भिखारी वहाँ पहुँचने लगे और उनके लिए भोजन, वस्त्र, चिकित्सा और सेवा की व्यवस्था की जाने लगी। सन् १९५२ में पहला

‘निर्मल हृदय’ खुला, १९५३ में पहला अनाथालय, १९६३ में ‘मिशनरीज सिस्टर्स ऑफ चैरिटी’ की स्थापना हो गई और इसके साथ ही विश्व के कोने-कोने से आकर सेवाभावी नन्स उनके काम में हाथ बँटाने लगीं। देश-विदेश में शाखाएँ खुलने लगीं। अब तो सैकड़ों नहीं, हजारों की संख्या में नन्स पूरे विश्व में उनके काम को आगे बढ़ाने में लगी हैं।

इन सेवा-कार्यों में कोढ़ियों व रोगियों की सेवा के अलावा गंदी बस्तियों के बच्चों के लिए स्कूल, अनाथालय, पतित कही जानेवाली स्त्रियों के उद्धार केंद्र, अपोषण-कुपोषण के शिकार बच्चों के लिए आहार केंद्र, मातृ-शिशु कल्याण केंद्र, चिकित्सालय, परित्यक्त स्त्रियों के लिए आश्रय केंद्र आदि सभी कार्य शामिल हैं। बँगलादेश युद्ध के बाद सैनिकों द्वारा बलात्कृत व उनके परिवारों द्वारा बहिष्कृत स्त्रियों के लिए केंद्र खोलना, इजराइल-फिलिस्तीन संघर्ष के दौरान बेरुत के एक अस्पताल में फँसे सैंतीस बच्चों को बचाने के लिए दोनों ओर से गोलीबारी बंद कराना, किसी भी युद्ध या दंगे के समय राहत-कार्यों में आगे बढ़कर भाग लेना आदि कार्य तो मदर टेरेसा के मिशनरी कार्य को विश्वव्यापी पहचान व ख्याति दिलाने में समर्थ सिद्ध हुए। पर उनका सर्वाधिक उल्लेखनीय काम था मरणासन्न रोगियों की सेवा, जिसकी पूर्व में कोई संस्थागत मिसाल न थी।

प्रत्यक्षदर्शियों के अनुसार, ‘‘मदर टेरेसा का कार्य दिन के सुबह ६ बजे से प्रारंभ होता था, जब वे अपने नित्यकर्म से निपटकर एंबुलेंस लेकर सड़कों पर निकल पड़ती थीं। पहले जहाँ-तहाँ से उपेक्षित पड़े मरणासन्न रोगियों को लाना, फिर स्कूलों और केंद्रों का निरीक्षण। कहीं से कोई समाचार मिला कि तुरंत ड्यूटी पर जाने के लिए तैयार। छोटी-से-छोटी झोंपड़ी में, गंदी-से-गंदी गली में, बदनाम मुहल्लों में, कहीं भी जाने में हिचक नहीं। जाति, धर्म का कोई भेदभाव नहीं, न ही छोटे-बड़े का। हर किसी से हर समय मिलने के लिए तैयार। घोर व्यस्तता के बीच भी पहले से समय लेने की जरूरत नहीं। हर समय मुस्तैद। थकान में भी शांतचित्त। गंभीर चेहरे पर मंद मुसकान। धाराप्रवाह हिंदी और बँगला में बातचीत के कारण हर किसी से अपनत्व जोड़कर उसका विश्वास जीतने में समर्थ। सभी की सहायता को तत्पर। हर समय सेवा में या व्यवस्था में जुटीं। न अपने आराम की फिक्र, न समय पर खाने की, न निजी स्वास्थ्य की परवाह। इसीलिए समय-पूर्व चेहरे पर बुढ़ापे के चिह्न उतर आए और बढ़ी आयु में बार-बार गंभीर रूप से बीमार पड़ना पड़ा। न आसान जीवन जिया, न आसान मौत झेली।

सन् १९८३ में उन्हें दिल का दौरा पड़ा, पर चिकित्सा से बच गईं। पेसमेकर

लगवाकर फिर सेवा-कार्य में जुट गईं। सन् १९९३ में रोम में गिर गईं तो उनकी तीन पसलियाँ टूट गईं। साथ ही तीव्र मलेरिया से ग्रस्त हुईं। हृदय की बाईं धमनी अवरुद्ध हो गई। छाती में दर्द, श्वास-कष्ट। लंबा इलाज चला। देर तक अस्पताल में भरती रहना पड़ा। तब उन्होंने मिशनरीज ऑफ चैरिटी के प्रमुख पद से त्यागपत्र दे दिया। फिर ५ सितंबर, १९९७ को उन्होंने अंतिम साँस ली। पूरे राजकीय सम्मान के साथ उनका अंतिम संस्कार किया गया, जिसमें भारत के राष्ट्रपति, प्रधानमंत्री, बँगलादेश की प्रमुख शेख हसीना, अमेरिकी राष्ट्रपति की पत्नी हिलेरी क्लिंटन सहित देश-विदेश की अनेक हस्तियों ने आकर शिरकत की। ऐसा था मदर टेरेसा का विश्वव्यापी प्रभाव, उनके व्यक्तित्व व कार्य के प्रति लोगों की श्रद्धा। देख-सुनकर सभी को लगा कि कितना भी बुरा समय हो, अभी इतना बुरा नहीं हो गया है कि सेवाभावी, समर्पित व्यक्तियों के अच्छे कामों की पहचान न की जाए और उनकी कद्र न हो। उन्हें मिले राष्ट्रीय-अंतरराष्ट्रीय ख्याति के ढेरों पुरस्कार-सम्मान इस बात की पुष्टि करते हैं और उन्हें जीते-जी संत की संज्ञा से विभूषित करते हैं। स्वयं मदर टेरेसा के लिए तो इन सबका न कोई मूल्य था, न मोह। सारी राशियाँ उनके मिशन के काम आईं, उनके साथ गई उनके कार्य की पहचान और उन्हें मिली विश्वव्यापी ख्याति। काश! भारत के समाज-सेवियों में से भी कुछ ऐसे निकल आते तो देश वर्तमान विखंडन से न गुजर रहा होता।

फिर भी ईसा, गांधी की तरह उनके भी आलोचक कम न थे। उन्हें निस्स्वार्थ, निष्काम साधक कहनेवालों की इस रूप में आलोचना होती थी कि सेवा के बदले वह गैर-ईसाइयों का अन्य मिशनरियों की तरह धर्मांतरण करवाती थीं। भारतीयों की इस शिकायत के अलावा उनकी आलोचना यह भी थी कि वे चर्च की तरह ही गर्भ-निरोधक साधनों व गर्भपात की विरोधी थीं और जनसंख्या-नियंत्रण के लिए केवल आत्म-संयम पर बल देती थीं। यही नहीं, उन्हें 'नोबेल शांति पुरस्कार' दिए जाने पर भी विश्व के अनेक क्षेत्रों से उनका यह कहकर विरोध किया गया कि उनका कार्य विश्व-शांति का कार्य नहीं था। पर पुरस्कार अर्पण के समय यह प्रश्न उठाए जाने पर फाउंडेशन की ओर से इसका उत्तर दिया गया कि मदर टेरेसा धनी व निर्धन देशों के बीच की खाई पाटने का कार्य कर रही हैं, जो अंततः विश्व-शांति का ही कार्य है। अपने कार्य से उन्होंने मानवता को भाईचारे का और ऊँच-नीच की खाई पाटकर शांति व सह-अस्तित्व का ही संदेश दिया है।

जो हो, मदर टेरेसा का जीवन मुख्यतः उन्हीं को समर्पित था, जो न ठीक से जी सकते हैं, न ठीक से मर सकते हैं। वे कहती थीं, "सचमुच मरते हुए को

सहारा देकर जिलाया न जा सके, अंतिम समय में उसकी बुझती आँखों में अपनत्व की एक लौ तो चमकाई ही जा सकती है। जो पशुओं के समान जीते हैं, हम उनके लिए देवताओं की तरह मौत का प्रबंध करती हैं—बस इतना ही।'' उनके नाम पर बनाए जानेवाले संग्रहालय में उनके व्यक्तित्व और उनके कार्य से जुड़ी सभी स्मृतियाँ व चीजें जुटाई जा रही हैं। आजीवन त्याग व बलिदान कभी व्यर्थ नहीं जाता। वेटिकन से उन्हें सेंट (संत) की उपाधि देने की तैयारी भी चल रही है।

□

परमाणु-निरस्त्रीकरण को समर्पित

अल्वा मिर्डाल

[पुरस्कार वर्ष १९८२]

सन् १९८६ को 'विश्व शांति वर्ष' घोषित किया गया था और उसी वर्ष विश्व-शांति की एक मसीहा इस संसार से उठ गई। यह थीं स्वीडन की श्रीमती अल्वा रीमर मिर्डाल, जिन्हें सन् १९८२ के 'नोबेल शांति पुरस्कार' से सम्मानित किया गया था।

१३ अक्तूबर, १९८२ को मेक्सिको के भूतपूर्व विदेश मंत्री श्री अल्फांसो गार्शिया रोबल्स के साथ बयासी वर्षीया वयोवृद्ध समाज-सेविका अल्वा मिर्डाल को शांति का यह नोबेल पुरस्कार संयुक्त रूप से देने की घोषणा की गई थी, क्योंकि दोनों ही परमाणु निरस्त्रीकरण के लिए समान रूप से आंदोलन करते आए थे।

संयोग की बात कि सन् १९७४ का अर्थशास्त्र में नोबेल पुरस्कार पानेवाले उनके पति श्री गुन्नार मिर्डाल को भी इसी तरह पुरस्कार का आधा भाग मिला था, श्रीमती मिर्डाल ने जैसे शेष आधे भाग की पूर्ति करके अर्धांगिनी की अपनी भूमिका निभाई थी। अर्थशास्त्र के मानव-हितकारी सिद्धांत और मानव-कल्याण के लिए विश्व-शांति की जोरदार अपील भी जैसे एक ही सिक्के के दो पहलू थे या एक-दूसरे के अधूरेपन की पूरकता के प्रतीक।

इसके कुछ समय पूर्व ही भारत ने अल्वा मिर्डाल को अंतरराष्ट्रीय सद्‌भाव के लिए 'जवाहरलाल नेहरू पुरस्कार' प्रदान किया था। उनके लिए नोबेल पुरस्कार की घोषणा होने पर भारत की भूतपूर्व प्रधानमंत्री श्रीमती इंदिरा गांधी ने उन्हें बधाई भेजते हुए कहा था, ''यह नोबेल पुरस्कार शांति के प्रति उनकी निष्ठा, समर्पण भावना और आणविक निरस्त्रीकरण के प्रति किए गए उनके महान् कार्यों की प्रशस्ति है।''

श्रीमती अल्वा मिर्डाल ने जिनेवा में निरस्त्रीकरण संबंधी बातचीत में सन् १९६२ से १९७३ तक प्रमुख भूमिका निभाई थी। सन् १९६२ में स्वीडन की संसद् सदस्य के रूप में उन्हें अपने देश की ओर से संयुक्त राष्ट्र संघ की 'शांति कॉन्फ्रेंस' में प्रतिनिधिमंडल का अध्यक्ष बनाया गया था और इस नाते उन्होंने स्वीडन की ओर से प्रमुख सलाहकार की अपनी महत्त्वपूर्ण उपस्थिति दर्ज कराई थी। सन् १९६६ से १९७३ तक वे अपनी सरकार में बिना विभाग की मंत्री भी रहीं।

३१ जनवरी, १९०२ को जनमी अल्वा सुंदरता की प्रतिमूर्ति-सी थीं, बेहद आकर्षक व्यक्तित्व की धनी। इसलिए सन् १९२४ में स्नातक होने के साथ ही उनका विवाह हो गया था। पर विवाह, गृहस्थी, बच्चे कोई भी स्थिति उनके बहुआयामी जीवन के लिए बंधनकारी साबित नहीं हुई। पति अर्थशास्त्री थे, पत्नी समाज-सेविका। दोनों अपने-अपने क्षेत्र में प्रसिद्धि के कारण अपने-अपने काम के सिलसिले में कई बार अलग-अलग भी रहे, पर एक-दूसरे के काम को समान आदर देते हुए परस्पर सहयोगी बने रहे। इसलिए अल्वा मिर्डाल को साथ रहते या अलग रहते अपने घर व बाहर के कार्यों के बीच तालमेल बिठाने में विशेष कठिनाई का सामना नहीं करना पड़ा, न ही तीन बच्चों के पालन-पोषण को लेकर। स्वीडन की स्वभावजन्य उन्मुक्तता के बावजूद दोनों के लंबे अटूट सुखी जीवन का यही रहस्य था कि वे एक-दूसरे के कार्य व व्यक्तित्व का सम्मान करते थे। अपने पति श्री गुन्नार मिर्डाल के साथ 'रॉकफेलर फाउंडेशन' की स्कॉलरशिप लेकर उन्होंने सन् १९३० तक अमेरिका में और फिर १९३१ में जिनेवा में अपनी शिक्षा को आगे बढ़ाया था तथा फिर अपने-अपने काम में लग गए थे।

जनसंख्या समस्या और पारिवारिक, सामाजिक व आर्थिक स्थितियों का अध्ययन अल्वा मिर्डाल के लिए विशेष रुचिकर विषय था। परिवार की आर्थिक स्थिति सुधारने पर उन्होंने बहुत जोर दिया कि बच्चे होने पर न उन्हें बोझ समझा जाए, न परिवार के आर्थिक स्तर में गिरावट आने पाए। इन विषयों पर उनकी दो पुस्तकें 'वीमेंस टू रोल्स' और 'नेशन एंड फैमिली' चर्चित हुईं। पर विशेष चर्चित

हुई उनकी लिखी पुस्तक 'क्राइसिस ऑफ पॉपुलेशन'। इस पुस्तक से उन्हें इतनी ख्याति मिली कि सन् १९३५ में उन्हें 'रॉयल पॉपुलेशन कमीशन' की सलाहकार नियुक्त कर लिया गया। पुस्तक एक वर्ष पूर्व सन् १९३४ में ही प्रकाशित हुई थी, पर इसकी ख्याति ने सरकार की जनसंख्या नीति को प्रभावित किया था। उन्होंने माँ-बाप के लिए बच्चों को सही परवरिश देने के जो दिशा-निर्देश दिए, उनसे प्रभावित हो उन्हें 'सोशल हाउसिंग' की सरकारी समिति की भी सदस्य मनोनीत कर लिया गया।

सन् १९५५ में अल्वा मिर्डाल 'स्वीडन की प्रथम महिला राजदूत' होकर भारत आई थीं। यहाँ वे छह वर्ष रहीं। इस दौरान उन्होंने भारतीय संस्कृति का और भारतीय महिलाओं का जो अध्ययन किया, उससे वे भारत की प्रशंसक बन गई थीं। स्वयं उनके भी यहाँ बहुत मित्र और प्रशंसक बने, जिनमें भारत के तत्कालीन प्रधानमंत्री श्री नेहरू भी थे। भारत की विजयलक्ष्मी पंडित की तरह श्रीमती मिर्डाल भी अपने देश में व देश की ओर से बाहर विभिन्न महत्त्वपूर्ण पदों पर रहीं। पर भारत में राजदूत का अपना कार्यकाल उन्हें विशेष सुखद लगा था। इसलिए कि इससे उनकी विचार शैली में बुनियादी फर्क आया। यह फर्क था, 'भारतीय घरों में, भारतीय समाज में स्त्रियों की स्थिति स्वीडन से, सभी उन्नत कहे जानेवाले देशों से बेहतर है—कथित नारी-स्वतंत्रता के बावजूद।'

स्वयं श्रीमती मिर्डाल एक 'कैरियर वूमेन' रहीं और इसके साथ ही उन्होंने सफल गृहिणी और माँ की भूमिका भी निभाई। विश्वविख्यात समाजशास्त्री मार्गरेट मीड की तरह उन्होंने भी अपने विचार दिए, "विवाह के बाद पहले पंद्रह साल स्त्री का घर में रहना जरूरी होना चाहिए, क्योंकि माँ के बिना बच्चों की सही देखभाल अन्य कोई नहीं कर सकता। पर स्वीडन की तरह स्त्रियों की अच्छे स्वास्थ्य के साथ लंबी औसत आयु और वहाँ की सरकार द्वारा परिवारों की सहायतार्थ बच्चों को दिए जानेवाले भत्ते जैसी स्थितियाँ भी सभी जगह लाई जानी चाहिए कि परिवारों को आर्थिक कष्ट न उठाने पड़ें।"

भारतीय महिलाओं के भाग्य की सराहना करते हुए उन्होंने कहा था, "जिस प्रकार भारत की आजादी के संघर्ष में पुरुषों के संग लगकर समान रूप से भाग लेने का उन्हें अवसर मिला और आज वे जिस बिंदु पर पहुँच चुकी हैं, वहाँ तक पहुँचने में स्वीडन की कथित आजाद महिलाओं को पहुँचने में अभी बरसों लगेंगे।" श्रीमती मिर्डाल के इन विचारों से पश्चिम के यौन-मुक्तिवाले वर्जनाहीन समाज को ही उन्नत समाज माननेवाली आधुनिक भारतीय महिलाओं को उनका यह संभाषण

सुनकर धक्का-सा लगा था।

इस संदर्भ में मुझे याद आता है अखिल भारतीय महिला परिषद्, नई दिल्ली में दिए गए उनके भाषण का वह दृश्य, जब भाषण के बाद उपस्थित महिलाओं ने उनसे सवाल पूछने का क्रम चलाया, ''स्कैंडेनेवियन देशों ने वेश्यावृत्ति से छुटकारा पाने में काफी सफलता प्राप्त की है, इसका कारण? वह कारगर नुस्खा हमें भी बताएँ।'' श्रीमती मिर्डाल ने अपने ही मुक्त ढंग से उत्तर दिया, ''केवल एक ही तरीका है, नौसिखियों को व्यवसायियों से अलग करके बाहर निकाल देना चाहिए।'' एक गहरी बात, जिसे समझने के लिए प्रश्नकर्ता भारतीय महिलाएँ समझ-असमझ और स्वीकार-अस्वीकार के बीच झूलते हुए एक-दूसरी का मुँह ताकने लगीं। किसी के मुख से कोई बोल नहीं फूटा। महिलाओं और बच्चों के हित के लिए परिवार को सुदृढ़ नींव पर आधारित करने और देश के लिए एक अच्छी जनसंख्या नीति की सिफारिश करनेवाली अल्वा मिर्डाल एक ओर घरेलू और कामकाजी महिलाओं के लिए पत्रिकाएँ निकालती रहीं, दूसरी ओर 'बिजनेस एंड प्रोफेशनल वूमेन' के अंतरराष्ट्रीय संघ की उपाध्यक्ष भी रहीं।

पर संसार को उनकी प्रमुख देन है निरस्त्रीकरण पर निरंतर अध्ययन, लेखन, भाषण और चर्चाएँ करके परमाणु-अप्रसार और विश्व-शांति के लिए प्रयत्न। सन् १९६१ में भारत से लौटकर श्रीमती मिर्डाल ने स्वीडिश विदेश विभाग के लिए विभिन्न कार्य किए। वे पेरिस में यूनेस्को के समाज-विज्ञान विभाग की प्रमुख भी रहीं। सन् १९६२ में वे संसद् सदस्य बनीं, फिर बिना विभाग की मंत्री और संयुक्त राष्ट्र में शांति के लिए प्रयासरत अपने देश के प्रतिनिधिमंडल की अध्यक्ष। संयुक्त राष्ट्र संघ में निरस्त्रीकरण पर बहस के दौरान स्वीडन के योगदान पर उनका भाषण बेहद चर्चित हुआ था। इसके बाद का उनका सारा जीवन मुख्यत: विश्व-शांति के उद्देश्य को ही समर्पित रहा।

विश्व-शांति के संदर्भ में अल्वा मिर्डाल ने न केवल गुटनिरपेक्ष राष्ट्रों की भूमिका को अहम बताया था, विश्व की प्रबुद्ध महिलाओं पर भी इसका दायित्व डालते हुए उन्होंने कहा था, ''महिलाएँ चाहें तो अपने-अपने देश की सरकारों पर दबाव बनाकर निरस्त्रीकरण के पक्ष में प्रबल जनमत भी तैयार कर सकती हैं। इसके लिए पहले उन्हें विषय की पूरी जानकारी हासिल करनी चाहिए और फिर सबको बताना चाहिए कि युद्ध का सर्वाधिक दुष्प्रभाव स्त्रियों, बच्चों और परिवारों पर ही पड़ता है।'' इसके बाद लगभग सभी देशों के स्त्री-आंदोलनों ने इस विषय को भी अपने पूर्व एजेंडे में जोड़ लिया था और स्त्रियाँ स्त्री-अधिकारों की बात ही

न कर शांति, समानता, भाईचारे और सामाजिक न्याय के पक्ष में आवाज उठाने लगी थीं। आज भी यह सिलसिला जारी है और स्त्री-आंदोलन पुरुष-प्रतिद्वंद्वितावाली अपनी पुरानी छवि व लीक से हटकर मानवता के पक्ष को प्रमुखता देनेवाले सही रास्ते पर आ गया है। महिलाओं द्वारा समय-समय पर आयोजित शांति प्रतिनिधिमंडल और शांति सम्मेलन इस बात के प्रमाण हैं।

भारत व भारतीय महिलाओं की मित्र और प्रशंसक श्रीमती अल्वा मिर्डाल के सन् १९८६ में निधन पर इसीलिए हमें अपना एक आत्मीय खो देने जैसी रिक्ति का अहसास हुआ था। शांति की इस मसीहा को युद्धों के खिलाफ और विश्व-शांति के पक्ष में उठाई गई उनकी आवाज को बुलंद करके ही सच्ची श्रद्धांजलि दी जा सकती है।

□

एक जीवंत संघर्ष-गाथा

आंग सान सू की

[पुरस्कार वर्ष १९९१]

८ मई, १९९५। म्याँमार (बर्मा) की एक जुझारू महिला आंग सान सू की को सन् १९९३ के 'जवाहरलाल नेहरू अंतरराष्ट्रीय सद्भावना पुरस्कार' से सम्मानित किए जाने की घोषणा एक सुखद अहसास दे गई थी। लगा, निर्णायक मंडल ने एक सही निर्णय लेकर स्वतंत्रता और लोकतंत्र के लिए किए जा रहे अहिंसक संघर्ष को बल पहुँचाया है।

इसके पूर्व सू की को सन् १९९१ के 'नोबेल शांति पुरस्कार' से सम्मानित किया जा चुका था, जिसे लेने वे स्वयं नहीं जा सकी थीं, क्योंकि संयुक्त राष्ट्र संघ व विभिन्न देशों की सरकारों की माँग के बावजूद म्याँमार की सैनिक सरकार ने सू की को रिहा नहीं किया था और उनसे संपर्क करने के नोबेल फाउंडेशन के सारे प्रयास विफल कर दिए गए थे। उनके पति माइकल ऐरिस और उनके बेटे एलेक्जेंडर ने उनकी ओर से ओस्लो जाकर नोबेल पुरस्कार ग्रहण किया था। सू की रंगून विश्वविद्यालय एवेन्यू के अपने घर में जुलाई १९८९ से नजरबंद थीं।

सू की सन् १९४८ में बर्मा को औपनिवेशिक शासन से मुक्ति दिलानेवाले नेता ऊ आंग सान की बेटी हैं, जिनके सिर से पिता का साया तभी उठ गया था जब

वह मात्र दो साल की थीं। ऊ आंग सान बर्मा के राष्ट्र-निर्माता माने जाते हैं। १९, जुलाई, १९४८ को उनकी, उनके मंत्रिमंडल के सारे सदस्यों सहित, हत्या कर दी गई थी। छात्र जीवन से उनके साथी और बर्मा के प्रथम प्रधानमंत्री ऊ नू ही जीवित इसलिए बच गए थे कि उस दिन सुबह भगवान् बुद्ध की आराधना और ध्यान में लगे रहने के कारण वे मंत्रिमंडल की बैठक में भाग लेने दस मिनट लेट पहुँचे थे और इसी बीच उनके सारे साथी गोलियों के शिकार हो चुके थे।

इन्हीं ऊ नू से आगे चलकर जनरल ने विन ने सन् १९६२ में सत्ता छीनी थी और सू की का परिवार सैनिक तानाशाही का शिकार हो गया था। सू की की संघर्ष-गाथा बहुत लंबी, गहन व दुःखद है, जिसकी पृष्ठभूमि समझने के लिए हमें बर्मा के इतिहास पर एक सरसरी नजर डालनी होगी। प्राचीन भारत में बर्मा इस देश का ही एक भाग था। फिर कुछ शताब्दियों तक इसपर विदेशी आधिपत्य रहा। उन्नीसवीं शताब्दी के तीसरे दशक में हुए कुछ युद्धों के बाद अंग्रेजों ने फिर इसे ब्रिटिश भारत का एक प्रांत बना दिया । बीसवीं शताब्दी के प्रथमार्ध में राष्ट्रवादी ताकतों और छात्र-आंदोलनों के कारण अंग्रेज शासकों ने ब्रिटिश गवर्नर नियुक्त करके बर्मी जन-प्रतिनिधियों को कई अधिकार सौंप दिए। फिर उन्होंने सन् १९३७ में इसे भारत से अलग कर दिया।

सू की के पिता ऊ आंग सान और स्वतंत्र बर्मा के प्रथम प्रधानमंत्री ऊ नू ने सन् १९३६ के छात्र-आंदोलन की अगुआई की थी। (किसी भी नाम के आगे ऊ लगाया जाना बर्मी भाषा में प्रतिष्ठासूचक शब्द है।) सन् १९४० में उन्होंने जापान की सहायता से आजाद सेना बनाई और अंग्रेजों को बाहर निकालने में सफल हुए। किंतु बाद में जापानी कब्जे से मुक्ति के लिए उन्हें फिर अंग्रेजों की मदद लेनी पड़ी। फिर ऊ आंग सान ने बर्मा की पूर्ण स्वतंत्रता के लिए 'पीपुल्स फ्रीडम पार्टी' बना ली। दूसरे विश्व युद्ध के दौरान पार्टी का कार्य शिथिल रहा, पर युद्ध-समाप्ति पर वह दिनोदिन शक्तिशाली व लोकप्रिय होती चली गई। इसलिए अंग्रेजों ने जनवरी १९४७ में बर्मा को पूरी तरह आजाद कर आंग सान को अंतरिम सरकार का नेता घोषित कर दिया। चुनाव होने पर उन्हें भारी बहुमत से विजय मिली, जो उनके किसी प्रतिद्वंद्वी को रास नहीं आई। इसलिए प्रजातांत्रिक शासन की शुरुआत में गद्दी सँभालने से पूर्व ही आंग सान की उनके पूरे मंत्रिमंडल सहित हत्या कर दी गई। सू की तब दो साल की बच्ची थी। इसके बाद ब्रिटिश सरकार ने मंत्रिमंडल के एकमात्र बचे सदस्य ऊ नू को सत्ता सौंप दी। आगे चलकर सन् १९६२ में इन्हीं ऊ नू को अपदस्थ कर सैनिक जनरल ने विन ने सत्ता हथिया ली थी।

इस सैनिक तानाशाही के खिलाफ आंदोलन चलते रहे। सन् १९८७ में एक उग्र छात्र-आंदोलन का दमन करने के लिए उसपर क्रूर हमला हुआ, जिसमें तीन हजार लोग मारे गए। सन् १९८८ में माँ की बीमारी की खबर सुनकर इंग्लैंड में निवास कर रही सू की बर्मा लौटीं। माँ की सेवा तो वे एक साल ही कर पाईं, लेकिन वहाँ स्थितियों ने ऐसी करवट ली कि उन्हें राष्ट्र की सेवा में पूरी तरह खप जाना पड़ा। वे वापस अपने पति व बच्चों के पास लौट ही नहीं पाईं। तब से वे सैनिक तानाशाही के शिकंजे में ही फँसी रहीं।

सू की ने म्याँमार (बर्मा) के लोगों को निडर होकर अन्याय के खिलाफ लड़ना सिखाया, लेकिन सू की को भयमुक्त होकर जीना और अन्याय के खिलाफ लड़ना किसने सिखाया? भारत के 'सविनय अवज्ञा आंदोलन' और महात्मा गांधी ने। सू की बचपन से ही बापू की प्रशंसक रहीं। सत्याग्रह उनके परिवेशजन्य संस्कार में है। इंदिरा गांधी, बेनजीर भुट्टो या कुमारतुंगे की तरह राजनीतिक प्रशिक्षण उन्हें अपने पिता या माँ से पाने का अवसर ही नहीं मिला था। सू की की प्रारंभिक शिक्षा भारत में ही जीसस एंड मेरी स्कूल में हुई। फिर लेडी श्रीराम कॉलेज में। उनकी माँ खिन की भारत में बर्मा की राजदूत के रूप में नियुक्त थीं। बाद में ऑक्सफोर्ड यूनिवर्सिटी के सेंट ह्यूम कॉलेज से डिग्री लेकर उन्होंने वहीं तिब्बती मामलों के एक ब्रिटिश शोधकर्ता माइकल ऐरिस से सन् १९७२ में विवाह कर लिया। ऐरिस भूटान के इतिहास का अध्ययन करने भूटान गए तो वे पति के साथ भूटान गईं और वहाँ अपने देश के बारे में जानकारियाँ प्राप्त करती रहीं। दो साल के भूटान प्रवास के बाद वे इंग्लैंड में ही बस गई थीं, जहाँ उन्होंने दो बेटों को जन्म दिया। पर माँ की बीमारी उन्हें म्याँमार खींच लाई और माँ की मृत्यु हो जाने पर भी वे अपने घर, अपने पति व बच्चों के पास नहीं लौट पाईं।

छात्र-आंदोलनकारियों पर व्यापक हिंसा ने सू की को हिलाकर रख दिया था। बर्मा के सम्मानित नेता और देश के लिए शहीद ऊ आंग सान की बेटी को अपने बीच पाकर आंदोलनकारियों ने भी उन्हें हाथोहाथ लिया और उनकी अगुआई में अंतहीन संघर्ष के लिए कमर कस ली। पिता के पद-चिह्नों पर चलते हुए सू की ने सैनिक तानाशाही के अंत और जनतांत्रिक व्यवस्था की स्थापना के लिए संकल्प लिया और 'नेशनल लीग फॉर डेमोक्रेसी' की स्थापना कर सक्रिय हो गईं। मार्शल कानूनों की भी परवाह न कर वे तनी हुई राइफलों के आगे डट जातीं। इस तरह उनके नेतृत्व में अन्य लोगों ने भी निडर होकर लड़ना व आगे बढ़ना सीख लिया। सू की ने अपनी सारी शक्ति संघर्ष को सौंप दी—भौतिक, नैतिक, आध्यात्मिक। तो

गांधी के सत्याग्रह की तरह उनके साथ भी हर वर्ग, हर उम्र के लोग जुटने लगे। लगभग वैसा ही 'सविनय अवज्ञा आंदोलन' चलाया जाने लगा, जिसमें बौद्ध भिक्षुओं तक ने अपनी जानें गँवाईं। सू की नजरबंद कर ली गईं।

नजरबंदी के दौरान ही उन्होंने चुनाव लड़ा और २७ मई, १९९० को उनकी पार्टी 'नेशनल लीग फॉर डेमोक्रेसी' ने भारी बहुमत से जीत हासिल की। लेकिन न तो सैनिक जनरलों ने उन्हें सत्ता सौंपी, न ही नजरबंदी से रिहा किया। २७ मई, १९९४ को उनकी विजयी पार्टी की संसद् का कार्यकाल, बिना किसी सत्र की बैठक बुलाए, समाप्त हो गया। औपचारिक रूप से इस संसद् का गठन ही नहीं हुआ था, न ही किसी सांसद को शपथ दिलाई गई थी। मंत्रिमंडल कहाँ से बनता और कार्य करता।

सू की को तो चुनाव के दौरान ही नजरबंद कर दिया गया था। ऊ नू को भी सू की की नजरबंदी के कुछ दिन बाद गिरफ्तार कर लिया गया था। उनकी रिहाई के लिए समूचे विश्व से मानवाधिकार समर्थकों की आवाजें उठीं। लोकतंत्र समर्थक देशों ने प्रयत्न किए। सू की को 'नोबेल शांति पुरस्कार' के समय रिहा न किए जाने पर नोबेल पुरस्कार विजेताओं ने भी सामूहिक अभियान चलाकर उनकी रिहाई की माँग की। इस अपील में राष्ट्रपति बिल क्लिंटन का नाम भी शामिल था। लेकिन कोई नतीजा नहीं निकला। उनकी पार्टी चार सौ पचासी में से तीन सौ बानबे सीटें जीतकर बहुमत में आई, पर उसे सत्ता नहीं सौंपी गई। उन्हें 'नोबेल शांति पुरस्कार' मिला, पर उन्हें पुरस्कार लेने नहीं जाने दिया गया। जनमत के दबाव में सैनिक प्रशासन ने कुछ सतही सुधार घोषित किए। सू की की रिहाई के लिए शर्त रखी गई कि वे राजनीति से संन्यास लेकर अपने घर ब्रिटेन लौट जाएँ तो उन्हें छोड़ा जा सकता है। पर परिवार से अलग अपनी माँ के घर में नजरबंद इस युवती का मनोबल नहीं टूटा, न ही परिवारवालों ने उसका साथ छोड़ा। नजरबंदी के दौरान ही उनकी लिखी पुस्तक 'फ्रीडम फ्रॉम फीयर' पुस्तक ने पूरी दुनिया की आत्मा को झकझोर दिया।

छह वर्ष नजरबंदी के बाद १० जुलाई, १९९५ को उनकी बिना शर्त रिहाई की घोषणा की गई, जिसका सारे विश्व में स्वागत किया गया। पर सू की ने कहा, ''सारे राजनीतिक बंदी छोड़े जाएँ। सैनिक शासन की जगह जनतंत्र लाया जाए। उन्हें टेलीविजन पर राष्ट्र के नाम बीस मिनट का संदेश देने दिया जाए ताकि वे अपने देशवासियों को बता सकें, वे देश छोड़कर क्यों जा रही हैं ? जाते समय हवाई अड्डे तक उनके अनुयायियों को भी जुलूस की शक्ल में जाने की इजाजत

मिले। जाहिर है, कोई भी सैनिक सरकार इस तरह का जोखिम नहीं उठा सकती। सू की छह साल बाद रिहा होकर भी केवल इतनी ही छूट पा सकीं कि कभी-कभी बाहर अपने समर्थकों के बीच जाकर उन्हें संबोधित करने दिया गया या उनके समर्थक उनसे घर पर आकर मिल सकते थे। यह छूट विश्व जनमत के दबाव में दी गई थी। इसलिए वास्तव में उन्हें दी गई आजादी न थी। उनपर कड़ी नजर रखी जाती थी और आने-जानेवालों पर रोक भी लगाई जाती थी, जिसका प्रतिकार उन्हें भूख हड़तालों, धरनों द्वारा करना पड़ता था। जैसे सन् १९९८ में राजधानी से बाहर मुक्त आवागमन के अधिकार को लेकर उनका तेरह दिन का धरना, जिसे उनके गिरते स्वास्थ्य को देखकर उनकी पार्टी के नेताओं के अनुरोध पर समाप्त किया गया। उसी वर्ष कार से अपने समर्थकों से मिलने दूसरे शहर जाते हुए उन्हें रास्ते में रोके जाने पर उन्होंने बीच सड़क पर कार रोककर उसमें ही छह दिन तक धरना दिया। फिर उनके शरीर में पानी की कमी को देखते हुए उन्हें जबरन वहाँ से लाकर उनके घर छोड़ दिया गया। इस तरह वे आज भी एक तरह से अपने घर में नजरबंद ही हैं।

इस बीच सन् १९९९ के प्रारंभ में उनके पति प्रोस्टेट कैंसर से गंभीर रूप से बीमार पड़े। कई पश्चिमी देशों की सरकारों ने म्याँमार के सैनिक शासकों से अनुरोध किया कि उन्हें एक बार जाकर अपनी पत्नी से मिलने दिया जाए। पर इस आग्रह को ठुकरा दिया गया। फिर उनकी हालत गंभीर देखकर सैनिक शासकों ने २६ मार्च को सू की से कहा, ''वे चाहें तो एक सप्ताह के लिए ब्रिटेन जाकर अंतिम समय में अपने पति से मिल सकती हैं।'' पर सू की ने इनकार कर दिया। वे जानती थीं कि एक बार गईं तो कभी म्याँमार लौट नहीं पाएँगी और बिना मैदान छोड़े भी हार जाएँगी। उन्होंने हृदय कड़ा करके प्रस्ताव ठुकरा दिया। अगले दिन ही २७ मार्च को उनके पति ऐरिस की लंदन में मृत्यु हो गई। इस खबर पर संयुक्त राष्ट्र सचिव श्री कोफी अन्नान बेहद दुःखी हुए। उन्होंने अपने शोक संदेश में कहा, ''इस बेहद कठिन घड़ी में हम सू की और उनके पुत्रों के साथ हैं और उनके मिशन की सफलता की कामना करते हैं।'' सू की ने भगवान् बुद्ध को याद किया और निर्विकार भाव से दोबारा अपने आंदोलन में व्यस्त हो गईं।

संसार के अधिकतर लोगों ने सू की का नाम तब सुना जब उन्हें सन् १९९१ का 'नोबेल शांति पुरस्कार' मिला और उन्हें पुरस्कार लेने के लिए भी अस्थायी तौर पर रिहा नहीं किया गया। आज सारा संसार उन्हें म्याँमार की जुझारू नेता के रूप में जानता है और उन्हें स्वतंत्रता, जनतंत्र और मानवाधिकार के लिए संघर्ष की प्रतीक

मानता है। वे विश्व की सर्वाधिक निडर महिला हैं। फिर भी प्रति वर्ष 'अंतरराष्ट्रीय महिला दिवस' पर महिला-मुक्ति व मानवाधिकार के लिए संघर्ष की अलख जगानेवाले महिला संगठनों ने सू क़ी की रिहाई के लिए अपनी आवाज को बुलंद क्यों नहीं किया, यह आश्चर्य की बात है।

सू की एक आंदोलनकारी, एक 'एक्टिविस्ट' ही नहीं, मानवता के पक्ष में एक विचार, एक आवाज हैं। मानवाधिकार मंचों से इस विचार के पक्ष में निरंतर आवाजें उठती रहती हैं। निश्चय ही म्यांमार के विदेश मंत्री विन अयांग के माध्यम से यह सूचना समाचार-पत्रों में आ ही गई है कि आन सांग सू की वर्ष २००४ में ही मई तक रिहा कर दी जाएँगी और उसके बाद उनकी पार्टी 'नेशनल लीग फॉर डेमोक्रेसी' को संविधान का मसौदा तैयार करने के लिए राष्ट्रीय सम्मेलन में निमंत्रित किया जाएगा—देर आयद, दुरुस्त आयद। आखिर जनमत की विजय होनी ही थी। आशा है, हर संघर्ष की तरह इस संघर्ष का भी अंत होगा और अपनी मातृभूमि के लिए किया गया उनका त्याग व बलिदान व्यर्थ नहीं जाएगा।

□

नस्ल-भेद के विरुद्ध लड़ाई

रिगोबर्टा मेंचू

[पुरस्कार वर्ष १९९२]

विश्व का समृद्ध, उन्नत देश अमेरिका, लोकतंत्र का ध्वज-वाहक, मानवाधिकारों का प्रबल समर्थक। उसी के निचली ओर दक्षिण अमेरिका में मेक्सिको के निकट बसा एक छोटा सा पर्वतीय देश ग्वाटेमाला। आबादी मात्र पंचानबे लाख। ९५ प्रतिशत लोग खेती पर निर्भर। पर अधिकांश जमीन जागीरदारों के कब्जे में। उन मालिकों के कॉफी, गन्ना, मक्का और कपास के खेतों में काम करनेवाले बँधुआ मजदूरों का रेड इंडियन बाईस कबीलों में से एक कबीला और उस कबीले का एक परिवार। परिवार में नौ बच्चे। माता-पिता और बच्चे मिलाकर कुल ग्यारह सदस्यों में से सात क्रूर जमींदारों और भ्रष्ट शासकों के जुल्मों की भेंट चढ़ गए। रिगोबर्टा इसी परिवार की सबसे छोटी बेटी, जिसने सन् १९९२ का 'नोबेल शांति पुरस्कार' प्राप्त कर यह सिद्ध कर दिया कि अनवरत संघर्ष, किसी भी उद्देश्य या लक्ष्य के लिए हो, कभी व्यर्थ नहीं जाता। प्राय: देर-सबेर उसकी पहचान होती ही है।

कृषक परिवार की एक अति निर्धन लड़की, जिसे पंद्रह साल की उम्र तक पैरों में पहनने के लिए टायर की चप्पल भी नसीब नहीं हुई। जिसने कभी चीनी

और साबुन की शक्ल नहीं देखी थी। अनपढ़, जिसे आठ साल की उम्र से माँ के साथ खेतों में काम पर जाना पड़ा। काम के घंटे भी सुबह ४ बजे से देर शाम तक और पारिश्रमिक के नाम पर केवल एक वक्त का भोजन। पूरा परिवार शोषण, अन्याय और क्रूरता का शिकार। यातनाएँ-दर-यातनाएँ।

रिगोबर्टा मेंचू का बड़ा भाई कॉफी के पौधों पर कीटनाशक का छिड़काव करते-करते उसके दुष्प्रभाव से मौत का शिकार हो गया। दो छोटे भाई-बहन कुपोषण व भूख के ग्रास बन गए। सोलह वर्षीय दूसरा किशोर भाई विरोध की आवाज उठानेवाले पिता का साथ देने के कारण सैनिकों द्वारा पकड़ लिया गया माँ-बाप की आँखों के सामने जिंदा जला दिया गया कि दहशत खाकर और कोई सिर न उठा सके। बारह वर्ष की उम्र में रिगोबर्टा मेंचू को एक जमींदार के घर पर नौकरी करनी पड़ी, जहाँ उसके साथ घर के कुत्तों से बदतर व्यवहार होता और रात को उसे कुत्ते के साथ ही एक चटाई पर सोना पड़ता। पिता के जेल में होने की खबर पाकर वह नौकरी छोड़कर घर लौट आई थी और सिपाहियों की नजर से किसी तरह यों बचती रही कि पिता के समर्थक उसकी मदद के लिए तैनात रहते थे। उससे बड़ी दो बहनें जान बचाकर गुरिल्ला छापामारों के साथ भाग ली थीं।

पिता विसेंट मेंचू को विरोध-प्रदर्शनों की अगुआई करने के कारण हिंसा भड़काने के आरोप में आजीवन कारावास की सजा सुनाई गई थी। जनता भड़क उठी तो छोड़ देना पड़ा, लेकिन पीट-पीटकर अधमरा करके सड़क पर फेंक दिया गया था। उन्हें ठीक होने में एक वर्ष लग गया। उन्हें यह सजा कानून की शरण में जाने पर दी गई थी। इस अवधि में ही रिगोबर्टा मेंचू घर पर पिता के साथ रही। ये लोग अपनी झोंपड़ियों के आगे ही थोड़ी सी जगह साफ करके अपनी जरूरत की मक्का व सब्जियाँ उगाते, पर जब वह ऊसर जंगली जमीन कुछ देने लायक हो जाती, उन्हें वहाँ से उखाड़ दिया जाता, उनकी झोंपड़ियाँ जला दी जातीं। इस कबीले को न्याय दिलाने की आवाज चूँकि विसेंट मेंचू ने उठाई थी, अतः उसका परिवार ही नहीं, पूरा गाँव तबाह कर दिया गया। चार सौ में से बारह लोग ही बचे और वे जंगल में भाग गए।

जनवरी १९८० में अपने अधिकारों के लिए लड़नेवाले इन आंदोलनकारियों ने यातनाओं से तंग आकर एक दिन रेडियो स्टेशन पर कब्जा कर लिया। गोली चलने पर वे भागकर स्पेनी दूतावास में जा छिपे। पर, दूतावास के कर्मचारियों सहित सभी को गोलियों से भून दिया गया। पूरी बिल्डिंग तबाह कर दी गई। रिगोबर्टा मेंचू के पिता विसेंट मेंचू यहीं मारे गए। उसकी माँ दहशत के मारे भागी

तो सिपाहियों द्वारा पकड़ ली गई। कई दिन तक उसके साथ सामूहिक बलात्कार के बाद अधमरी हालत में उसे जंगल में एक गड्ढे में फेंक दिया गया और बाहर संतरी का पहरा लगा दिया गया, ताकि उसके मुँह में कोई पानी डालनेवाला भी उसके पास न फटके। तीसरे दिन उसकी मृत्यु हो गई और लाश को जीव-जंतु खा गए।

छिपती-छिपाती बचकर भागती रिगोबर्टा भी एक दिन सिपाहियों की नजर में आ गई। पर सिपाही उसे पकड़ते, इसके पूर्व ही वह भागकर एक चर्च में घुस गई। वहाँ घुटनों के बल झुककर वह प्रार्थना की मुद्रा में बैठ गई और अपने लंबे बाल सामने की ओर लटकाकर उनसे चेहरा ढक लिया। सिपाही उसे पहचान न पाए और लौट गए। जनवरी में स्पेन दूतावासवाला नरसंहार हुआ था। फरवरी में रिगोबर्टा ने अपनी गतिविधियाँ तेज कर अपने पिता के काम को आगे बढ़ाते हुए किसान-मजदूरों की हड़ताल करा दी थी, जो पंद्रह दिन चली। अप्रैल में उसकी माँ का अपहरण हुआ था और '३१ जनवरी मोर्चा' नाम का संगठन (नरसंहार का दिन) बनाकर काम के घंटे तय करने के लिए १ मई का दिन 'मजदूर दिवस' के रूप में घोषित कर दिया गया।

पर चर्च में छिपकर बचने की घटना के बाद रिगोबर्टा मेंचू ने पहले एक नन के पास नौकरी की, फिर वहाँ भी खतरा भाँपकर छिपती हुई मेक्सिको चली गई। यहीं उसे गुरिल्लों के साथ भागी हुई अपनी दोनों बहनें मिलीं। यहीं उसने किसी को अपनी कहानी बताने भर के लिए स्पेनिश भाषा सीखी और यहीं एक स्पेनिश लेखिका ने उसे उसकी आत्मकथात्मक शैली में लिपिबद्ध कर संसार के सामने लाया।

उसकी यह आत्मकथा छपने पर बाहर के संसार ने इस लोमहर्षक कहानी और रिगोबर्टा के अनवरत लंबे संघर्ष के बारे में जाना। कई भाषाओं में छपने पर यह चर्चित हुई और नोबेल पुरस्कार कमेटी तक भी पहुँची। दो पूर्व नोबेल शांति पुरस्कार विजेताओं ने उसके नाम का प्रस्ताव किया था। तब भी ग्वाटेमाला सरकार (यद्यपि तब तक वहाँ क्रूर सैनिक तानाशाही का अंत हो चुका था) द्वारा उसका नाम कटवाने के लिए अपने देश से अंधे-बहरों के लिए काम करनेवाले एक समाज-सेवी का नाम भेज दिया गया और हिंसा फैलानेवाले काम का आरोप लगाकर इस नाम का विरोध किया गया। लेकिन सब जानते थे कि रिगोबर्टा ने यह लड़ाई बिना हथियार के अहिंसक तरीके से लड़ी थी और इस लड़ाई में उसके परिवार को ही क्रूर हिंसा का शिकार होना पड़ा था।

रिगोबर्टा मेंचू को पुरस्कार प्रदान करते हुए नोबेल समिति ने जब यह कहा कि एक सौ तीस प्रत्याशियों में से रिगोबर्टा का चुनाव करते समय हमें इस हिंसक दुनिया में, अनेक यातनाएँ सहकर भी, बिना हथियार लड़ी गई मानवता के लिए यह लड़ाई सर्वाधिक प्रेरक लगी, तो हॉल में खुशी की एक लहर दौड़ गई थी। कहाँ एक अनपढ़ गरीब लड़की और कहाँ बारह लाख डॉलर (लगभग तीन करोड़, साठ लाख रुपए) का यह विश्व का सर्वाधिक प्रतिष्ठित पुरस्कार! हैरत और हर्ष एक साथ!

रिगोबर्टा ने कहा, ''इससे दबे-कुचले लोगों को बल मिलेगा और ग्वाटेमाला के मूल निवासी व आप्रवासी सब मिल-जुलकर रहने की कोशिश करेंगे।'' संसार के बुद्धिजीवियों ने कहा, ''अवधारणाओं में यह परिवर्तन सुखद है। इसके पूर्व अभी तक विश्व-शांति के लिए नोबेल पुरस्कार प्राय: पश्चिमी देशों के राजनेताओं को ही दिया जाता रहा था। यह मानवाधिकार की जीत है।''

नोबेल शांति पुरस्कार पानेवाली यह महिला सबसे कम उम्र तैंतीस वर्ष की थीं। पुरस्कार की राशि से रिगोबर्टा मेंचू ने अपने बलिदानी पिता के नाम पर एक फाउंडेशन की स्थापना की है, जिससे एक ओर मानवाधिकार की लड़ाई लड़ी जाती है, दूसरी ओर ग्वाटेमाला के विस्थापितों को वापस लौटने व उनके पुनर्वास में मदद की जाती है। इस प्रकार यह पुरस्कार 'तृतीय विश्व का गौरव' भी कहलाया। एक बँधी राह खुली और आगे का रास्ता साफ दिखाई देने लगा। अब तो इसमें ऐसे और भी कई नाम जुड़ते जा रहे हैं। फिर भी रिगोबर्टा मेंचू की विलक्षण कहानी अपनी मिसाल आप ही रहेगी।

□

बारूदी सुरंगों के खिलाफ आवाज

जोडी विलियम्स

[पुरस्कार वर्ष १९९७]

सन् १९९७ का 'नोबेल शांति पुरस्कार' अमेरिकी मूल की महिला जोडी विलियम्स को बारूदी सुरंगों से होनेवाले विनाश के खिलाफ 'बैन लैंड माइंस' नाम से अंतरराष्ट्रीय जन-जागरण अभियान चलाने पर उनके संगठन 'इंटरनेशनल कैंपेन टू बैन लैंड माइंस' के साथ आधा बाँटकर मिला। पुरस्कार की घोषणा होने पर संयुक्त राष्ट्र महासचिव कोफी अन्नान ने सुश्री विलियम्स को बधाई देते हुए कहा, "यह पुरस्कार सभी माताओं, उनके बच्चों एवं उन सभी लोगों की जीत है, जो बारूदी सुरंगों से हताहत हुए हैं।"

विश्व के छियासी देशों में करीब ग्यारह करोड़ विस्फोटक बारूदी सुरंगें जमीन में दबी पड़ी हैं। चूँकि ये सुरंगें अधिकतर विश्व के आर्थिक प्रतिष्ठानों, विद्युत् संयंत्रों, ऊर्जा प्रतिष्ठानों, बाजारों और बंदरगाहों की सुरक्षा के लिए उनके चारों ओर बिछाई गई थीं, इनका विस्फोट एक विशाल जनसंख्या में आतंक पैदा कर रहा है। विशेष रूप से इनसे संयुक्त राष्ट्र संघ के अनुसार, बच्चों के जीवन को गंभीर खतरा बना हुआ है। यूनिसेफ के एक प्रकाशन में बताया गया है कि विश्व में प्रत्येक बीस बच्चों के बीच एक बारूदी सुरंग दबी पड़ी है, जो कभी भी फटकर

उन्हें जान से मार सकती है या जिंदगी भर के लिए अपाहिज बना सकती है।

ये सुरंगें संबद्ध देशों द्वारा लड़ाइयों के दौरान शत्रु सैनिकों को नुकसान पहुँचाने के लिए बिछाई गई थीं, लेकिन लड़ाइयाँ समाप्त होने के कई वर्षों बाद भी वे वहीं दबी हैं और कभी भी अचानक फटकर स्थानीय नागरिकों को बेमौत मार रही हैं या उन्हें विकलांगता का शिकार बना रही हैं। एक अनुमान के अनुसार, इन सुरंगों के वक्त-बेवक्त फटने से हर महीने लगभग एक सौ बीस और प्रति वर्ष छब्बीस हजार मौतें हो जाती हैं तथा हजारों व्यक्ति घायल या विकलांग हो जाते हैं, जिनमें बड़ी संख्या बच्चों की ही होती है। इसलिए इस अभियान को वेल्स की राजकुमारी डायना ने एक नई दिशा प्रदान की थी। उनकी मृत्यु के बाद अभियान को क्षति पहुँची तो जोडी विलियम्स ने उसे नई गतिमयता प्रदान की। अफगानिस्तान, कंबोडिया, इराक, पूर्वी यूगोस्लाविया, अंगोला, निकारगुआ, सोमालिया, कुवैत, अल सल्वाडोर, मोजांबिक—ये देश प्रमुख हैं, जहाँ दबी सुरंगों का खतरा मौजूद है।

सुश्री जोडी विलियम्स के अनुसार, सन् १९८४ में दुनिया से बारूदी सुरंगों का उन्मूलन करने के अमेरिकी आह्वान के तीन साल बाद ओस्लो (नॉर्वे) में खतरनाक बारूदी सुरंगों के इस्तेमाल, भंडारण, निर्माण और हस्तांतरण को प्रतिबंधित करनेवाली अंतरराष्ट्रीय संधि के प्रारूप पर हस्ताक्षर करने से इनकार करके अमेरिका इस मुद्दे पर विश्व-बिरादरी में अलग-थलग पड़ गया है। अमेरिका के इस असहयोगपूर्ण रवैए से साबित हो गया है कि मानव जाति को घातक हथियारों से निजात दिलाने और शांतिपूर्ण माहौल में जीने का मूल अधिकार देने-दिलाने के अंतरराष्ट्रीय प्रयास के प्रति वह कतई गंभीर नहीं है। इसके बावजूद इस ऐतिहासिक संधि पर एक सौ से अधिक राष्ट्रों ने हस्ताक्षर किए। इससे सुरंगों के आतंक के साए में रह रहे करीब ग्यारह करोड़ लोगों को एक बार फिर यह उम्मीद बँधी कि उन्हें न सही, कम-से-कम उनकी आनेवाली पीढ़ियों को तो इन सुरंगों के कहर से निजात मिल सकेगी।

सुरंगों को न हटाए जाने का एक प्रमुख कारण है कि इन्हें बिछाना जितना सस्ता है, इनका उन्मूलन करना उतना ही महँगा। एक बारूदी सुरंग के निर्माण पर महज तीन डॉलर खर्च आता है, जबकि उसके उन्मूलन पर तीन सौ से लेकर एक हजार डॉलर तक खर्च हो जाता है। संयुक्त राष्ट्र संघ द्वारा सन् १९९५ में लगाए गए एक अनुमान के अनुसार, सभी दस-ग्यारह करोड़ सुरंगों को हटाने के लिए लगभग तैंतीस अरब डॉलर की विशाल धनराशि की जरूरत होगी। हथियारों के सौदागरों के लिए भारी मुनाफे का व्यवसाय होने के कारण विश्व में इस समय तीन सौ

चालीस किस्मों की बारूदी सुरंगों का निर्माण हो रहा है। दुनिया भर में हर साल बीस से पचास लाख नई सुरंगें बिछाई जाती हैं। इनका निर्माण और निर्यात करनेवाले देशों में प्रमुख हैं—चीन, इटली, रोमानिया, रूस और अमेरिका। ये उस परिषद् के स्थायी सदस्य हैं, जिसका मुख्य काम विश्व में शांति स्थापना के प्रयासों को बढ़ावा देना है। जब तक परमाणु हथियारों की तरह इनके खिलाफ भी विश्व-जनमत तैयार नहीं किया जाता, अंतरराष्ट्रीय दबाव नहीं बढ़ाया जाता, सुरंगें इसी तरह फटती रहेंगी, उनके साथ ही फटते रहेंगे लोगों के शरीर और उनके खिलाफ सारी संधियाँ बेमानी होती रहेंगी।

अमेरिकी मूल की जोडी विलियम्स का जन्म ९ अक्तूबर, १९५० को ब्रेडले बोरो वी.टी. में हुआ था। इन सुरंगों के खिलाफ अभियान को बल पहुँचाने के लिए जोडी विलियम्स ने सन् १९९२ में 'इंटरनेशनल कैंपेन टू बैन लैंड माइंस' नाम की संस्था का गठन किया, जिसकी अब पचपन देशों में लगभग एक हजार शाखाएँ हैं। 'कोऑर्डिनेटर' जोडी विलियम्स ने तत्कालीन राष्ट्रपति बिल क्लिंटन से आग्रह किया था कि वे बारूदी सुरंगों के उपयोग पर प्रतिबंध लगानेवाली अंतरराष्ट्रीय संधि का अनुमोदन करें। यहाँ तक कि नोबेल पुरस्कार प्राप्त करने के बाद जारी अपने प्रथम वक्तव्य में भी जोडी विलियम्स ने यह कहने का साहस दिखाया कि सुरंगों पर प्रतिबंध लगाने के मामले में अमेरिकी राष्ट्रपति ही मुख्य बाधा बने हुए हैं।

सुश्री जोडी विलियम्स ने सन् १९९२ में यह अभियान छेड़ा था। उसके पाँच वर्ष बाद ही उनकी मेहनत रंग लाई और विश्व-शांति के लिए उनके इस अभियान को सन् १९९७ में 'नोबेल पुरस्कार' से सम्मानित किया गया। इस पुरस्कार की दस लाख डॉलर की राशि सुश्री जोडी विलियम्स और उनके संगठन 'इंटरनेशनल कैंपेन टू बैन लैंड माइंस' को आधी-आधी बाँटकर दी गई।

□

परदे की दुनिया से मानवाधिकार की आवाज

शिरीन एबादी

[पुरस्कार वर्ष २००३]

सन् २००३ का 'नोबेल शांति पुरस्कार' प्रथम बार किसी मुसलिम महिला को प्रदान किया गया। पुरस्कार प्रदान करते समय नोबेल समिति ने कहा, ''कोई समाज उस समय तक सभ्य नहीं कहला सकता जब तक उसमें महिलाओं और बच्चों के अधिकार का सम्मान न हो। शिरीन एबादी एक जागरूक मुसलिम महिला हैं। वे इसलाम को बुनियादी मानवाधिकार के खिलाफ नहीं पातीं। नॉर्वेजियन नोबेल समिति के लिए यह खुशी की बात है कि वह इस वर्ष का शांति-सम्मान एक ऐसी महिला को दे रही है, जो मुसलिम दुनिया का हिस्सा है और जिस पर संसार गर्व कर सकता है।''

इस घोषणा से जाहिर है कि पश्चिमी देश शिरीन एबादी को मुसलिम और गैर-मुसलिम समुदायों के बीच एक कड़ी के रूप में प्रस्तुत करना चाहते हैं कि ये दोनों परस्पर जुड़ सकें।

पुरस्कार की जब घोषणा हुई तो शिरीन पेरिस में थीं और तेहरान लौटने के लिए हवाई अड्डे की ओर जा रही थीं। समाचार सुनकर वे रुक गईं और उन्होंने तुरंत एक प्रेस कॉन्फ्रेंस आयोजित कर ली। इस कॉन्फ्रेंस में वे बिना हिजाब (बुरके)

में थीं। उन्होंने कहा, ''ईरान में किसी भी मुसलिम महिला के लिए हिजाब पहनना जरूरी है, इसलिए मैं वहाँ अब भी पहनती हूँ। लेकिन इसलाम की प्रगतिशील व्याख्या से हम ऐसे रिवाजों को बदल सकते हैं। मेरा मानना है कि यह महिला का निजी अधिकार होना चाहिए, यानी उसे स्वयं तय करना चाहिए कि वह हिजाब पहनना चाहती है या नहीं। ईरान में उदारवादी मुहिम दम तोड़ रही है, मुझे यह सम्मान मिलने से शायद इस मुहिम में नई जान पड़ जाए और वहाँ का शासन अपनी जिम्मेदारी के प्रति सतर्क हो जाए।'' (यहाँ यह उल्लेखनीय है कि अपने देश में विरोध के बावजूद शिरीन बिना हिजाब पहने 'नोबेल पुरस्कार' लेने पहुँचीं।)

इसी कॉन्फ्रेंस में उन्होंने आगे कहा, ''परिवार बच्चे का पहला मदरसा होता है। बच्चे में सहनशील और लचीली विचारधारा का बीज बोने में माँ अपनी अहम भूमिका अदा कर सकती है, बशर्ते कि माँ का सशक्तीकरण कर दिया जाए। दुर्भाग्य से इसलामी मुल्कों में शासन-सत्ता का बदलना आसान है, लेकिन इनसानी सोच को सकारात्मक दिशा देना जटिल कार्य है। यहीं महिला सफल हो सकती है और सोच में बदलाव के लिए उसकी भूमिका महत्त्वपूर्ण सिद्ध हो सकती है।''

महिला-बाल अधिकार को प्रमुखता देना, उदारवादी मुहिम को बल पहुँचाना, सैन्य बल के प्रयोग व आतंकवादी खौफ के बीच लोगों की सोच को सकारात्मक दिशा देना और उनके मानवाधिकार के पक्ष में आवाज बुलंद करना शायद शिरीन एबादी को नोबेल शांति पुरस्कार देने की पृष्ठभूमि में यही प्रमुख कारण रहे, अन्यथा वर्ष २००३ के इस पुरस्कार के लिए ईसाई धर्म गुरु पोप जॉन पॉल द्वितीय, अमेरिकी राष्ट्रपति जॉर्ज डब्ल्यू. बुश और पूर्व चेक राष्ट्रपति वास्लाव हाबेल जैसे नामों की भी चर्चा रही। किंतु कुल एक सौ पैंसठ उम्मीदवारों में से शिरीन एबादी का ही चुनाव किया जाना उनके साथ मानवाधिकार की, विशेष रूप से महिला-बाल अधिकारों की भी जीत है। पुरस्कार ग्रहण करने के बाद सम्मान रूप में प्राप्त धनराशि को मानवाधिकार के कार्य के लिए उन संगठनों को दान कर देने की भी घोषणा उन्होंने की।

एक रिपोर्ट के अनुसार, पुरस्कार की घोषणा के बाद पोलैंड के पूर्व राष्ट्रपति नोबेल पुरस्कार विजेता लेक वालेशा ने इसे दुर्भाग्यपूर्ण कहा। स्वयं शिरीन के देश ईरान में भी कट्टरपंथियों द्वारा विरोध के स्वर उठाए गए, पर स्वयं धर्मगुरु पोप ने कहा—वे एबादी को मुबारकबाद भेजेंगे।

कुछ वर्ष पूर्व ईरान से बाहर की दुनिया में शिरीन एबादी का नाम अल्प ज्ञात था। फिर भी ऐसा नहीं कि नोबेल पुरस्कार के बाद एकाएक उनका नाम सामने

आया हो। पिछले दशक के अंतिम वर्षों में ईरान में कुछ ऐसी अप्रिय घटनाएँ घटीं कि आएदिन अखबार के किसी कोने में किसी लेखक, कलाकार, बुद्धिजीवी, सामाजिक कार्यकर्ता या राजनीतिज्ञ की हत्या की खबर छपती। शिरीन ने अध्ययन किया तो पाया कि मरनेवाले सभी उदारवादी थे, यानी शासन की दमनकारी नीतियों के खिलाफ लड़ने और लोकतंत्र के समर्थन में आवाज उठानेवाले। इन घटनाओं पर जनमानस में काफी रोष था। पर ईरान के मुल्लाओं के विरुद्ध आवाज उठाने का किसी में साहस न था। ऐसे में एक परदेवाली महिला ने न केवल न्याय के लिए गुहार लगाई, बल्कि बेमिसाल हिम्मत का परिचय देते हुए विरोध की अपनी आवाज इतनी बुलंद की कि सत्ता हिल उठी। राष्ट्रपति मोहम्मद खातमी को मजबूरन जाँच के आदेश देने पड़े। जाँच से मालूम हुआ कि सरकारी गुप्तचर एजेंसियों पर कट्टरपंथी हावी थे और वे योजनाबद्ध तरीके से उदारवादियों को ठिकाने लगवा रहे थे। नतीजतन ईरान के आंतरिक सुरक्षा मंत्री को इस्तीफा देना पड़ा और गुप्तचर एजेंसियों के इंचार्ज को गिरफ्तार कर लिया गया।

लेकिन इतने से ही शिरीन एबादी की जीत नहीं हो गई। उन्हें पहले से अधिक संघर्ष करना पड़ा। अधिक बड़े खतरों से जूझना पड़ा। लगभग रोज ही उन्हें जान से मारने की धमकियाँ मिलतीं। विद्रोह के आरोप में बंदी दो महिलाओं के केस की पैरवी करने के लिए अदालत ने उन्हें पंद्रह महीने की कैद की सजा सुनाई और उनपर पाँच वर्ष के लिए वकालत न करने का प्रतिबंध भी लगाया गया। यह अलग बात है कि उन्हें तेईस दिन ही जेल में रहना पड़ा और उनकी अगली सारी सजा स्थगित कर दी गई। प्रतिक्रिया में शिरीन का कहना था, ''मुझे मालूम है, ईरान में मानवाधिकारों के लिए लड़ने का अर्थ है, हर समय मौत के खौफ के साथ जीना। पर मैंने इस खौफ पर विजय पा ली है।'' वर्तमान संसार में पाकिस्तान की असमा जहाँगीर भी क्या इसी तरह के संघर्ष से नहीं जूझ रहीं?

शिरीन एबादी के व्यक्तित्व की एक अन्य विशेषता यह भी है कि उन्होंने अन्य आंदोलनकारियों की तरह किसी पश्चिमी देश में शरण लेकर आरामदेह निर्वासन स्वीकार नहीं किया, वरन् ईरान में ही रहकर पीड़ितों के साथ कंधे से कंधा मिलाकर उनके लिए संघर्ष किया। जैसे हम भारतवासी भारत को 'भारत माता' कहते हैं, इसी तरह शिरीन भी अपने वतन को 'माँ' का दर्जा देती हैं, ''मैं ईरानी हूँ। यहीं पैदा हुई, यहीं मरूँगी, फिर चाहे वह मौत स्वाभाविक हो या अस्वाभाविक।''

शांति का नोबेल पुरस्कार पानेवाली शिरीन एबादी पहली मुसलिम महिला ही

नहीं, इस सम्मान के लिए चुनी गई पहली ईरानी नागरिक भी हैं। छप्पन वर्षीया शिरीन पेशे से वकील हैं और ईरान की पहली महिला न्यायाधीश भी। तेहरान विश्वविद्यालय से कानून की डिग्री लेनेवाली शिरीन तब कानून की लेक्चरर भी रहीं, जब न्यायाधीश के रूप में उनपर प्रतिबंध लगा दिया गया था। एक लेखिका व जुझारू कार्यकर्ता के नाते उन्होंने अपने देश ईरान में और ईरान की सीमा से बाहर अपनी बात इतने स्पष्ट तौर पर व मजबूती से रखी कि मानवाधिकार व लोकतंत्र-संरक्षण की प्रवक्ता कहलाईं। शिरीन ने महिलाओं और बच्चों के अधिकारों पर कई पुस्तकें लिखीं और उनकी सामाजिक स्थिति को सुदृढ़ बनाने के लिए एक गैर-सरकारी संगठन भी खड़ा किया। सन् १९७५ से १९७९ तक तेहरान की अदालत में वे प्रमुख न्यायाधीश रहीं। किंतु आयतुल्लाह खुमैनी की कथित सांस्कृतिक क्रांति के बाद ईरान में महिलाओं के जज बनने पर प्रतिबंध लगा दिया गया था। तब भी उन्होंने हार नहीं मानी थी। रोजगार के लिए वे तेहरान विश्वविद्यालय में कानून पढ़ाने लगी थीं और वकील के नाते मानवाधिकारों से संबंधित ऐसे मुकदमे हाथ में लेने लगी थीं, जिनमें दूसरे वकील हाथ डालने से डरते थे। उन्हीं की कोशिशों का नतीजा है कि आज ईरान में तलाकशुदा स्त्री को उसके पूर्व पति से भारी मुआवजा मिलता है।

कट्टरपंथियों का उनपर आरोप है कि उन्होंने ईरानी मुल्लाओं को नीचा दिखाने के लिए मानवाधिकार के नाम पर पश्चिमी देशों से साठ-गाँठ कर रखी है। पर शिरीन यदि ऐसे आरोपों की परवाह करतीं तो आज जिस मुकाम पर पहुँची हैं, शायद न पहुँच पातीं। उन्होंने मानवाधिकार के पक्ष में जो जंग लड़ी और जीती है, उसका विशेष महत्त्व इसलिए भी है कि यह जीत महिलाओं और बच्चों के अधिकार और सम्मान की भी जीत है।

वर्ष २००४ के प्रारंभ में १६ से २१ जनवरी तक चले 'विश्व सामाजिक मंच' के अधिवेशन में भाग लेने शिरीन एबादी भारत आई थीं। उन्होंने जहाँ मंच से बोलते हुए विश्व-भाईचारे, शांति व मानवाधिकारों के पक्ष में आवाज उठाई वहाँ फ्रांस के बच्चों की माँग में अपना स्वर मिलाते हुए यह सुझाव भी दिया कि ३० जनवरी गांधी स्मृति दिवस को 'विश्व अहिंसा दिवस' घोषित किया जाए।

☐

विज्ञान व चिकित्साशास्त्र के लिए नोबेल पुरस्कार

दो बार 'नोबेल पुरस्कार' पानेवाली अकेली महिला

मेरी क्यूरी

[पुरस्कार वर्ष १९०३, १९११]

पहला नोबेल पुरस्कार सन् १९०१ में दिया गया था तथा १९०३ में प्रथम बार किसी महिला को। समूचे संसार के महिला वर्ग में विज्ञान की प्रेरणा भरनेवाला यह नाम है—मैडम मेरी क्यूरी।

मेरी क्यूरी का नाम कौन नहीं जानता! सन् १९०३ में नोबेल पुरस्कार, फिर १९११ में दोबारा नोबेल पुरस्कार। पहली बार यद्यपि पुरस्कार के भागीदार तीन व्यक्ति थे—श्री हेनरी बैकरेल, श्री पियरे क्यूरी और श्रीमती मेरी क्यूरी। पर नोबेल पुरस्कार पानेवाली वह विश्व की प्रथम महिला थीं। फिर दूसरी बार जब उन्हें अकेले नोबेल पुरस्कार से सम्मानित किया गया तब भी दो बार यह पुरस्कार पानेवाली विश्व में वह अकेली महिला ही थीं।

पहला पुरस्कार भौतिकी में था, दूसरा रसायन में। प्रथम पुरस्कार की घोषणा के साथ ही सन् १९०३ में संपूर्ण विश्व का ध्यान मेरी क्यूरी की ओर आकर्षित हो गया था। संसार भर के समाचार-पत्रों ने उनके सम्मान में विशेषांक निकाले। लाखों फोटोग्राफरों ने उनके चित्र लिये। विभिन्न देशों के अनगिनत व्यक्तियों ने उनके हस्ताक्षर प्राप्त करने की इच्छा प्रकट की। स्थान-स्थान से उन्हें भोजों और समारोहों

में सम्मिलित होने के आमंत्रण मिले। अनेक उपाधियों से उन्हें विभूषित किया गया। पर मैडम क्यूरी इस सबसे तटस्थ, एकांत जीवन की अभिलाषी थीं। उनके अनुसार, यह उनके अनुसंधान-कार्य की समाप्ति नहीं, उसका प्रारंभ था। अपने कार्य को वह निरंतर साधना द्वारा आगे बढ़ाना चाहती थीं और यही उन्होंने किया भी। तभी तो विश्व को विज्ञान की दुर्लभ उपलब्धियाँ देकर, दोबारा नोबेल पुरस्कार से सम्मानित हो, विश्व की महानतम वैज्ञानिक महिला कहलाईं—कहलाईं क्या, विज्ञान की खोजों के इतिहास में अपना नाम सदा के लिए अमर कर गईं। सारा संसार आज उन्हें 'रेडियम महिला' के नाम से याद करता है।

मैडम क्यूरी की संसार को देन है—पोलोनियम, रेडियम और रेडियोधर्मी विकिरणों का ज्ञान। उनके अनुसंधान-कार्य में उनके पति भी शामिल थे। क्यूरी दंपती ने बड़ी कठिनाइयाँ उठाकर, वर्षों कठोर परिश्रम करके यह सफलता प्राप्त की थी। पर मैडम क्यूरी का विवाह-पूर्व आरंभिक जीवन तो और भी कठिन था। घोर आर्थिक संकटों, तकलीफों और बाधाओं का सामना करते हुए आगे बढ़कर उन्नति के शिखर को छू लेना कोई आसान काम नहीं। मेरी ने अपने साहस और अध्यवसाय से ही इस कठिन काम को आसान बनाया, भाग्य के किसी चमत्कार से नहीं। हाँ, मेरी के साहस और लगन की कहानी किसी चमत्कार से कम नहीं।

मेरी स्क्लोदोवस्का का जन्म एक निर्धन पोलिश परिवार में ७ नवंबर, १८६७ को हुआ। परिवार खेतिहर था, पर मेरी के जन्म के समय पिता वारसा के हाई स्कूल में भौतिकी के अध्यापक थे। पिता डॉक्टर स्क्लोदोवस्का विज्ञानवेत्ता के साथ एक अच्छे विद्वान् भी थे। जर्मन, फ्रेंच, लैटिन, ग्रीक, इंग्लिश आदि कई भाषाओं के प्रकांड पंडित थे। फिर भी उनकी आर्थिक स्थिति दयनीय थी। कारण, जारशाही के अत्याचार से अपनी मातृभूमि को मुक्त कराने की इच्छा रखनेवाले पोलिश क्रांतिकारियों से उनकी सहानुभूति थी, जिससे वे नौकरी से हाथ धो बैठे। धीरे-धीरे यह स्थिति आ गई कि अपने चार बच्चों के लिए खाना, कपड़ा जुटाना भी उनके लिए मुश्किल हो गया।

मेरी की माँ आर्थिक तंगी और अधिक काम के बोझ से अपना स्वास्थ्य खोकर इस संसार से विदा हो गई। मेरी उस समय दस वर्ष की थी। कुशाग्र बुद्धि और प्रयोगात्मक विज्ञान के प्रति रुचि उसे पिता से विरासत में मिली थी। वह इस छोटी सी आयु में ही घर के काम के साथ पिता की प्रयोगशाला में हाथ बँटाने लगी। ढीला-सा गाउन पहने, कंधे पर तौलिया लटकाए जब वह रोज प्रयोगशाला की सफाई करने पहुँच जाती, एक-एक यंत्र को झाड़-पोंछकर यथास्थान सजाने से

पूर्व उनका ध्यान से निरीक्षण करती तो पिता चकित रह जाते। विज्ञानवेत्ता प्रौढ़ प्रोफेसर उन दिनों अपनी स्थिति से बहुत चिंतित और परेशान रहते थे। इसलिए अपनी प्रयोगशाला के प्रति भी कुछ उदासीन हो गए थे। मेरी ने अपनी लगन से उन्हें फिर उस ओर मोड़ लिया। पर उनके अंतर में जो कोलाहल था, उसकी छाप बच्चों के सुकोमल मन पर पड़े बिना न रही। मेरी छोटी आयु में ही प्रौढ़ों की तरह गंभीरता से सोचने और जिम्मेदारी उठाने लगी थी।

धीरे-धीरे वैज्ञानिक प्रयोगों में भी वह रुचि लेने लगी। दोपहर बाद स्कूल से लौटकर अपने पिता के पास प्रयोगशाला में चली जाती और नवीन प्रयोगों को ध्यान से देखती। पिता ने पहले तो उसकी इस बढ़ती अभिरुचि को केवल बाल-औत्सुक्य की संज्ञा दी, पर बाद में मेरी की लगन देखकर उसे नियमित रूप से विज्ञान की शिक्षा देने लगे।

विज्ञान के प्रति रुचि के अलावा अपनी मातृभूमि पोलैंड से गहरा प्रेम और रूढ़ियों से विद्रोह की भावना भी उसे पिता से विरासत रूप में मिली थी। जारशाही की क्रूरताओं के विरुद्ध पोलिशों में असंतोष दिनोदिन बढ़ रहा था। प्रतिशोध की भावना उग्र रूप धारण करती जा रही थी। क्रांतिकारियों की नित्य चोरी-छिपे सभाएँ होती थीं और पिता के साथ मेरी भी उन सभाओं में भाग लेती थी। एक बार तो वह बंदी बना लिये जाने की स्थिति में भी आ गई थी। तब उसे वारसा छोड़कर पेरिस चले जाना पड़ा, जहाँ घोर आर्थिक कठिनाई उठाकर उसने अपना अध्ययन आगे बढ़ाया।

वारसा के हाई स्कूल में अपनी विद्रोही प्रकृति के कारण वह अध्यापकों के क्रोध का शिकार हुई। पर शिक्षकों के असहयोग के बावजूद हाई स्कूल परीक्षा में प्रथम आई और स्वर्ण पदक प्राप्त किया। परीक्षा के बाद पिता ने सोचा, कहीं अत्यधिक परिश्रम से यह भी माँ की तरह बीमार न पड़ जाए, इसलिए उसे एक साल की छुट्टी मनाने गाँव भेज दिया गया। इस अवधि में ही उसे खेतों में घूमने, खेलने और नाचने-गाने का अवसर मिला। उसके बाद तो उसका सारा जीवन तपस्या की एक कहानी है।

मेरी के वारसा लौटने पर उसकी बड़ी बहन ब्रोन्या ने सोखों (पेरिस) में जाकर डॉक्टरी पढ़ने की इच्छा व्यक्त की। उस समय न तो कोई लड़की पोलैंड के किसी विश्वविद्यालय में पढ़ रही थी, न लड़कियों को विश्वविद्यालय में भेजने लायक घर की आर्थिक स्थिति ही थी। पर मेरी ने बहन की इच्छा देख तुरंत प्रस्ताव रखा, ''तुम पेरिस जाकर पढ़ो, मैं गवर्नेस का काम ढूँढ़कर तुम्हें खर्च भेजूँगी।

डॉक्टर बन जाने के बाद तुम मेरी मदद कर देना, फिर मैं पढ़ लूँगी।'' इस तरह ब्रोन्या डॉक्टरी पढ़ने चली गई और मेरी को एक मूर्ख-सी व सख्त स्वभाव की महिला के यहाँ गवर्नेस बनना पड़ा। यहीं उस महिला के एक खुशमिजाज लड़के ने मेरी को पसंद कर लिया। दोनों में कुछ समय प्रेम-संबंध चला। पर माँ ने एक गवर्नेस के साथ अपने लड़के की शादी करने से इनकार कर दिया।

इस प्रथम प्यार में असफल होने पर मेरी के दिल को इतनी चोट लगी कि उसने आजीवन अविवाहित रहकर स्वयं को अध्ययन और विज्ञान की खोज में लगाने का निश्चय किया। उसने एक दूसरी जगह नौकरी कर ली और ब्रोन्या को खर्च भेजती रही। साथ ही कंजूसी से पैसे बचाकर अपनी पढ़ाई भी फिर आरंभ कर दी। मेरी के इस त्याग से लाभ उठाकर ब्रोन्या एक दिन डॉक्टर बन गई और उसने अपने एक साथी डॉक्टर से विवाह कर लिया। इसके बाद वह मेरी का खर्च उठाने के लिए तैयार हो गई, पर मेरी ने इनकार कर दिया। वह अपने पैरों पर खड़ी रहकर ही अपनी पढ़ाई करना चाहती थी, चाहे इसके लिए उसे कितनी भी कीमत क्यों न चुकानी पड़े।

पढ़ने की अदम्य लालसा और आगे बढ़ने की साध लिये मेरी अंत में अध्ययन के लिए पेरिस पहुँच गई। यहाँ एक गरीब बस्ती में गंदी, अँधेरी, सीलन भरी कोठरी में रहती थी, जिसमें हवा और रोशनी के लिए छत में एक छेद भर था। वह इतनी गरीब थी कि प्राइवेट ट्यूशन और सोखों लेबोरेटरी में बोतलें धोने का काम करके भी मुश्किल से ही पढ़ाई का खर्च जुटा पाती। अनेक बार उसे भूखे पेट या आधे पेट खाकर ही रह जाना पड़ता। उसके जीवन की कठोर साधना देखकर तथा लेबोरेटरी की बोतलें धोने में उसकी गहरी रुचि देखकर भौतिक विज्ञान के अध्यक्ष ग्रेवियल लिपमैन और सुप्रसिद्ध गणितज्ञ हेनरी पायनकेअर का ध्यान इस लड़की की ओर आकर्षित हुआ।

अध्यापक और सहपाठी मेरी में रुचि लेने लगे थे और उसके बारे में जानकारी पाने के इच्छुक थे, पर मेरी थी कि सदैव प्रथम पंक्ति में बैठती और लेक्चर समाप्त होते ही छाया की तरह गायब हो जाती। सामाजिक उत्सवों में वह कभी शरीक नहीं हुई। अल्पभाषिणी और कुशाग्र बुद्धि मेरी स्क्लोदोवस्का उन दिनों बिलकुल एक तपस्विनी की तरह जीवन बिताती थी—अलग-थलग, एकांत अध्ययन में लीन। सहपाठी अकसर कहते सुने जाते, ''लकड़ी इतनी मोहिनी है, पर मुसीबत है कि किसी से बोलती ही नहीं। वह तो बस किताबों और लेक्चरों में ही खोई रहती है।''

मेरी भौतिकी, रसायन, गणित, कविता, संगीत, ज्योतिष-विज्ञान सभी विषयों का एक साथ अध्ययन कर रही थी। पर ज्यादा रुचि उसकी वैज्ञानिक प्रयोगों में ही थी। उसने घोषणा की कि वह एक साथ दो विषयों में विशेष अनुसंधान कर एम.एस-सी. करेगी। विषय चुने गणित और भौतिकी। भौतिकी में वह प्रथम आई, गणित में द्वितीय। तभी ग्रेबियल लिपमैन और हेनरी पायनकेअर ने कृपापूर्वक उसकी भेंट पेरिस के एक सुप्रसिद्ध डॉक्टर के पुत्र पियरे क्यूरी से कराई ।

पियरे क्यूरी भी मेरी की ही तरह विज्ञान को समर्पित था। अठारह वर्ष की अवस्था में एम.एस-सी. पास कर लेने के बाद वह पेरिस के एक भौतिकी व रसायन संस्थान की प्रयोगशाला का अध्यक्ष था। हर समय वैज्ञानिक खोजों में लगा रहता था और स्त्री के लिए उसके जीवन में कोई स्थान न था। उसने 'क्रिस्टलों' की संरचना में सिमैट्री के सिद्धांत को विकसित किया था। दाब-विद्युत् (पाइजो-इलेक्ट्रिसिटी) की खोज की थी और विद्युत् की सूक्ष्म मात्रा को मापने के लिए 'क्यूरी स्केल' तथा कुछ अन्य संवेदनशील उपकरण विकसित किए थे। थोड़े समय में ही अपनी खोजों के कारण पियरे क्यूरी फ्रांसीसी वैज्ञानिकों की प्रथम पंक्ति में प्रतिष्ठित हो गया था। प्रोफेसरों ने ऐसे लगनशील व्यक्ति के साथ मेरी जैसी धुनी युवती की भेंट जान-बूझकर कराई थी और यह भेंट ऐतिहासिक प्रमाणित हुई।

दोनों ही उत्साही, प्रतिभावान्, विज्ञान-प्रेमी और पुरुषार्थी थे, इसलिए विज्ञान को समर्पित दो व्यक्तित्व धीरे-धीरे एक होकर पूरी तरह विज्ञान के ही हो गए। एक दिन पियरे ने मेरी को लिखा, "विज्ञान व मानवता के हित में हमें एक हो जाना चाहिए।" मेरी ने आमंत्रण को स्वीकार किया और इस प्रकार सन् १८९५ में छत्तीस वर्षीय पियरे क्यूरी और अट्ठाईस वर्षीया मेरी विवाह-सूत्र में बँधकर एक पथ के पथिक बन गए। शादी बहुत सादगी से संपन्न हुई और पति-पत्नी ने हनीमून साइकिलों पर घूमकर मनाया।

मेरी ने अपने अनुसंधान-कार्य को आगे बढ़ाया, पति के अनुसंधान-कार्य में हाथ बँटाया और घर भी सँभाला। दो पुत्रियों आइरीन और ईव को जन्म देकर माँ भी बनीं और विश्व की महान् वैज्ञानिक भी। बड़ी लड़की आइरीन की भी विज्ञान में विशेष रुचि रही और उसने भी सन् १९३५ में रसायनशास्त्र में नोबेल पुरस्कार प्राप्त किया।

पति-पत्नी आरंभ से ही एक-दूसरे के सहायक थे। दोनों मिलकर घर और प्रयोगशाला का कार्य करते। पियरे झाड़ू लगाते तो मेरी खाना पका लेती। फिर दोनों प्रयोगशाला के काम में जुट जाते। विवाह के बाद एक लड़की को जन्म देकर भी

मेरी क्यूरी ने पढ़ाई जारी रखी और कठोर परिश्रम से डॉक्टरेट की उपाधि प्राप्त की। डॉक्टरेट के लिए उन्हें टैंपर्ड इस्पात के चुंबकीकरण पर मोनोग्राफ लिखने से 'फेलोशिप' मिल गई थी। पढ़ाई से बचा समय मेरी घर में व पति के अनुसंधान-कार्य में लगाती थीं।

क्यूरी दंपती बहुत कम लोगों से मिलते थे, बहुत कम बाहर निकलते थे, जिससे कि उनके कार्य में व्याघात न हो। परस्पर वैज्ञानिक चर्चा में ही उन्हें सुख मिलता था या फिर कार्य से थककर अपनी बच्चियों के साथ मनोरंजन में। वे कभी घोर परिश्रम से कार्य में जुटे रहते, कभी गंभीर चर्चाओं में व्यस्त रह विज्ञान की गुत्थियों को सुलझाते रहते। एक टूटे-फूटे छप्पर के तले अपनी छोटी सी घरेलू प्रयोगशाला में ही उनका जीवन सिमट गया था। बाहर की दुनिया की उन्हें विशेष खबर ही न थी। इसी गंभीर, कर्ममय, रुक्ष जीवन में उनके परस्पर प्यार की निश्छल निर्झरिणी बहती थी। दो नन्ही चिड़ियाँ (बच्चियाँ) उसके किनारे किल्लोल करती थीं, तो फिर वह कर्म की रुक्षता उसके आनंद में परिणत क्यों न होती! और किसी चीज की अपेक्षा उन्हें होती ही क्यों!

सन् १८६० से ही कुछ वैज्ञानिकों द्वारा वायु में कुछ ऐसे प्राकृतिक खनिजों की उपस्थिति बताई जा रही थी, जो विद्युत् शक्ति से संपन्न थे। सर जोजेफ टॉमसंस और कुछ अन्य अन्वेषकों ने इन किरणों में ऋणावेशित कण पाए थे, जिनमें हाइड्रोजन परमाणु का हजारवाँ अंश था। सन् १८९६ में पियरे क्यूरी के एक सहयोगी हेनरी बैकरल को वैज्ञानिक परीक्षण के दौरान सहसा ज्ञात हुआ कि यूरेनियम से हरी, पीली, नीली दमकवाली अद्भुत प्रकाशमय रश्मियाँ फूटती हैं। मेरी क्यूरी और पियरे क्यूरी इस खोज से इतने प्रभावित हुए कि अपारदर्शी पदार्थों को भी भेद सकनेवाली इन रहस्यमय किरणों के अनुसंधान-कार्य को ही मेरी ने अपने डॉक्टरेट का विषय चुना। यद्यपि डॉक्टरेट की डिग्री मेरी को लेनी थी, पर पति-पत्नी दोनों ही इस अनुसंधान में जुट गए। बाद में मैडम क्यूरी ने ही इन किरणों को रेडियोधर्मिता (रेडियोएक्टिविटी) का नाम दिया। यही नाम आज भी प्रचलित है। चूँकि इस अनुसंधान के प्रथम चरण का श्रेय हेनरी बैकरल को ही था, इसलिए सन् १९०३ का नोबेल पुरस्कार आधा हेनरी बैकरल व आधा क्यूरी दंपती को प्रदान किया गया।

पियरे क्यूरी यद्यपि अपने निजी वैज्ञानिक अन्वेषण में लगे थे, पर इस नए तत्त्व की खोज दोनों ने मिलकर की थी। बड़ा ही कठिन कार्य था। न ढंग की प्रयोगशाला थी, न उपकरण। सीलन-युक्त ठंडे शेड में अपने पुराने उपकरणों से

ही उन्होंने यूरेनियम की प्रकृति की जाँच की और शीघ्र पता लगा लिया कि रहस्यमय किरणें विकिरित करना यूरेनियम परमाणु का एक आधारभूत गुण है। इस खोज से ही आगे चलकर मनुष्य परमाणु में निहित अनंत शक्ति के विविध उपयोग सीख पाया।

फिर उन्होंने खोज को आगे बढ़ाया और पाया कि शक्तिशाली किरणें विकिरित करने का यह गुण यूरेनियम के अलावा अन्य तत्त्वों के परमाणुओं में भी था। इस विकिरण क्षमता को ही मेरी क्यूरी ने रेडियोधर्मिता (रेडियोएक्टिविटी) का नाम दिया, जिसने विज्ञान के क्षेत्र में नई क्रांति ला दी। तत्त्व के सूक्ष्मतम कण परमाणु के अविभाज्य होने की पूर्व धारणा बदल गई और वह विभाज्य हो गया।

अपने प्रयोगों में फिर उन्हें पता चला कि यूरेनियम और थोरियम के अशुद्ध लवण शुद्ध लवणों की अपेक्षा अधिक शक्तिशाली हैं, तो इन अशुद्धियों में ही अतिरिक्त रेडियोधर्मिता होनी चाहिए। इस अज्ञात तत्त्व की रेडियोधर्मिता यूरेनियम की तुलना में चार सौ गुना अधिक थी। इसे जब नाम देने का प्रश्न आया तो मेरी क्यूरी का देश-प्रेम जाग उठा और उन्होंने अपनी मातृभूमि के नाम पर उसका नाम रखा—पोलोनियम।

'पोलोनियम' की खोज जुलाई १८९८ में हुई थी। इसके पाँच महीने बाद दिसंबर १८९८ में ही 'रेडियम' की खोज कर ली गई, जिसकी रेडियोधर्मिता यूरेनियम से बीस लाख गुना अधिक थी।

रेडियम खोज लिया गया। पर वह तत्त्व रूप में न था, क्लोरीन के साथ संयुक्त था। वे उसे तत्त्व रूप में अलग करना चाहते थे, पर उस अन्वेषण के लिए उन्हें बहुत अधिक रासायनिक द्रव्य चाहिए था, जिसे खरीदने में वे असमर्थ थे। अंत में ऑस्ट्रिया सरकार की मदद से बोहिमिया की खानों से उन्हें एक टन कच्ची धातु (पिच ब्लैंड) मिल गई। केवल ढुलाई का खर्च ही उन्हें देना था। क्यूरी दंपती रात-दिन कड़ा परिश्रम कर उसे अग्नि पर गलाते, पसाते, छानते, निथारते और साफ करते। चार वर्ष तक पति-पत्नी मजदूरों की तरह जंग लगे पाइपवाली पुरानी भट्ठी के दमघोंटू वातावरण में हाँफते-खाँसते काम करते रहे। अंत में सन् १९०२ में एक रात उनका श्रम सफल हुआ। एक टन कच्ची धातु से उन्हें कुल एक छोटा चम्मच (कुछ मिलीग्राम) रेडियम प्राप्त हुआ। इसमें से प्रस्फुटित होनेवाली किरणें इतनी तेज थीं कि रेडियम की ट्यूब छूने मात्र से पियरे के हाथ जल गए थे।

सन् १९०३ में मैडम क्यूरी ने 'पेरिस फैकल्टी ऑफ साइंस' के समक्ष भाषण देकर अपने आविष्कार को लोगों के सामने रखा और उसके प्रयोग के लाभ समझाए।

उन्हें डॉक्टरेट की उपाधि तो मिली ही, इस खोज ने वैज्ञानिक जगत् में तहलका भी मचा दिया। इसी वर्ष रायल सोसाइटी में रेडियम पर भाषण देने के लिए क्यूरी दंपती को बुलाया गया। लंदन जाकर उन्होंने रेडियम के क्रियात्मक प्रयोग दिखाकर लोगों को चकित कर दिया। रायल संस्था की ओर से उन्हें 'डेवी' पदक प्रदान किया गया। इसके बाद तो सम्मानों और पुरस्कारों की झड़ी ही लग गई।

रेडियम संसार की सर्वाधिक मूल्यवान् धातु थी। उसका मूल्य था प्रति ग्राम एक लाख पचास हजार डॉलर। यदि क्यूरी दंपती रेडियम-निस्सारण की विधि को पेटेंट करा लेते तो रातोरात धन कुबेर बन सकते थे। पर यह उनका उद्‌देश्य न था। उन्होंने मानवता के हित में कार्य किया था और वही लेना स्वीकार कर सकते थे, जो समाज उन्हें सम्मान के साथ प्रदान करता। और समाज से उन्हें भरपूर सम्मान मिला भी। आर्थिक समस्या भी हल हो चुकी थी, अधिक का लालच वे क्यों करते! यही नहीं, क्यूरी दंपती ने पदों, उपाधियों से बचने का भरपूर प्रयत्न कर स्वयं को विज्ञान-कार्य में लगाए रखना ही पसंद किया। प्रसिद्धि और लोगों से बचने के लिए मैडम क्यूरी एकदम सादी वेशभूषा में रहतीं और बहुत कम बाहर निकलतीं।

पियरे क्यूरी को शीघ्र ही विज्ञान एकेडमी का सदस्य चुन लिया गया। साथ ही वे सोखों में प्रोफेसर नियुक्त कर दिए गए। पहली बार उन्हें एक सुसज्जित प्रयोगशाला में काम करने का अवसर मिला। पर अधिक दिन यह खुशी उन्हें फली नहीं। १९ अप्रैल, १९०६ को पियरे क्यूरी की एक सड़क दुर्घटना में मृत्यु हो गई। मेरी क्यूरी पिछले ग्यारह वर्षों से कभी एक दिन के लिए भी पति से अलग नहीं हुई थीं। दोनों पति-पत्नी ही नहीं, प्रेमी और सहकर्मी भी थे। इसलिए मैडम क्यूरी के लिए यह आघात सहन करना आसान न था। कुछ दिन उन्होंने विक्षिप्त की-सी स्थिति में काटे। फिर बच्चियों की खातिर काम करने को तैयार हो गईं। अपने पति और अपने प्रिय क्षेत्र विज्ञान से अलग होना भी कठिन था। अत: उन्होंने पति के रिक्त स्थान पर सोखों की प्रोफेसरशिप स्वीकार कर ली और नई प्रयोगशाला में नए प्रयोग शुरू कर दिए।

मैडम क्यूरी इसके बाद भी निरंतर शोध-कार्य करती रहीं। उनका अगला कार्य था—रेडियम की स्वास्थ्यकारी शक्ति की खोज। सन् १९११ में उन्हें पुन: नोबेल पुरस्कार प्रदान किया गया। पहली बार की तरह दूसरे पुरस्कार की राशि को भी उन्होंने अनुसंधान-कार्य में ही लगा दिया। अपने वर्षों के परिश्रम से प्राप्त रेडियम को भी उन्होंने अपनी जन्मभूमि में स्थापित 'रेडियम इंस्टीट्‌यूट' को दान दे

दिया। इस इंस्टीट्यूट के लिए धन जुटाने हेतु उन्हें संयुक्त राज्य अमेरिका की यात्रा भी करनी पड़ी।

सन् १९१४ में प्रथम विश्वयुद्ध के समय मैडम क्यूरी ने घायलों की चिकित्सा का बीड़ा उठाया और फ्रांस के कोने-कोने में घूमकर चिकित्सा-सेवा के कार्य में लगी रहीं। अगले वर्षों में उनका काम था पति की याद और पीड़ित लोगों की सेवा।

सन् १९३४ में यह महान् महिला उन्हीं विकिरणों की भेंट चढ़ गई, जिनकी खोज में उन्होंने अपना सारा जीवन लगा दिया था। डॉक्टर अंत तक उनकी बीमारी का पता न लगा सके थे, क्योंकि उनमें इन्फ्लुएंजा, क्षय, एनीमिया आदि कई बीमारियों के लक्षण मौजूद थे। दरअसल वह 'रेडियम पॉयजनिंग' थी, जिसमें रेडियोधर्मी विकिरणों द्वारा शरीर धीरे-धीरे क्षयग्रस्त होता जाता है।

मैडम क्यूरी उन महानतम व्यक्तियों में से एक थीं, जो भौतिक सुख-सुविधाओं, प्रसिद्धि और ताम-झाम के जीवन से विरक्त, तटस्थ केवल अपने ध्येय को समर्पित होते हैं और चुपचाप मानवता की सेवा में सक्रिय रहकर ही सुख पाते हैं। संसार के कोने-कोने से लोग उनके पास संदेश, इंटरव्यू, ऑटोग्राफ लेने आते थे; पर उन्हें यह सब पसंद न था। वह बचकर निकल जातीं और जाकर अपने काम में जुट जातीं। अपने दुबले-पतले शरीर और सीधे-सादे वेश में वह एक विलक्षण नारी, सफल पत्नी और स्नेहमयी माँ थीं। महान् वैज्ञानिक का दर्जा तो लोगों ने उन्हें प्रदान किया, स्वयं उनके मन में इसके लिए अभिमान कभी नहीं जागा।

□

रेडियोधर्मी तत्त्वों की खोज

आइरीन जूलियट क्यूरी

[पुरस्कार वर्ष १९३५]

रसायन में सन् १९३५ का नोबेल पुरस्कार फ्रेडरिक जूलियट और आइरीन जूलियट क्यूरी को संयुक्त रूप से मिला। आइरीन जूलियट सुप्रसिद्ध क्यूरी दंपती पियरे और मेरी क्यूरी की पुत्री थीं। फ्रेडरिक जूलियट रेडियम इंस्टीट्यूट में मेरी क्यूरी के असिस्टेंट थे। बाद में आइरीन से विवाह-बंधन में बँधकर एक हो गए और उन्होंने क्यूरी दंपती के रेडियोधर्मी (रेडियोएक्टिव) तत्त्वों की खोज को ही और आगे बढ़ाया। इनकी नई खोज थी—रेडियोधर्मी (रेडियोएक्टिव) मूल तत्त्वों का कृत्रिम निर्माण।

१२ दिसंबर, १९३५ को पुरस्कार ग्रहण करते हुए आइरीन जूलियट क्यूरी ने अपना जो नोबेल व्याख्यान दिया, उसमें उन्होंने स्पष्ट कर दिया था कि उनका यह सारा कार्य उनके पति के साथ संयुक्त था; सुविधा के लिए ही इस व्याख्यान को दो भागों में बाँटा गया है। उन्होंने कहा, ''रेडियोधर्मिता के विज्ञान की खोज को अभी चालीस वर्ष भी नहीं बीते। इस थोड़े समय में ही इसमें जो असाधारण प्रगति हुई, उसका सारांश इस प्रकार है—

''पिछली शताब्दी में रसायनज्ञों ने बानबे रासायनिक तत्त्वों की जानकारी दी

थी। इनकी परमाणु संरचना के स्थायित्व के संबंध में कोई संदेह नहीं था। रेडियोधर्मी तत्त्वों की खोज से भौतिकीविदों के सम्मुख नई समस्याएँ आईं—रेडियोधर्मिता के जनक सूक्ष्म एवं अद्‌भुत तत्त्व, जिनमें अपरिमित शक्ति छुपी हुई थी; अल्फा किरणें, धनात्मक विद्युत्मय हीलियम परमाणु; बीटा किरणें, ऋणात्मक विद्युत् कण; गामा किरणें जो एक्स किरणों की तरह भेदक हैं आदि। जो मौलिक तत्त्व अभी तक अपरिवर्तनीय माने जाते थे, उनमें परिवर्तन देख रसायनज्ञ भी भौचक्के रह गए।

'अल्फा या बीटा किरण के प्रत्येक निस्सरण से परमाणुओं में मौलिक परिवर्तन होता रहता है। इस क्रिया में जो ऊर्जा खर्च होती है, वह परमाणु के भीतर से ही आती है। जब तक ये परमाणु स्थापित रहते हैं, रेडियोधर्मी (रेडियोएक्टिव) तत्त्वों के रासायनिक गुण अन्य मूल तत्त्वों की तरह ही स्थिर रहते हैं। ये अस्थायी रूप से स्थिर परमाणु स्वत: विघटित हो जाते हैं—कुछ शीघ्रता से, कुछ धीरे-धीरे, किंतु निर्धारित नियमों के अनुसार इस प्रक्रिया में परिवर्तन करना अभी तक संभव नहीं हुआ था। प्रत्येक रेडियोधर्मी तत्त्व की विशेष अर्धायु (हाफ लाइफ) होती है, जब उसके आधे परमाणु विघटित हो चुके होते हैं। तत्त्व विशेष पर निर्भर यह अर्धायु (हाफ लाइफ) एक सेकंड के एक अंश से लेकर लाखों वर्षों तक भी हो सकती है।

''रेडियोधर्मी तत्त्वों की खोज ने पदार्थ के गठन-संबंधी ज्ञान को बहुत आगे बढ़ाया है। इस विषय पर संसार भर के वैज्ञानिक कार्य कर रहे हैं।

''रेडियोधर्मी तत्त्वों के स्वत: परिवर्तित होने की खोज के बाद लॉर्ड रदरफोर्ड द्वारा पहले कृत्रिम परिवर्तन लाए गए। पंद्रह वर्षों बाद उन्होंने नाइट्रोजन या एल्युमिनियम आदि परमाणुओं पर अल्फा किरणों के प्रहार से धनात्मक हाइड्रोजन नाभिक को पैदा कर दिखाया। यह एक मूल परिवर्तन था। नाभिकीय मूल परिवर्तनों की स्थापना हो गई। उदाहरण के लिए—एल्युमिनियम परमाणु यदि एक अल्फा कण लेकर एक प्रोटॉन (धनात्मक विद्युत् कण) छोड़ देता है तो वह सिलिकॉन के परमाणु में परिवर्तित हो जाता है। परिवर्तित पदार्थ तौला नहीं जा सकता। इन सूक्ष्म परिवर्तनों की जानकारी रेडियोधर्मिता के अध्ययन से ही मिली।

''ये मूल परिवर्तन वास्तव में रासायनिक क्रियाएँ हैं, जो परमाणु के आंतरिक गठन नाभिकीय क्षेत्र में होती हैं।'' इन क्रियाओं को श्री फ्रेडरिक जूलियट ने साधारण फॉर्मूलों से समझाया। फिर आइरीन जूलियट ने उन प्रयोगों के बारे में बताया जिनसे उन्हें (दोनों को संयुक्त रूप से) नए रेडियोधर्मी मूल तत्त्वों की उपलब्धि हुई।

''मूलभूत परिवर्तनों-संबंधी प्रयोगों में हमने देखा, फ्लोरीन, सोडियम तथा

एल्युमिनियम के न्यूट्रॉन निस्सरण भिन्न-भिन्न प्रकार के हैं। एल्युमिनियम एक अल्फा कण लेकर व एक प्रोटॉन—धनात्मक विद्युत् कण—छोड़कर सिलिकॉन के परमाणु में परिवर्तित हो जाता है, पर यदि न्यूट्रॉन निकाल दिया जाए तो जो नया परमाणु पैदा होता है, इसका रूप अज्ञात है।

''इसी तरह एल्युमिनियम व बोरान जब अल्फा किरणों द्वारा प्रभावित किए जाते हैं तो वे प्रोटॉन व न्यूट्रॉन के निस्सरण के अतिरिक्त भी धनात्मक विद्युत् कण छोड़ते हैं।

''सन् १९३४ के प्रारंभ में हमें ज्ञात हुआ, एल्युमिनियम को छोड़कर अन्य सभी मूल परिवर्तन आकस्मिक थे, विस्फोट की तरह। परंतु एल्युमिनियम अल्फा किरणों के प्रहार के बाद भी कुछ समय तक धनात्मक विद्युत् कण छोड़ता रहता है। इनकी गति तीन मिनट में आधी हो जाती है। यह रेडियोधर्मिता है। इस प्रकार हमें मालूम हुआ कि अन्य मूल तत्त्वों से भी कृत्रिम रूप से रेडियोधर्मी तत्त्व बनाए जा सकते हैं। ये कृत्रिम रेडियोधर्मी तत्त्व प्राकृतिक रेडियोधर्मी तत्त्वों जैसे ही हैं।''

आइरीन जूलियट क्यूरी के इस नोबेल व्याख्यान से हमें बखूबी यह जानकारी मिल जाती है कि अपने माता-पिता की महत्त्वपूर्ण खोज को उन्होंने अपने पति के साथ मिलकर किस प्रकार महत्त्वपूर्ण दिशा में आगे बढ़ाया।

आइरीन क्यूरी का जन्म १२ सितंबर, १८९७ को पेरिस में हुआ। प्रसिद्ध वैज्ञानिक माता-पिता जब वैज्ञानिक प्रयोग में जुटे रहकर ही अपने बच्चों का पालन-पोषण कर रहे थे तो बालिका आइरीन उस प्रतिभा और शोध-वातावरण को विरासत में पाकर सहज ही आत्मसात् कर रही थी। पेरिस में प्रारंभिक शिक्षा समाप्त कर द्वितीय विश्वयुद्ध में आइरीन ने रेडियोग्राफर-नर्स के रूप में काम किया। फिर अल्फा किरणों पर शोध-कार्य करके उन्होंने सन् १९२५ में विज्ञान में डॉक्टरेट की डिग्री ली। सन् १९२५ में फ्रेडरिक जूलियट मेरी क्यूरी के असिस्टेंट के रूप में उनके द्वारा स्थापित रेडियम इंस्टीट्यूट में काम कर रहे थे। आइरीन साथ रहने के अलावा रुचियों और कार्यक्षेत्र—हर तरह से उनके संपर्क में थी। सन् १९२६ में दोनों विवाह-सूत्र में बँधकर एक कार्यक्षेत्र में समान ध्येय को समर्पित हो गए और महान् वैज्ञानिक महिला मेरी क्यूरी के निर्देशन व प्रभाव में उसी खोज को आगे बढ़ाने में जुट गए।

एक शोध छात्रा के रूप में आइरीन जूलियट क्यूरी अल्फा किरणों पर कार्य कर ही चुकी थीं। पति के साथ मिलकर उन्होंने अपने इस अध्ययन के माध्यम से ही रेडियोधर्मिता का अध्ययन शुरू किया। प्राकृतिक व कृत्रिम रेडियोधर्मिता, मूल

तत्त्वों के परिवर्तन और नाभिकीय भौतिक विज्ञान पर उन्होंने विशेष रूप से कार्य किया। कृत्रिम रेडियोधर्मी तत्त्वों के उत्पादन पर ही सन् १९३५ में उन्हें पति के साथ रसायन का नोबेल पुरस्कार प्रदान किया गया। पुरस्कार दोनों को आधा-आधा बाँटकर मिला।

पुरस्कार प्राप्ति के बाद सन् १९३८ में न्यूट्रॉन्स के भारी तत्त्वों के प्रभाव से यूरेनियम के विखंडन की दिशा में भी उन्होंने महत्त्वपूर्ण कार्य किया। 'पेरिस फैकल्टी ऑफ साइंस' में सन् १९३२ से ही उन्हें व्याख्याता का पद मिल गया था। सन् १९३७ में वे प्रोफेसर हो गईं। फिर सन् १९४६ में रेडियम इंस्टीट्यूट की डायरेक्टर बनीं। छह वर्ष तक राज्य के परमाणु ऊर्जा आयोग की कमिश्नर के रूप में उन्होंने फ्रांस के परमाणु ऊर्जा संग्रह में अपना महत्त्वपूर्ण योगदान दिया। आरसे स्थित नाभिकीय भौतिकी के अध्ययन केंद्र की उन्होंने ही स्थापना की। इस केंद्र में भारी शक्ति की सिंक्रो साइक्लोट्रान थी, जिसकी सारी योजना आइरीन जूलियट ने ही बनाई थी। सन् १९५६ में पेरिस में आइरीन का देहांत हो गया था। उनके बाद उनके पति फ्रेडरिक जूलियट ने आरसे के इस केंद्र को आगे बढ़ाया।

विज्ञान के अतिरिक्त महिलाओं की सामाजिक व बौद्धिक उन्नति के अन्य कार्यों में भी आइरीन जूलियट क्यूरी की गहरी रुचि थी। विदेशी एकेडमियों और कई वैज्ञानिक संगठनों की सदस्यता के साथ 'वर्ल्ड पीस काउंसिल' तथा अनेक महिला संस्थाओं में भी वे सक्रिय थीं। उन्हें कई सम्मान और अनेक यूनिवर्सिटियों से ऑनरेरी डॉक्टरेट की उपाधियाँ प्रदान की गईं।

□

शरीर की उपापचयन प्रणाली की खोज, जिसे 'कोरी चक्र' कहा गया

गर्टी थेरेसा कोरी

[पुरस्कार वर्ष १९४७]

विज्ञान में शोध करनेवाले दंपतियों को तीन बार संयुक्त रूप से पुरस्कार दिया गया। गर्टी थेरेसा कोरी उनमें से एक हैं। सन् १९४७ में उन्हें शरीर-विज्ञान और चिकित्सा के नोबेल पुरस्कार का अर्द्धांश पति कार्ल कोरी के साथ बाँटकर मिला। दूसरा आधा भाग अर्जेंटाइना के शरीर-विज्ञानी डॉ. बर्नार्डो ए. हाउसे को दिया गया था। कोरी दंपती जन्मतः ऑस्ट्रियाई थे, किंतु प्राहा के मेडिकल स्कूल से स्नातक होने के बाद उन्होंने स्वेच्छा से अमेरिकी नागरिकता ग्रहण कर ली थी।

गर्टी थेरेसा का जन्म प्राहा में १५ अगस्त, १८९६ को हुआ। उस समय प्राहा नगर ऑस्ट्रिया में था। गर्टी के पिता चीनी साफ करनेवाले कई कारखानों के प्रबंधक थे। समृद्ध वर्ग की अधिकांश लड़कियों की तरह गर्टी थेरेसा रैडनित्ज (विवाहोपरांत कोरी) की प्रारंभिक शिक्षा भी घर पर हुई। दस वर्ष की आयु में उसे एक अच्छे पब्लिक स्कूल में दाखिल किया गया, जहाँ बड़े घरों की लड़कियों के सामाजिक परिवेश के अनुरूप उनके जीवन को ढाला जाता था और उनके सांस्कृतिक गुणों का विकास किया जाता था। चूँकि ऐसे स्कूलों का उद्देश्य उच्चाधिकारियों

के लिए सफल पत्नियों का निर्माण करना ही होता है, उस स्कूल में गणित और विज्ञान के विषयों को पढ़ाने की कोई व्यवस्था न थी। प्रारंभ में गर्टी रैडनित्ज को भी इन विषयों की कमी खली नहीं। वे स्कूल के सामान्य पाठ्यक्रम में खूब रुचि लेती थीं और हर बात में आगे रहती थीं। शिक्षकों ने अनुमान लगा लिया कि लड़की में प्रतिभा और जन्मजात सामाजिक गुण हैं, जिन्हें विकसित करने पर वह जीवन में कुछ बन सकती है। बौद्धिकता के साथ शालीनता, उदारता और मानवीय संवेदना के गुण उनके छात्र-जीवन में ही उजागर हो गए थे। आगे चलकर जीवन भर वैज्ञानिक शोध जैसे शुष्क कार्य में लगे रहकर भी उनके व्यक्तित्व के ये गुण धूमिल नहीं हुए और वे सफल वैज्ञानिक के साथ सफल नारी, माँ, पत्नी व गृहिणी की भूमिकाएँ भी साथ-साथ निभा सकीं।

सन् १९१२ में स्नातक होने के बाद उन्होंने डॉक्टर बनने का संकल्प ले मेडिकल स्कूल में दाखिले के लिए प्रयत्न किया। पूछताछ करने पर पता चला कि मेडिकल स्कूल में दाखिला पाने के लिए उन्हें आठ वर्षों तक लैटिन का अध्ययन करना पड़ेगा, क्योंकि तब तक लैटिन वे नहीं जानती थीं। इसके अलावा उन्हें पाँच साल तक पढ़ाए जानेवाले गणित, भौतिकी व रसायन का भी अध्ययन करना होगा। यह सारी पढ़ाई जिम्नेजियम में हो सकती थी, जहाँ लड़कियों की संख्या नगण्य थी और जहाँ भेजने के लिए माता-पिता सहमत न थे। उन्होंने गर्टी को समझाया, चूँकि उनकी स्नातक-पूर्व शिक्षा मेडिकल के अनुरूप नहीं हुई है, अत: वे इस लाइन में जाने का विचार छोड़ दें। स्वयं उन्हें भी एकबारगी लगा कि इस तरह तो डॉक्टर बनने तक उनके बाल सफेद हो जाएँगे और शायद गरदन भी हिलने लगेगी। किंतु संकल्प के धनी व्यक्ति धुन के भी धनी होते हैं। एक बार कोई निश्चय कर लेने के बाद पीछे हटना उनके लिए संभव ही नहीं होता। निर्णय ले लिया गया कि गरमी की छुट्टियों में पहले सैर की जाएगी, स्नातक परीक्षा की थकान मिटाकर व नई ताजगी और शक्ति जुटाकर फिर मेडिकल स्कूल में दाखिले के लिए अनिवार्य योग्यता हासिल की जाएगी।

किंतु छुट्टियाँ भर भी सैर नहीं की गई। टाइराल पर छुट्टियाँ मनाते हुए उनका परिचय एक ऐसे व्यक्ति से हुआ जो टेत्शेन में 'रॉयल जिम्नेजियम' नामक एक स्कूल में शिक्षक था। गर्टी ने उसके सामने अपनी समस्या और भावी योजना रखी। वह छुट्टियों में ही उन्हें लैटिन सिखाने के लिए राजी हो गया। इस तरह छुट्टियों में जी-भर मौज उड़ाने आई गर्टी अन्य सैलानियों से अलग हो अपना अधिकांश समय कमरे में बंद हो बिताने लगीं। छुट्टियाँ खत्म होने तक उन्होंने इतनी लैटिन सीख ली

थी जो सामान्यत: तीन वर्ष में सीखी जाती है। उन्होंने फैसला किया कि आगे भी यही रफ्तार रखी जाएगी और शेष पाँच वर्षों का कार्य भी जल्दी समाप्त कर लिया जाएगा।

लौटकर उसी वर्ष वे टेत्शेन के 'रॉयल जिम्नेजियम' में दाखिल हो गईं। दाखिले के समय उनसे शर्त रखी गई कि काम के योग्य सिद्ध होने पर ही उन्हें वहाँ अपना अध्ययन जारी रखने दिया जाएगा। पर गर्टी रैडनित्ज ने एक वर्ष में ही असंभव को संभव कर दिखाया। पाँच वर्षों का कार्य एक वर्ष में, जिसमें गणित का अध्ययन भी शामिल था। जो भी देखता, हैरान रह जाता। पर उनकी बौद्धिक क्षमता और आत्म-नियंत्रण की शक्ति अद्‌भुत थी। लक्ष्य ही रखकर चली थीं कि जल्दी-से-जल्दी मेडिकल स्कूल में प्रवेश के लायक योग्यता हासिल कर लेनी है। उन्होंने परीक्षाएँ दीं और सफल होती गईं। 'मेरे जीवन की कठिनतम परीक्षाएँ' कहकर इन परीक्षाओं को वे जीवन भर याद करती रहीं।

सोलह वर्ष की आयु में वे स्नातक बनी थीं। अठारहवीं वर्षगाँठ के शीघ्र बाद वे प्राहा विश्वविद्यालय के मेडिकल स्कूल में प्रवेश पाने में सफल हो गईं। प्राहा विश्वविद्यालय उस समय 'चार्ल्स फर्डिनांड' नाम से पुकारा जाता था। उसके दो भाग थे—चेक और जर्मन। गर्टी रैडनित्ज ने जर्मन शाखा के मेडिकल स्कूल में अपना नाम लिखाया। उसी वर्ष उस स्कूल में कार्ल कोरी नाम के नीली आँखोंवाले एक लंबे सुंदर नवयुवक ने भी दाखिला लिया था। कुछ दिनों बाद दोनों में भेंट हुई और वे प्रयोगशाला में जीव-रसायन पर साथ-साथ कार्य करने लगे। प्रतिरक्षा-विज्ञान पर किए गए अपने संयुक्त अध्ययन के परिणामों का प्रकाशन देखकर वे पुलक उठे। उसपर दोनों का नाम साथ-साथ छपा था। तभी उन्हें पहली बार महसूस हुआ कि प्रयोगशाला के भीतर ही नहीं, बाहर भी वे एक-दूसरे को पसंद करते हैं।

दोनों साथ-साथ काम करके आनंदित होते। साथ-साथ तैरने, स्केटिंग करने, आल्प्स पर्वत पर चढ़ने में उन्हें विचित्र सुख प्राप्त होता। एक-दूसरे की प्रेरणा से परीक्षा में आगे निकलने की होड़ करते कब अध्ययन-काल बीत गया, उन्हें पता भी नहीं चला। सन् १९२० में उन्होंने एम.डी. की डिग्री ली और उसी वर्ष गरमियों में विवाह-सूत्र में बँध गए। गर्टी कोरी ने विवाह के बाद दो वर्ष तक बच्चों के एक अस्पताल में कार्य किया, फिर पति के साथ अमेरिका के लिए रवाना हो गईं।

जब वे मेडिकल स्कूल में पढ़ रही थीं, तभी सन् १९१८ में प्रथम विश्व-युद्ध समाप्त हो चुका था। इस महायुद्ध में ऑस्ट्रिया पूरी तरह तबाह हो चुका था। प्राहा विश्वविद्यालय अब ऑस्ट्रिया में नहीं रहा था। प्राहा अब नव-निर्मित देश

चेकोस्लोवाकिया की राजधानी बन गया था। उन दिनों अस्पतालों में डॉक्टरों की माँग तो काफी थी, पर इन दोनों महत्त्वाकांक्षी युवा डॉक्टरों को वहाँ अपना भविष्य उज्ज्वल नहीं दिखाई दिया। फिर वे चिकित्सा करने के बजाय जीव-रसायन पर अनुसंधान करना चाहते थे। छात्र-जीवन में ही दोनों ने इस विषय पर काफी अनुसंधान कर लिया था। पर उससे संतुष्ट न हो अपनी इस रुचि को वे आगे और अनुसंधान में विकसित करना चाहते थे। शीघ्र ही डॉ. कार्ल कोरी को वियना में इस तरह के अनुसंधान का अवसर भी मिल गया। डॉ. गर्टी कोरी भी उसी नगर में बच्चों के अस्पताल में काम करने लगीं। अस्पताल में कार्य करते हुए भी वहाँ उपलब्ध साधनों से उन्होंने अपने शोध-कार्य को कुछ आगे बढ़ाया। थायरॉइड ग्रंथि और प्लीहा के अध्ययन पर आधारित उनके कुछ लेख एक वैज्ञानिक पत्रिका में प्रकाशित हुए। डॉ. कार्ल कोरी तो अनुसंधान में ही नियुक्त थे, पर दोनों ने अनुभव किया कि जिस प्रकार का अनुसंधान-कार्य वे करना चाहते हैं उसकी सुविधाएँ उन्हें अमेरिका में ही प्राप्त हो सकती हैं। और वे अमेरिका जाने के प्रयत्न करने लगे।

दो वर्ष बाद बफैलो (न्यूयॉर्क) के दुर्दम्य रोगों के शोध संस्थान से डॉ. कार्ल कोरी को जीव-रसायनज्ञ का नियुक्ति-पत्र मिला तो पति-पत्नी दोनों बहुत प्रसन्न हुए। डॉ. कार्ल कोरी पहले अकेले ही अमेरिका गए, फिर कुछ समय बाद उन्होंने अपनी पत्नी की नियुक्ति भी इसी संस्थान में करवा ली। डॉ. गर्टी कोरी सहायक विकृति-विज्ञानी बनकर आईं। फिर शीघ्र ही सहायक जीव-रसायनज्ञ हो गईं। इस प्रकार दोनों को फिर साथ-साथ काम करने का अवसर मिल गया। तब से उनके कुछ ही लेख अलग-अलग प्रकाशित हुए। अधिकांश शोध-परिणामों पर दोनों का नाम साथ-साथ प्रकाशित होता। यद्यपि कई पुरस्कार और सम्मान दोनों को स्वतंत्र रूप से भी मिले, पर कुछ पुरस्कारों पर भी नाम संयुक्त था। फिर सन् १९४७ में सर्वोच्च नोबेल पुरस्कार संयुक्त रूप से लेकर तो उन्होंने इतिहास में भी अपना नाम साथ-साथ जोड़ लिया।

दोनों की ही रुचि शरीर के रोगों की अपेक्षा स्वस्थ शरीर के क्रिया-संचालन में विशेष थी। उनकी प्रारंभिक जीव-रासायनिक शोध मानव-शरीर की असामान्य वृद्धि के विभिन्न पहलुओं से संबंधित थी। चूँकि शरीर की सामान्य, असामान्य दोनों तरह की वृद्धि अधिकतर हमारे भोजन पर निर्भर है, इसलिए कोरी दंपती का ध्यान पाचन की उस विशेष प्रक्रिया की ओर आकृष्ट हुआ, जिससे गुजरकर भोजन-तत्त्व शरीर निर्माता तत्त्वों में परिवर्तित होते हैं। शुरू में उन्होंने उपापचयन का अध्ययन किया। जब उनके निष्कर्षों में सामान्य और असामान्य दोनों तरह की

वृद्धि पर काम करनेवाले सभी वैज्ञानिकों ने रुचि ली, कोरी दंपती ने इन प्रक्रियाओं को पूरी तरह समझने के लिए अपने इस अध्ययन को और आगे बढ़ाया।

इंसुलिन का आविष्कार तब तक हो चुका था। इंसुलिन हारमोन वर्ग का एक प्रोटीन है, जो सामान्य शरीर में उत्पन्न होता है और पाचन-प्रक्रिया में हमारे भोजन के शर्करा और श्वेतसारों (कार्बोहाइड्रेट्स) के उपयोग को नियंत्रित करता है। इंसुलिन के आविष्कार के बाद डॉक्टरों के लिए मधुमेह पर नियंत्रण पाना आसान हो गया। उपापचयन की रासायनिक प्रक्रियाओं पर अध्ययन करने के लिए कोरी दंपती को इंसुलिन से बहुत सहायता मिली। मानव-शरीर का संपूर्ण जीव-रासायनिक अध्ययन करने में चिकित्सा और शरीर-क्रिया-विज्ञान की पूर्व उपलब्धियों की पृष्ठभूमि भी उनके काफी काम आई। असाध्य माने जानेवाले या दुर्दम्य रोगों के शोध-संस्थान ने उन्हें अनुसंधान-कार्य के लिए पूरी सुविधाएँ और पूरी स्वतंत्रता प्रदान की। बफैलो के इस संस्थान में समस्त सुविधाएँ उपलब्ध भी थीं। गर्टी कोरी ने इन अवसरों और सुविधाओं के लिए बफैलो संस्थान और अमेरिकी सरकार के प्रति कई बार कृतज्ञता-ज्ञापन किया था।

कोरी दंपती ने सफेद चूहों को एक निश्चित मात्रा में शर्करा खिलाई। फिर उनमें से कुछ चूहों को उन्होंने इंसुलिन दी, कुछ को नहीं। इन चूहों को श्वसन-कक्षों में रख दिया गया कि शर्करा के ऑक्सीकरण की मात्रा पता चल सके। निर्धारित समय पर फिर कार्बोहाइड्रेट के लिए उनके शरीर का निरीक्षण किया गया। ऐसे कई प्रयोगों से कोरी दंपती इस निष्कर्ष पर पहुँचे कि अवशोषित शर्करा का लगभग आधा भाग मधुजन (ग्लाइकोजन) में परिवर्तित होकर यकृत और मांसपेशियों में जमा हो जाता है और कुछ चरबी के रूप में परिवर्तित होकर इसी रूप में जमा हो जाता है। शेष ऑक्सीकृत होकर (जलकर) कार्बन डाइऑक्साइड तथा पानी बन जाता है। शरीर में शर्करा के उपयोग से संबंधित रासायनिक प्रक्रियाओं के अनुसंधान में यह एक महत्त्वपूर्ण निष्कर्ष था। आज इसीलिए चरबी घटाने के लिए डॉक्टर कार्बोहाइड्रेट (शर्करा और श्वेतसारों) का कम उपयोग करने की सलाह देते हैं।

नियमित खुराक पर रखे गए जानवरों के शरीरों का अध्ययन कर वे इस नतीजे पर पहुँचे कि यकृत में जमा शर्करा के प्रभाव को तो इंसुलिन कम करता है, पर शर्करा के सामान्य उपयोग को वैसे बढ़ा देता है। यह निष्कर्ष मधुमेह के इलाज में डॉक्टरों के लिए बड़ा लाभदायक सिद्ध हुआ। अगले प्रयोगों में कोरी दंपती ने शर्करा के विभिन्न रूपों का उपयोग किया और इंसुलिन के अलावा दूसरे हारमोनों

को भी जानवरों के शरीर में पहुँचाकर देखा। इन प्रयोगों से भी शरीर की भीतरी रासायनिक प्रक्रियाओं के बारे में महत्त्वपूर्ण जानकारी मिली। उन्होंने देखा कि पेशियों में जमा मधुजन (ग्लाइकोजन) से दुग्ध अम्ल (लैक्टिक एसिड) उत्पन्न होता है, जो रक्त प्रवाह के साथ यकृत में पहुँचता है। यह दुग्ध-अम्ल वहाँ यकृत-मधुजन में परिवर्तित हो जाता है और रक्त ग्लूकोज को जन्म देता है। यह बाद नें फिर पेशियों के उसी मधुजन में बदल जाता है, जिससे यह प्रक्रिया शुरू हुई थी। इस सिद्धांत ने शरीर के पाचन-संबंधी विज्ञान की जानकारी को काफी आगे बढ़ाया। कोरी दंपती द्वारा प्रतिपादित हमारे शरीर की यह सतत आवर्ती प्रक्रिया 'कोरी चक्र' के नाम से प्रचलित है।

इन सफलताओं के बाद सेंट लुई के वाशिंगटन विश्वविद्यालय ने डॉ. कार्ल कोरी को प्रोफेसर तथा गर्टी कोरी को फैलो व सहयोगी शोध अधिकारी के पद पर अपने यहाँ आमंत्रित किया। कोरी दंपती ने इस प्रस्ताव को सहर्ष स्वीकार कर लिया। बाद में गर्टी कोरी भी जीव-रसायन विभाग में सहयोगी प्रोफेसर हो गईं। नोबेल पुरस्कार प्राप्त करने के कुछ दिन पूर्व उनकी नियुक्ति प्रोफेसर के पद पर कर दी गई थी। किंतु अध्यापन कभी भी उनकी रुचि के अधिक निकट नहीं रहा। वे तो अपना जीवन विज्ञान के अनुसंधान पक्ष को समर्पित कर चुकी थीं। सेंट लुई में यद्यपि प्रारंभ में उनका पद पति डॉ. कार्ल कोरी से नीचा था, पर उन्हें प्रयोगशाला में पति के साथ बराबरी के स्तर पर तथा स्वतंत्रतापूर्वक कार्य करने की पूरी छूट थी। वे मिलकर शोध-विषय चुनते और काम शुरू कर देते। कार्य के दौरान उठी समस्याओं पर परस्पर विचार-विमर्श करते, उन्हें सुलझाने के तरीके सोचते, फिर परस्पर कार्य का बँटवारा कर लेते। कार्यक्षेत्र में उनके छात्र और सहयोगी अलग-अलग थे। बीच-बीच में दोनों यूनिटों के निष्कर्षों का मिलान कर लिया जाता था।

डॉ. कार्ल कोरी अपना कुछ समय अध्यापन में, कुछ प्रशासन में और शेष अनुसंधान में देते थे तो डॉ. गर्टी कोरी अपना कुछ समय अध्यापन में, कुछ शोध-कार्य में तथा शेष समय घर-गृहस्थी की सार-सँभाल में देती थीं। विवाह के चौदह वर्ष बाद उन्होंने एक पुत्र को जन्म दिया। इस बीच अनुसंधान से उन्हें जितनी भी फुरसत मिलती थी उस समय को अपने घर व बगीचे की सार-सँभाल में तथा संगीत और चित्रकारी में खर्च कर वे अपने कार्यकारी दांपत्य को रसमय घरेलू दांपत्य में डुबोकर तरोताजा बनाए रखती थीं। बेटे के जन्म के बाद भी उनके कार्यकारी जीवन में कोई व्याघात नहीं पड़ा। गर्भावस्था में और अपने नन्हे टामी के शैशव-काल में भी उन्होंने अपने समय का ऐसा विभाजन रखा कि दोनों कार्य

साथ-साथ चल सकें। पति ने भी बराबर ध्यान रखा कि पत्नी का अनुसंधान-कार्य अबाध गति से चलता रहे और उसके भीतर की माँ को पूरा संतोष मिले।

'कोरी चक्र' के अनुसार कोरी दंपती यह सिद्ध कर चुके थे कि शरीर का मधुजन कुछ संतत रासायनिक परिवर्तनों से गुजरता रहता है। इनमें से कुछ परिवर्तन प्रकिण्व (एंजाइम) नामक प्रोटीन से होते हैं। ये प्रोटीन भी हारमोनों की तरह ही शरीर में उत्पन्न होते हैं और रासायनिक प्रक्रियाओं के दौरान शरीर के काम आते हैं। इन प्रक्रियाओं में मधुजन में होनेवाले परिवर्तनों को समझने के लिए उन्होंने एंजाइम तंत्र पर काम करना शुरू किया। इन अनुसंधानों के साथ ही मौलिक आविष्कारों की एक शृंखला जुड़ गई जिन्होंने कोरी दंपती का भविष्य चमका दिया।

तब तक इन एंजाइमों के बारे में लोगों को बहुत कम जानकारी थी। आज भी अधिक नहीं है। यह माना जाता है कि जैव-रासायनिक परिवर्तनों के लिए एंजाइम एक उत्प्रेरक तत्त्व है। इसके अलावा एक विशेष प्रकार का एंजाइम सामान्यतया एक विशेष पदार्थ को ही प्रभावित करता है। एंजाइमों या प्रकिण्वों की संरचना बड़ी जटिल होती है। इसी तरह उनपर काम करना भी।

उनके द्वारा तैयार किया गया शर्करा फॉस्फेट 'कोरी एस्टर' के नाम से विख्यात हुआ। उन्होंने उन प्रकिण्वों (एंजाइमों) को खोज निकाला जो 'कोरी चक्र' की उपापचयन प्रक्रियाओं के दौरान केवल मधुजन को प्रभावित करते हैं। साथ ही उन्होंने उन उत्प्रेरकों को भी पहचान लिया जिनके कारण मधुजन की रासायनिक रचना में परिवर्तन होता है। और अंततः उन्होंने एक अत्यंत कठिन काम कर दिखाया—वह था मधुजन के अणु की रचना का पता लगाना। मधुजन के इकट्ठा होने से उत्पन्न चार रोगों का भी पता लगा लिया गया, जो चारों एक-दूसरे से भिन्न थे। आगे चलकर सन् १९५१ में कार्ल और गर्टी कोरी ने अपने इस सारे शोध-कार्य की प्रगति रिपोर्ट हार्वे सोसाइटी के सम्मुख एक व्याख्यान के रूप में रखी। इसके पूर्व सन् १९४७ में ही कार्ल और गर्टी कोरी को 'मधुजन के उत्प्रेरण और परिवर्तन' संबंधी उनके अनुसंधान पर शरीर-विज्ञान और चिकित्सा के नोबेल पुरस्कार का आधा भाग प्रदान कर दिया गया। पुरस्कार का दूसरा आधा भाग अर्जेंटाइना के शरीर-विज्ञानी डॉ. बर्नार्डो ए. हाउसे को मिला जिन्होंने शरीर द्वारा शर्करा के उपयोग पर पीयूष ग्रंथि के स्राव का प्रभाव प्रदर्शित किया था।

इसके बाद सेंट लुई स्थित कोरी दंपती की प्रयोगशाला एक ऐसा केंद्र बन गई थी जहाँ कार्बोहाइड्रेटों के उपापचयन में रुचि रखनेवाले सभी अनुसंधानकर्ता दूर-दूर से खिंचे चले आते थे। अनेक प्रथम श्रेणी के वैज्ञानिकों ने इस विषय पर आगे

अनुसंधान किया और इस शोध-केंद्र से बीसियों शोध-लेख प्रकाशित हुए। कुछ डॉक्टरों का मत है कि वृक्क, यकृत, दिल और रक्तवाहिनी के रोग प्राय: कार्बोहाइड्रेट और चरबीवाले भोजन की अधिक मात्रा लेने से हो जाते हैं। ऐसा होने पर शरीर इस अतिरिक्त मात्रा का समुचित उपयोग नहीं कर पाता और शरीर उन दूसरे भोज्य तत्त्वों से भी वंचित रह जाता है जो कि उपापचयन के लिए अधिक उपयोगी और श्रेष्ठ पोषक तत्त्व होते हैं। इस दिशा में अनुसंधान का यह सिलसिला जारी है। आगे चलकर संभव है, मध्य व परवर्ती आयु में होनेवाले ऐसे रोगों का इलाज अधिक सफलतापूर्वक किया जा सके।

गर्टी कोरी अपने पति के साथ नोबेल पुरस्कार लेने स्टॉकहोम नहीं जा सकीं। वे पुरस्कार प्राप्त करने से पूर्व ही एक ऐसे रोग से ग्रस्त हो चुकी थीं जिसका समुचित इलाज तब तक विज्ञान के पास नहीं था। पर इसके बाद रोग से लड़ते हुए भी वे दस वर्ष तक जीवित रहीं और निरंतर काम में जुटी रहीं। प्रयोगशाला में जाने से पहले और प्रयोगशाला से लौटने के बाद कार्ल के साथ टेनिस खेलने, स्केटिंग करने या पहाड़ पर चढ़ने की बातें अब समाप्त हो चुकी थीं। बीमार गर्टी अब अपने बगीचे में फूलों की देखभाल तक सीमित रह गई थीं। बीमारी के कारण अब वे घर से बाहर बहुत कम निकलतीं। उन्होंने अपने डाइनिंग रूम और रहने के कमरों की बिना परदेवाली खिड़कियों के नीचे चौड़े तख्ते लगवाकर वहीं बहुत से पौधे लगवा लिये थे कि कमरे में ही बगीचे की सैर का आनंद मिल जाए। धीरे-धीरे कुछ ठीक होने पर वे प्रयोगशाला जाने लगीं और आवश्यक मीटिंगों में भी। पर अध्ययन उनकी बीमारी में भी निरंतर चलता रहा। वे विद्या-व्यसनी थीं। उनकी रुचि भी विज्ञान तक ही सीमित नहीं थी। इतिहास, जीवनियाँ, समाज-विज्ञान सभी कुछ पढ़ती थीं और चर्चित विषयों पर अधुनातन जानकारी रखती थीं। कला और कलात्मक सज्जा से भी उन्हें प्रेम था। अपनी इन विस्तृत रुचियों के कारण उनके मित्रों की संख्या भी काफी थी। उनका अंतिम पत्र, जो उनकी मृत्यु के कारण अधूरा रह गया था, एक सहेली के नाम था, जिसके पति की उसमें स्वास्थ्य-कामना की गई थी।

अंतिम दिनों में बीमारी के बीच गर्टी कोरी ने जो 'दिस आई बिलीव' (मेरा यह विश्वास है) नामक पुस्तिका लिखी, उससे उनकी बौद्धिक ईमानदारी, सत्यवादिता, उदारता, साहस आदि गुणों में निष्ठा की झलक मिलती है। 'जीवन की विभिन्न अवस्थाओं में मैं इन गुणों में से कभी एक को और कभी दूसरे को अपेक्षाकृत अधिक महत्त्व देती रही हूँ। पर जवानी के मुकाबले में अब इनका महत्त्व मेरी दृष्टि

में अधिक मुखरित हो चला है—विशेष रूप से उदारता का। उदारता ही मनुष्य को ऊँचा उठा सकती है।' गर्टी के मित्र जानते थे कि उनमें उदारता की और बौद्धिक ईमानदारी की जीवन भर कमी न थी, पर अपनी रुग्णावस्था में वे अत्यधिक उदार हो उठी थीं। ज्यों-ज्यों उनकी शक्ति घट रही थी त्यों-त्यों जीवन का एक-एक कण उनके लिए मूल्यवान् हो उठा था। सभी की समस्याओं को वे धैर्य व सहानुभूतिपूर्वक सुनतीं और हर संभव सहायता करतीं। वे बाहर तो सम्मानित थीं ही, अपने स्वजनों, परिचितों और मित्रों में भी कम सम्मानित न थीं। ऐसा सौभाग्य बहुत कम लोगों को मिल पाता है।

गर्टी कोरी को जितने सम्मानसूचक पुरस्कार मिले उतने बहुत कम महिला-वैज्ञानिकों को मिले होंगे। सन् १९४७ में वे राष्ट्रीय विज्ञान एकेडमी की सदस्या मनोनीत की गईं। नोबेल पुरस्कार के एक वर्ष पूर्व उन्हें अपने पति के साथ संयुक्त रूप से विज्ञान का 'मिडवेस्ट अवार्ड' दिया गया था। नोबेल पुरस्कार के बाद उन्हें द्वितीय शर्करा अनुसंधान पुरस्कार प्रदान किया गया। सन् १९४७ में ही पति के साथ संयुक्त रूप से उन्हें अंत:स्रावी विज्ञान में 'स्क्विब अवार्ड' मिला। फिर सन् १९४८ में केवल महिलाओं को मिलनेवाला 'गारवन स्वर्ण पदक'। सन् १९५० में उन्हें मेडिकल कॉलेज संघ की ओर से 'बोर्डन अवार्ड' दिया गया। उसी वर्ष राष्ट्रपति ट्रूमैन ने उनकी नियुक्ति नव निर्मित राष्ट्रीय विज्ञान संस्थान के बोर्ड की सदस्या के रूप में कर दी। अपनी मृत्यु तक वे इस पद पर रहीं। बीच-बीच में कभी दोनों को एक साथ तो कभी केवल उन्हें बोस्टन विश्वविद्यालय, कोलंबिया, येल और रोचेस्टर विश्वविद्यालय, स्मिथ कॉलेज आदि से ऑनरेरी डॉक्टरेट की उपाधियाँ प्रदान की गईं। 'अमेरिकन सोसाइटी ऑफ बायोलॉजिकल केमिस्ट्स' व 'अमेरिकन केमिकल सोसाइटी' की सदस्या भी वे चुनी गईं। 'जर्नल ऑफ बायोलॉजिकल केमिस्ट्री' में तथा अन्य अनेक वैज्ञानिक पत्र-पत्रिकाओं में वे निरंतर लिखती रहीं। उनके लिखे वैज्ञानिक लेखों की संख्या दो सौ के लगभग है।

२६ अक्तूबर, १९५७ को उनका देहांत हो गया। पति कार्ल कोरी के साथ उनके चालीस वर्षीय साहचर्य और सहयोगी अनुसंधान-कार्य की इस क्षति के अवसर पर दु:ख से विदग्ध कार्ल कोरी ने कहा, ''वे एक ऐसी महिला थीं जो तथ्य और कल्पना में भेद करने में कभी गलती नहीं करती थीं।'' वैज्ञानिक पति की वैज्ञानिक पत्नी को एक वैज्ञानिक श्रद्धांजलि!

□

परमाणु-संरचना में नई खोज

मारिया ज्योपर्ट मेयर

[पुरस्कार वर्ष १९६३]

आइंस्टाइन के बाद परमाणु की खोज का काम तेजी से आगे बढ़ा। इन खोजों का प्रभाव केवल रसायन पर ही नहीं पड़ा, भौतिकी में भी ज्ञान के नए रास्ते खुल गए। भौतिकी में जिन वैज्ञानिकों ने इस अत्यंत जटिल और सूक्ष्म शाखा को आगे बढ़ाने का बीड़ा उठाया, उनमें एक मुख्य नाम है सन् १९६३ में नोबेल पुरस्कार प्राप्त करनेवाली महिला वैज्ञानिक—मारिया ज्योपर्ट मेयर।

मारिया ज्योपर्ट विज्ञान के किसी भी क्षेत्र में नोबेल पुरस्कार पानेवाली प्रथम अमेरिकी महिला थीं। उन्होंने यह पुरस्कार भौतिकी के लिए जे.एच.डी. जेंसन के साथ संयुक्त रूप से प्राप्त किया। दोनों ने परमाणु की संरचना के संबंध में एक नई खोज करके विज्ञान-जगत् को नई रोशनी दी। भौतिकी का आधा पुरस्कार इन दोनों में बँटा था। आधा प्रिंसटन यूनिवर्सिटी के डॉ. यूजीन पाल विगनर को मिला।

मारिया के जीवन का एक बहुत बड़ा भाग विज्ञान की खोजों को समर्पित रहा। उनका जन्म २८ जून, १९०६ को उत्तर सैलांसिया (पोलैंड—तब जर्मनी का भाग) में हुआ था। फ्रेडरिक व मारिया वूल्फ ज्योपर्ट की इस इकलौती संतान को विद्वत्ता विरासत में मिली थी। मारिया के पूर्वज पिछली छह पीढ़ियों से जर्मन

विश्वविद्यालय में प्रोफेसर रहे। पैतृक विद्वत्ता को उसने अपनी प्रतिभा, जिज्ञासा और परिश्रम के बल पर खूब तराशा। प्रारंभिक शिक्षा पाई पब्लिक और प्राइवेट स्कूलों में। स्कूली शिक्षा के अंतिम पड़ाव में मारिया को कुछ मुश्किलों का सामना करना पड़ा। यूनिवर्सिटी की प्रवेश परीक्षा के लिए लड़कियों को तैयार करनेवाला नगर का एकमात्र स्कूल बंद हो गया। किंतु साहसी मारिया ने हिम्मत नहीं हारी और प्राइवेट तैयारी शुरू कर दी। सन् १९२४ में उसे गोटिंजेन विश्वविद्यालय, बर्लिन में प्रवेश मिल गया।

शुरू में मारिया का झुकाव गणित की ओर था। मैक्सबर्न के प्रभाव से वह भौतिकी की ओर आकर्षित हुई। सन् १९३० में भौतिकी में डॉक्टरेट की उपाधि ग्रहण करने का अवसर मारिया के लिए एक दिलचस्प और अविस्मरणीय अनुभव था। डॉक्टरेट प्रदान करनेवाली समिति में तीन नोबेल पुरस्कार विजेता थे—जेम्स फ्रैंक, एडोल्फ विंडन तथा मैक्सबर्न। भविष्य में नोबेल पुरस्कार प्राप्त करने के लिए जमकर काम करने का संकल्प संभवत: तभी मन में पैठ गया था। इस घटना ने स्वाभाविक रूप से प्रेरणा का काम तो किया ही।

सन् १९३० में ही मारिया का विवाह अमेरिका के राकफैलर विश्वविद्यालय के फैलो जोसेफ एडवर्ड मेयर के साथ, जो उस समय गोटिंजेन में जेम्स फ्रैंक के साथ काम कर रहे थे, संपन्न हो गया। कुछ ही समय बाद श्री मेयर की जोंस हॉपकिंस यूनिवर्सिटी में नियुक्ति हो जाने पर मारिया अमेरिका आ गईं। जोंस हॉपकिंस में आकर उन्होंने अपना काम शुरू कर दिया। सन् १९३० में एक प्रोफेसर की पत्नी के लिए फैकल्टी मेंबर बनना कठिन था। पर भौतिकी में रुचि होने के कारण वे उसी विश्वविद्यालय में वालंटियर एसोसिएट के रूप में कार्य करती रहीं। सन् १९३२ में उन्होंने अमेरिकी नागरिकता ग्रहण कर ली।

हॉपकिंस विश्वविद्यालय में प्रोफेसर कार्ल एच. हट्र्जफील्ड और अपने पति के सहयोग से मारिया ने भौतिक-रसायनज्ञ के रूप में काफी दक्षता प्राप्त कर ली थी। दोनों के साथ मिलकर उन्होंने कई शोध-पत्र प्रकाशित कराए। साथ ही, कार्बनिक अणुओं के रंग के बारे में कुछ शोधकार्य किया।

सन् १९३९ में जोसेफ मेयर की नियुक्ति कोलंबिया यूनिवर्सिटी में एसोसिएट प्रोफेसर के रूप में हो गई। मारिया अपने पति के साथ कोलंबिया आईं और वहीं रसायन विभाग में प्रवक्ता का काम करने लगीं। सन् १९४६ तक पति-पत्नी वहाँ रहे। इस दौरान मारिया ने नोबेल पुरस्कार विजेता हैराल्ड युरी के मार्गदर्शन में युद्ध-विज्ञान पर महत्त्वपूर्ण शोध-कार्य किया—एक भौतिकीविद् के रूप में। सन्

१९४० में अपने पति के साथ मिलकर उन्होंने एक पुस्तक लिखी, जो सांख्यिकी के संदर्भ में स्नातक विद्यार्थियों के लिए थी।

सन् १९४६ में वे आईं शिकागो विश्वविद्यालय में। इस बार महज प्रोफेसर की बीवी के रूप में नहीं, स्वयं उन्हें भी भौतिकी के प्रोफेसर का पद मिल गया था। शिकागो में मारिया को एडवर्ड टेलर और एनरिको फेर्मी जैसे विख्यात भौतिकीविदों से मिलने और बातचीत करने का सुअवसर प्राप्त हुआ। ऐसी ही बातचीत के दौरान उन्हें सुप्रसिद्ध 'एटामिक शेल थ्योरी'—परमाणु कवच सिद्धांत—के लिए प्रेरणा मिली। मारिया मेयर एक जगह लिखती हैं—"वर्षों तक मैं इस ऊहापोह में रही कि कुछ तत्त्वों के 'आइसोटॉप्स' (समस्थानिक) असाधारण रूप से स्थिर क्यों होते हैं? जब कि न्यूक्लियस (नाभिक) में न्यूट्रॉन्स की संख्या वही है!"

ज्योपर्ट मारिया के 'शेल-मॉडल' को सार रूप में समझने के लिए परमाणु संरचना की जानकारी जरूरी है। प्रत्येक परमाणु के केंद्र में एक न्यूक्लियस (नाभिक) होता है—धनावेशी। नाभिक में धन आवेशवाले—पॉजिटिवली चार्ज्ड—प्रोटॉन तथा बिना आवेश के (न्यूट्रल) न्यूट्रॉन होते हैं, केवल हाइड्रोजन को छोड़कर जिसमें बस एक प्रोटॉन ही होता है, न्यूट्रॉन नहीं होता। नाभिक के इर्द-गिर्द ऋणावेशी इलेक्ट्रॉन नामक हलके कण घूमते रहते हैं। नाभिक के भीतर जितने भी धनावेशी प्रोटॉन होते हैं उतने ही बाहर ऋणावेशी इलेक्ट्रॉन घूमते हैं। नाभिक के इर्द-गिर्द इलेक्ट्रॉन लगभग उसी तरह घूमते हैं, जैसे सौरमंडल में सूर्य के इर्द-गिर्द पृथ्वी, शुक्र आदि ग्रह।

पृथ्वी की तरह ही इलेक्ट्रॉन अपनी धुरी पर भी घूमते हैं। लेकिन ग्रहों और इलेक्ट्रॉनों में एक अंतर यह है कि इलेक्ट्रॉनों की युगल रूप में चलने की विशेषता है—हाइड्रोजन को छोड़कर जिसमें केवल एक इलेक्ट्रॉन होता है। सभी परमाणुओं में इलेक्ट्रॉन नाभिक से स्थायी रूप से बँधे हैं। ज्यों-ज्यों परमाणु बड़े होते जाते हैं, इलेक्ट्रॉन एक केंद्रीय परिधि में बढ़ते जाते हैं। इन्हीं को 'जादुई संख्या' के नाम से पुकारा जाता है। यह जादुई संख्या रसायन के लिए बहुत उपयोगी है। किंतु जहाँ तक भौतिकी का सवाल है, इसका उपयोग बस यही है कि नाभिक में प्रोटॉनों की संख्या का पता चल जाता है।

किंतु नाभिक में प्रोटॉन के अलावा न्यूट्रॉन भी होते हैं जिनका भार प्रोटॉनों के लगभग बराबर होता है। न्यूट्रॉन और प्रोटॉन के भार का योग ही परमाणु भार कहलाता है। नाभिकीय भौतिकी की मुख्य समस्या यह जानने की है कि न्यूट्रॉन और प्रोटॉन में किस तरह की प्रक्रिया होती है। यह समस्या इस जानकारी के बाद और उलझ जाती है कि जो बल एक तरह के नाभिकीय कणों—प्रोटॉन—को दूसरी

तरह के नाभिकीय कणों—न्यूट्रॉन—से बाँधता है, वह उस बल से कई लाख गुना अधिक है, जो इलेक्ट्रॉनों को नाभिक से बाँधता है।

गहन बंधन की इस शक्ति ने ही मारिया को 'न्यूक्लियस शेल थ्योरी' के प्रतिपादन की तरफ प्रेरित किया। इलेक्ट्रॉनों की तरह नाभिकीय कणों में भी एक निश्चित 'जादुई संख्या' (न्यूट्रॉनों की) है, जो बंधन की अधिकतम शक्ति के बिंदु पर होती है।

उधर, जर्मनी में जे.एच.डी. जेंसन भी इसी संबंध में अनुसंधान कर रहे थे। उनके काम से प्रभावित होकर मारिया उनसे सन् १९५० में मिली थी। विचारों के आदान-प्रदान का सिलसिला शुरू हुआ। परिणामस्वरूप सन् १९५५ में दोनों की परमाणु संरचना के प्रारंभिक सिद्धांतों से संबंधित संयुक्त 'एलीमेंटरी थ्योरी ऑफ न्यूक्लियस शेल स्ट्रक्चर' प्रकाशित हुई।

शुरू-शुरू में उचित प्रोत्साहन न मिलने पर उन्हें कुछ निराशा हुई। किंतु थोड़ा समय बीतने पर ही उनके 'शेल-मॉडल' को सब ओर से मान्यता मिलने लगी। कुछ क्षेत्रों में तो यहाँ तक कहा गया कि द्वितीय युद्ध के बाद की यह सर्वाधिक महत्त्वपूर्ण खोज है।

मारिया की इस खोज से नाभिकीय भौतिकी अनुसंधान को एक नई दिशा मिली। परमाणु संबंधी कई अनसुलझी गुत्थियों को सुलझाना आसान हो गया। विज्ञान-जगत् द्वारा उनकी सेवाओं का उचित सम्मान किया गया। सन् १९५६ में वे राष्ट्रीय विज्ञान एकेडमी की सदस्या मनोनीत हुईं।

सन् १९६० में उन्हें कैलीफोर्निया विश्वविद्यालय में भौतिकी का प्रोफेसर नियुक्त किया गया। वे 'अमेरिकन फिजिकल सोसाइटी' की सदस्या भी रहीं।

और फिर सन् १९६३ में मिली विश्व की महानतम मान्यता—डॉ. यूजीन पाल विगनर और सहयोगी जे.एच.डी. जेंसन के साथ संयुक्त रूप से भौतिकी का नोबेल पुरस्कार।

२० फरवरी, १९७२ को मारिया ज्योपर्ट का छासठ साल की आयु में देहांत हो गया। वे दो बच्चों की माँ थीं—एक लड़का, एक लड़की।

विज्ञान की ऊँचाइयों को छूनेवाली मारिया का हृदय मानवीय संवेदना से ओत-प्रोत था। कविता करना उनकी प्रिय हॉबी थी। इसके अलावा वे बागबानी में भी दिलचस्पी रखती थीं।

मारिया ज्योपर्ट के लिखे लगभग चालीस शोध-पत्र और निबंध हैं।

□

मणिभ-विज्ञान (क्रिस्टलोग्राफी) में महत्त्वपूर्ण कार्य

डोरोथी क्रोफुट हॉजकिन

[पुरस्कार वर्ष १९६४]

सन् १९६४ का रसायन में नोबेल पुरस्कार इंग्लैंड की डोरोथी क्रोफुट हॉजकिन को मिला।

डोरोथी क्रोफुट का जन्म १२ मई, १९१० को काहिरा में हुआ। पिता जॉन विंटर क्रोफुट वहाँ मिस्र की शिक्षा-सेवा में नियुक्त थे। डोरोथी के जन्म के बाद वहाँ से शीघ्र ही वे सूडान चले गए—सूडान में शिक्षा और पुरातत्त्व विभाग के निदेशक होकर। बालिका डोरोथी भी पिता के साथ सूडानी संस्कृति से संबंधित सूडान की पुरानी चीजों का अध्ययन करती रही, जिससे उसे उस देश से बहुत लगाव हो गया। सन् १९२६ में सेवानिवृत्त होने के बाद भी पिता अपना अधिकांश समय पुरातत्त्व संबंधी अध्ययन में लगाते थे। कुछ समय उन्होंने ब्रिटिश स्कूल ऑफ ऑर्कियोलॉजी, जेरूसलम के निदेशक के रूप में भी कार्य किया और माउंट ओपल, जेराश, बसरा, सुमेरिया आदि में खुदाई का कार्य करवाया।

डोरोथी की माँ ग्रेस मेरी क्रोफुट भी अपने पति के कार्य में रुचि ले उसमें सक्रिय भाग लेती थीं। वे बुनाई की प्रारंभिक तकनीकों की अधिकारी विदुषी हो गईं। वे एक बहुत अच्छी वनस्पतिविद् भी थीं। खाली समय में उन्होंने सूडान की

वानस्पतिक संपदा के चित्र बनाए। डोरोथी भी माँ के साथ जेराश की खुदाई से प्राप्त पच्चीकारी से बनी पटरियों के चित्र बनाती रही। विश्वविद्यालय में विज्ञान का अध्ययन करते हुए कई बार वह सोचती, रसायन छोड़कर पुरातत्त्व का अध्ययन करने लगूँ। पर दोनों रुचियाँ साथ-साथ पनपने लगीं—एक कैरियर के रूप में, दूसरी हॉबी के रूप में।

रसायन-विज्ञान और मणिभों (क्रिस्टल्स) में डोरोथी की रुचि दस वर्ष की आयु में ही जाग्रत् हो गई थी, जब कि परिवार के एक मित्र डॉ. ए.एस. जोसेफ ने उन्हें इस ओर मोड़ दिया था। डॉ. जोसेफ ने उन्हें कई रसायन दिए और इल्मेनाइट के विश्लेषण में उनकी सहायता की। उनका बचपन अधिकतर नोरकोक में ग्लैडस्टोन नामक नगर में अपनी बहनों के साथ बीता। वहीं वे सन् १९२१ से लेकर १९२८ तक सर जॉन लैमन स्कूल, बैकल्स में पढ़ीं। प्रयत्न करने पर उन्हें और उनकी एक सहपाठिनी नोरा पुसी को लड़कों के साथ रसायन-विज्ञान पढ़ने की अनुमति मिल गई। स्कूल के अंतिम वर्ष में उन्होंने निर्णय ले लिया कि विश्वविद्यालय स्तर पर आगे जीव-रसायन में अध्ययन करेंगी।

सन् १९२८ से १९३२ तक उन्होंने ऑक्सफोर्ड विश्वविद्यालय तथा सोमरविले कॉलेज में अध्ययन किया। वहाँ की प्रिंसिपल श्रीमती मार्गरेट फ्रे को वे बहुत मानती थीं। प्रथम वर्ष उन्होंने रसायन और पुरातत्त्व के सम्मिलित अध्ययन में बिताया। जेराश की खुदाई से प्राप्त काँच घनों का विश्लेषण करने पर उन्हें सलाह दी गई कि वे मणिभ विज्ञान (क्रिस्टलोग्राफी) का विशेष कोर्स ले लें। इस तरह डोरोथी क्रोफुट ने एक्स-रे क्रिस्टलोग्राफी पर अपना शोध-कार्य आरंभ किया। यहाँ उन्हें श्री एच.एम. पावेल के साथ कार्य करने का अवसर मिला। श्री पावेल की वे पहली शोध-छात्रा थीं, जिन्होंने थेलियम डाइएल्काइल हैलाइड्स पर कार्य किया। थोड़े समय के लिए वे प्रो. विक्टर गोल्डस्मिथ की हैडलबर्ग स्थित प्रयोगशाला में भी रहीं।

ऑक्सफोर्ड से कैंब्रिज जाने व जे.डी. बरनाल के साथ कार्य करने का अवसर भी उन्हें डॉ. जोसेफ की प्रेरणा से मिला, जब कि प्रो. लारी के साथ डॉ. जोसेफ से उनकी मुलाकात ट्रेन में अचानक हो गई। इसके पूर्व ऑक्सफोर्ड में उन्होंने बरनाल का एक लेक्चर सुना था, जो धातुओं के अध्ययन के संबंध में था। इससे वे बरनाल से बहुत प्रभावित हुई थीं और धातुओं में अधिक रुचि लेने लगी थीं। सन् १९३२ से बरनाल की रुचि स्टिरोल्स की ओर मुड़ गई थी तो डोरोथी भी स्टिरोल्स में विशेष रुचि लेने लगी थीं। कैंब्रिज में उनके दो वर्ष बहुत अच्छे बीते। उन्होंने कई मित्र बनाए और बरनाल के साथ मिलकर कई समस्याओं पर महत्त्वपूर्ण कार्य किया।

मौसी डोरोथी हुड उनका सारा खर्च उठाती थीं। साथ ही सोमरविले कॉलेज से उन्हें पचहत्तर पौंड की छात्रवृत्ति भी मिलती थी। सन् १९३३ में सोमरविले कॉलेज से मिली इस शोध-छात्रवृत्ति से वे एक वर्ष तक ऑक्सफोर्ड में व एक वर्ष तक कैंब्रिज विश्वविद्यालय में शोध-कार्य कर सकती थीं। पर बीच के कुछ अंतराल छोड़कर अधिकांश समय वे 'ऑफिशियल फेलो' ही रहीं और महिला कॉलेज में नेचुरल साइंस पढ़ाती रहीं। फिर सन् १९४६ में विश्वविद्यालय में डिमांस्ट्रेटर और लेक्चरर हो गईं। सन् १९५६ से एक्स किरण मणिभ-विज्ञान (एक्स-रे क्रिस्टलोग्राफी) की रीडर हो गईं तथा सन् १९६० में रॉयल सोसायटी की ओर से बुल्फसन रिसर्च प्रोफेसर नियुक्त हुईं।

आरंभ में उन्होंने खनिज-विद्या और मणिभ-विज्ञान विभाग में काम किया, जिसके अध्यक्ष प्रो.एच.एल. वोमैन थे। सन् १९४४ में विभाग का विभाजन होने पर रसायन मणिभ-विज्ञान के उप-विभाग में कार्य करती रहीं, जहाँ रीडर श्री एच.एम. पॉवेल और प्रोफेसर श्री सी.एन. हिंशलबुल थे। सन् १९३४ में जब वे ऑक्सफोर्ड लौटी थीं तो उन्होंने सर रॉबर्ट रॉबिंसन की मदद से एक्स-रे मशीन के लिए पैसे इकट्ठे करने शुरू कर दिए थे। बाद में उन्हें रॉक-फेलर व न्यूफील्ड फाउंडेशन से सहायता मिल गई थी। कैंब्रिज में श्री बरनाल के साथ आरंभ किए गए स्टिरोल्स संबंधी शोध-कार्य को भी उन्होंने जारी रखा और जीव-विज्ञान संबंधी अणुओं में दिलचस्पी लेने लगी थीं, जिनमें इंसुलिन भी शामिल थी। आरंभ में इस कार्य में उनके साथ एक-दो विद्यार्थी ही शामिल थे। सन् १९५८ तक वे विश्वविद्यालय के संग्रहालय के कमरों में ही कार्य करती रहीं। पेनिसिलिन पर उन्होंने सन् १९४१ में कार्य प्रारंभ किया तथा विटामिन बी^{12} पर १९४८ में। इसी तरह कार्य बढ़ता गया व शोध-विद्यार्थी भी। बाद में अन्य विश्वविद्यालयों के अतिथि-शोधकर्ता भी शामिल होते गए, जिनका मुख्य विषय प्राकृतिक उत्पादनों का एक्स-किरण विश्लेषण होता था।

सन् १९४५ से डोरोथी क्रोफुट अनेक गोष्ठियों में भाग लेने लगी थीं। इस संबंध में उन्होंने चीन, अमेरिका, रूस आदि कई देशों का भ्रमण किया और क्रिस्टलोग्राफी के अंतरराष्ट्रीय संगठन की स्थापना की। सन् १९४७ में वे रॉयल सोसाइटी की फेलो मनोनीत की गईं। सन् १९५६ में नीदरलैंड की रॉयल एकेडमी ऑफ साइंसेज की विदेशी सदस्या नियुक्त हुईं तो १९५८ में अमेरिकन एकेडमी ऑफ आर्ट्स एंड साइंसेज (बोस्टन) की सदस्या। सन् १९६४ में उन्हें नोबेल पुरस्कार प्रदान किया गया। इसके बाद उनकी अगली खोजों में सर्वाधिक महत्त्वपूर्ण है, इंसुलिन के मणिभ की संरचना का समाधान। इसके अंतर्गत इंसुलिन के अणु में

परमाणुओं की त्रिविमितीय व्यवस्था को स्पष्ट किया गया है। यह शोध सन् १९६९ में प्रकाशित हुई थी। डोरोथी क्रोफुट हॉजकिन के अनुसार, ''यह कार्य अनेक सहयोगियों के सम्मिलित प्रयास से संभव हुआ है। इसके मूल समाधान में सुधार किया गया है तथा पिछले दो वर्षों में जो विकास इस दिशा में हुआ, उसकी सूचना हमने मार्च १९७१ की 'नेचर' पत्रिका में दी है।''

डोरोथी क्रोफुट का विवाह सन् १९३७ में श्री थामस हॉजकिन के साथ हुआ था। श्री हॉजकिन के पिता व दादा प्रसिद्ध इतिहासज्ञ थे। उनका मुख्य विषय अफ्रीका व अरब संसार के इतिहास व राजनीति का अध्ययन था। श्री हॉजकिन 'इंस्टीट्यूट ऑफ अफ्रीकन स्टडीज', घाना विश्वविद्यालय के निदेशक रहे। फिर सन् १९६४ से ऑक्सफोर्ड विश्वविद्यालय में नए राज्यों की सरकारों के संबंध में (विशेषतया अफ्रीका के संबंध में) लेक्चरर रहे। इसके बाद अवकाश ग्रहण कर अपने शेष जीवन में उपन्यास लिखने की योजना बना रहे हैं।

तीन बच्चों की माँ डोरोथी क्रोफुट हॉजकिन के बच्चों में वैज्ञानिक माँ और इतिहासज्ञ पिता, दोनों की रुचियों का समावेश हुआ और उन्होंने अपने-अपने क्षेत्र में विशेष योग्यताएँ अर्जित कीं। सन् १९७२ से १९७५ के बीच डोरोथी क्रोफुट हॉजकिन क्रिस्टलोग्राफी के अंतरराष्ट्रीय संगठन की अध्यक्ष रहीं। ३१ जुलाई, १९९४ को उनका निधन हो गया। इसके पूर्व उन्हें देश-विदेश से अनेक सम्मान मिले और कैंब्रिज, हार्वर्ड, लीड्स, मानचेस्टर, घाना, शिकागो आदि अनेक विश्वविद्यालयों से ऑनरेरी डिग्रियाँ भी प्राप्त हुईं।

□

परमाणु भौतिकी के चिकित्सकीय उपयोग पर महत्त्वपूर्ण खोज

डॉ. रोजलीन एस. यलो

[पुरस्कार वर्ष १९७७]

नोबेल पुरस्कारों की यह विशेषता रही है कि प्राय: अनुसंधान कार्य करने के बहुत दिनों बाद ये दिए जाते हैं। उस कार्य का तुरंत आकलन नहीं कर लिया जाता, अनुसंधान के कई वर्ष बाद भी उस कार्य को देखा-परखा जाता है। सन् १९७७ का 'चिकित्सा नोबेल पुरस्कार' पानेवाली डॉ. रोजलीन एस. यलो के साथ भी यही हुआ। उन्होंने अपना अनुसंधान-कार्य बीस वर्ष पहले किया था, वह भी स्वर्गीय डॉ. सालोमन बर्सन के साथ, जिनका सन् १९७२ में देहावसान हो गया था। और जब उन्हें यह पुरस्कार मिला, तब तक विभिन्न देशों की प्रतिष्ठित वैज्ञानिक पत्रिकाओं में उनके सैकड़ों शोध-पत्र प्रकाशित हो चुके थे।

यह पुरस्कार डॉ. रोजलीन को रक्त में हारमोनों की अल्प मात्रा मालूम करने की रेडियो विधि का पता लगाने पर मिला। पुरस्कार की राशि के दो भागीदार और रहे—साल्क इंस्टीट्यूट सां डियोगो के निदेशक डॉ. रोजर गुलेमिन तथा न्यू आर्लियंस के डॉ. एंड्रयूज वी. शैली, जिन्होंने मस्तिष्क में हारमोन उत्पादन विषयक खोज की थी। पुरस्कार-राशि का आधा भाग डॉ. रोजलीन को मिला, शेष आधा भाग इन दोनों डॉक्टरों को। इससे जाहिर है कि हारमोन विज्ञान पर दिए गए इस पुरस्कार में

डॉ. रोजलीन एस. यलो के काम का महत्त्व अधिक आँका गया।

डॉ. सालोमन ए. बर्सन के साथ बीस वर्ष पूर्व उनका पहला अध्ययन था, रक्त में आयतन को नापने में तथा थायरॉइड की बीमारी में आयोडीन की कार्यप्रणाली की जाँच में आइसोटोप का प्रयोग। फिर जब वह मनुष्य के रक्त में हारमोन व्यवहार का अध्ययन कर रही थीं तो मधुमेह के रोगियों पर इंसुलिन के प्रभाव को जाँचते समय उन्होंने पाया कि रोगी स्वयं प्रतिरक्षक तत्त्व (एंटीबॉडी) पैदा करते थे, जो हारमोनों के विरोध में कार्य करते दिखाई दिए। यह प्रतिक्रिया उन्हें अचानक ही पता चली।

अब उन्होंने जो विधि मालूम की, उसमें परमाणु विज्ञान, भौतिक विज्ञान और गणित भी आ गए। लेकिन डॉ. रोजलीन इन सभी विषयों की जानकार ही नहीं, इनमें पारंगत भी थीं। उनकी खोज-विधि को रेडियो की 'इम्यूनो ऐसे' विधि (आर.आई.ए.) कहते हैं, जिससे रक्त व कोशिकाओं में रेडियोधर्मी तत्त्वों की जाँच की जाती है।

अब यह विधि आधुनिक चिकित्सा विज्ञान में बहुतायत से प्रयोग में लाई जा रही है; जैसे—शरीर के रक्त, रक्त बैंक से लिये गए रक्त में हेपेटाइटिस-वायरस की उपस्थिति की पहचान, कैंसर की जाँच, बच्चों के विकास में हारमोंस की क्रिया-दर की जाँच, जिससे बौनेपन का पता लगाया जाता है और संक्रामक बीमारियों की फैलाव-दर की जाँच आदि। आज वैज्ञानिक इस विधि से एंजाइम विषाणु रसौली प्रतिजन तथा अनेक नशीली ओषधियों—जैसे गैर हारमोनी पदार्थों का भी पता लगा रहे हैं।

कुशाग्र बुद्धि की इस अमेरिकन महिला का जन्म १९ जुलाई, १९२१ को न्यूयॉर्क में हुआ और तब से वह, इलीनोइस यूनिवर्सिटी में बिताए साढ़े तीन वर्ष का कार्यकाल छोड़ वहीं रहती रहीं। मेरे पत्र-व्यवहार के उत्तर में उन्होंने लिखा था, ''जहाँ तक मेरी याददाश्त बताती है, बचपन में मैं बहुत हठी, किंतु दृढ़ लड़की थी। मेरी माँ मुझसे अकसर कहती थीं—भगवान् का शुक्र है, तुमने उचित काम करने का निश्चय किया, क्योंकि तुम ऐसा न करतीं तो कोई भी तुम्हें अपने निश्चय से डिगा नहीं सकता था। मेरी माँ नी क्लारा जियर चार साल की उम्र में जर्मनी से अमेरिका आई थीं। मेरे पिता साइमन एसमैन यूरोपियन आव्रजक थे। इस कारण मेरे माता-पिता दोनों ही उच्च शिक्षा ग्रहण नहीं कर पाए थे। पर अपने बच्चों को उच्च शिक्षा दिलाने का निर्णय उन्होंने न्यूयॉर्क आते ही ले लिया था। यही कारण है कि मैंने आम बच्चों से काफी पहले पढ़ना सीख लिया था—किंडर गार्टन से भी

पहले, किंतु घर में पुस्तकों की कमी के कारण मेरे बड़े भाई को हर सप्ताह पुस्तकें लेने-देने के लिए सार्वजनिक पुस्तकालय जाना पड़ता था।

''जब मैं सातवें ग्रेड में पढ़ती थी, मेरा प्रिय विषय गणित था। वाल्टन हाई स्कूल में मेरे अध्यापक ने मेरी रुचि रसायनशास्त्र में भी बढ़ाई। पर जब मैं इंटर कॉलेज न्यूयॉर्क में थी, मेरे शिक्षकों ने मुझे भौतिक विज्ञान की ओर मोड़ा और फिर भौतिक विज्ञान व परमाणु-भौतिकी ही मेरे सर्वाधिक प्रिय विषय बन गए। शायद कहीं अचेतन में यह अहसास भी था कि इन विषयों में हर बड़े अनुसंधान को एक न एक दिन नोबेल पुरस्कार मिलता है। इसका कारण था। उन्हीं दिनों आइरीन क्यूरी द्वारा अपनी माँ मैडम मेरी क्यूरी की जीवनी प्रकाशित की गई थी और यह स्वाभाविक था कि हर युवा उत्साही महिला वैज्ञानिक उससे प्रेरणा पाती।

''जब जनवरी १९३९ में श्री एनरिको फरमी ने परमाणु युद्ध के भय व परिणाम बताते हुए चिकित्सा क्षेत्र में परमाणु शक्ति के नए-नए आविष्कारों पर भाषण दिया और परमाणु भौतिकी द्वारा युद्ध को नया मोड़ देने के बारे में समझाया तो मैं वहाँ बड़ी उत्सुकता व उत्साह से भरी ये नोट्स ले रही थी। सन् १९४१ में इंटर कॉलेज से भौतिक विज्ञान में स्नातक बननेवाली मैं पहली लड़की थी।

''मेरा विचार भौतिक विज्ञान में कैरियर बनाने का था, जबकि मेरे घरवाले चाहते थे, मैं किसी स्कूल में अध्यापकी कर लूँ। उनका विचार था कि शायद ही कोई डिग्री कॉलेज अनुसंधान के लिए एक नारी को भरती करेगा और साथ ही उसे आर्थिक सहायता भी देगा। पर भौतिक विज्ञान के मेरे प्रोफेसरों ने मुझे प्रोत्साहित किया और मैं अपने निश्चय पर अड़ गई।

''इंटर कॉलेज (आज न्यूयॉर्क विश्वविद्यालय का अंग) के अंतिम वर्ष सितंबर १९४० में मुझे एक अच्छा अवसर भी मिल गया। टाइप मैं जानती थी। भौतिकी के मेरे एक प्रोफेसर ने कोशिश करके मुझे कोलंबिया यूनिवर्सिटी ऑफ फिजीशियंस एंड सर्जंस के एक अग्रणी जीव रसायन विज्ञानी डॉ. रोडोल्फ एस. की पार्ट टाइम सेक्रेटरी नियुक्त करवा दिया। परंतु इसके लिए मुझे स्टेनोग्राफी भी सीखनी पड़ी, तब काम आगे बढ़ा।

''फरवरी १९४१ में मुझे इलीनोइस यूनिवर्सिटी में भौतिक विज्ञान की 'टीचिंग असिस्टेंटशिप' का प्रस्ताव मिला। वहाँ चार सौ लोगों में मैं अकेली स्त्री थी। मेरे साहस को लोगों ने सराहा। पहले ही दिन मेरी भेंट श्री आरोन यलो से हुई, जो सन् १९४३ में मेरे पति बने। पहला साल कठिन था। पर एक नामी टीचर की क्लास में बैठकर जल्दी ही मैंने सीख लिया कि कैसे पढ़ाना चाहिए।

''७ दिसंबर, १९४१ को जब हमारा देश भी लड़ाई में कूद पड़ा तो भौतिक विज्ञान विभाग से कई लोग गुप्त वैज्ञानिक कार्यों के लिए ले जाए गए। कई नए विद्यार्थी फौज में प्रशिक्षण लेने को भेज दिए गए। मुझ पर काम का भारी बोझ आ पड़ा। उसपर थीसिस के लिए पुस्तकालय में लंबा समय बिताना, सन् १९४३ में शादी, महँगाई, चीजों का अभाव—इन सारी स्थितियों को एक साथ चलाना-निभाना पड़ा। फिर भी जैसे-तैसे करके सन् १९४५ में मैंने परमाणु-भौतिकी में पी-एच.डी. कर ही ली।''

जब डॉ. रोजलीन परमाणु भौतिकी में डिग्री के साथ रेडियो सक्रिय पदार्थों को मापनेवाले उपकरण बनाने व उनके प्रयोग में भी कुशलता प्राप्त कर न्यूयॉर्क लौट आईं, उनके पति की थीसिस अभी समाप्त नहीं हुई थी। अत: वे पीछे रह गए। न्यूयॉर्क में डॉ. रोजलीन को फेडरल टेली कम्युनिकेशन लेबोरेटरी में एक मात्र महिला असिस्टेंट इंजीनियर की नौकरी मिल गई। सन् १९४६ में उन्होंने अपने पुराने इंटर कॉलेज में ही भौतिक विज्ञान पढ़ाना शुरू कर दिया।

सितंबर १९४५ में पति के भी थीसिस पूरी कर न्यूयॉर्क आ जाने के बाद उन्होंने अपना घर बसाया। दो बच्चे भी हुए—बेंजामिन और एलेना। इंटर कॉलेज में पढ़ाने के साथ कहीं रिसर्च असिस्टेंट के रूप में तो कहीं पार्ट टाइम कंसल्टेंट के रूप में कार्य करना जारी रखा। उनकी खोज का मुख्य विषय था—रेडियो आइसोटोप्स का चिकित्सा में उपयोग।

फिर उन्होंने अपनी रेडियो आइसोटोप सर्विस शुरू कर दी। यांत्रिक साधन जुटाए और अनुसंधान कार्य आरंभ कर दिया। इस कार्य में डॉ. बर्नार्ड रोजविट और अन्य साथियों ने सहयोग दिया। शुरू में साधन सीमित थे, फिर भी कार्य का परिणाम था—'क्लीनिकल इन्वेस्टीगेशन' के विभिन्न क्षेत्रों में आठ प्रकाशन।

जनवरी १९५० में इंटर कॉलेज की नौकरी छोड़ उन्होंने प्रांक्स वी.ए. हॉस्पिटल में पूरे समय की नौकरी कर ली। उसी वर्ष उनकी भेंट डॉ. सोलोमन ए. बर्सन से हुई, जो अगले बाईस वर्ष तक उनके सह-अनुसंधानकर्ता रहे और अपनी मृत्यु के बाद ही उनसे अलग हुए। वे लिखती हैं, ''डॉ. बर्सन जीवित होते तो मेरे साथ वह भी इस पुरस्कार के हकदार होते, पर भगवान् ने सन् १९७२ में उन्हें इस संसार से उठा लिया।'' (नोबेल पुरस्कार मरणोपरांत नहीं दिया जाता।) डॉ. रोजलीन ने बड़ी मार्मिक भाषा में ईमानदारी के साथ अपना यह मत प्रकट किया।

डॉ. रोजलीन एस.यलो की डिग्रियों और उपलब्धियों की सूची बड़ी लंबी है। सन् १९४५ में पी-एच.डी. के बाद अनेक संस्थानों व क्षेत्रों में उनके उल्लेखनीय

कार्य को जब मान्यता मिलनी शुरू हुई तो उनका नाम नोबेल पुरस्कार मिलने से पूर्व ही काफी सम्मानित व चर्चित हो चुका था।

सन् १९७४ से १९७९ के बीच उन्हें देश-विदेश के सोलह विश्वविद्यालयों व संस्थानों द्वारा ऑनरेरी डिग्रियों से सम्मानित किया गया।

न्यूयॉर्क विज्ञान अकादमी सहित कई विज्ञान संस्थानों द्वारा उन्हें 'फेलोशिप' व सम्मानित सदस्यता प्रदान की गई और कई राष्ट्रीय कमेटियों व संस्थाओं में सम्मानित पद दिए गए।

विभिन्न सरकारी, गैर-सरकारी, राष्ट्रीय व अंतरराष्ट्रीय संस्थाओं द्वारा उन्हें प्रदत्त पुरस्कारों की संख्या पच्चीस से अधिक है।

विभिन्न देशों की प्रतिष्ठित विज्ञान पत्रिकाओं में रेडियो आइसोटोप्स के चिकित्सा-विज्ञान (निदान एवं उपचार) संबंधी विषयों पर लिखे गए उनके शोध-पत्रों की संख्या तब तक तीन सौ बयालीस हो चुकी थी।

इतनी महान् उपलब्धियों व सफलताओं की धनी डॉ. रोजलीन एस.यलो को सन् १९७७ का चिकित्सा नोबेल पुरस्कार मिलना विज्ञान-जगत् में किसी को कोई अचंभे की बात नहीं लगी। यह उनका अर्जित सम्मान था।

□

आनुवंशिक विज्ञान में 'जंपिंग जीन्स' की खोज करनेवाला एक चर्चित नाम

बारबरा मैकलिनटाक

[पुरस्कार वर्ष १९८३]

आविष्कार कभी अचानक हुए, कभी बरसों-बरस अकेले खपकर धुनी लोगों द्वारा सामने लाए गए। असाधारण सिद्धियों के लिए कार्य के साथ, कार्य के प्रति पूर्ण समर्पण और कार्य का आनंद भी बेहद जरूरी होता है, ''यह आनंद केवल अपने कैरियर पर ध्यान केंद्रित करने से ही नहीं मिलता। इसके लिए हाथ में लिये गए कार्य में गहरी रुचि, अनवरत कार्य की लगन और उसमें डूब जाने की हद तक समर्पण हो तो उसी डूब या धुन से आंतरिक आनंद की सृष्टि होती है। ऊब का प्रश्न ही नहीं पैदा होता।'' सुश्री बारबरा मैकलिनटाक के ये अनुभूत विचार इस सार्वजनीन अवधारणा पर समर्थन की मुहर लगाते हैं।

डॉ. बारबरा मैकलिनटाक, जिन्हें 'शरीर-विज्ञान और ओषधि-विज्ञान' का 'नोबेल पुरस्कार' सन् १९८३ में उस समय प्रदान किया गया, जब वे इक्यासी वर्ष की थीं और अपनी दिलचस्प खोज को आधी शताब्दी से ज्यादा का समय दे चुकी थीं। सफलता प्राप्ति के बाद यद्यपि उन्होंने अपने निर्देशकों और सहायकों को भी इस श्रेय में बड़ी विनम्रता से साझीदार बनाया, पर सर्वज्ञात तथ्य है कि अधिकतर

काम उन्होंने अकेले ही किया था, वह भी इस कदर पागलपन के साथ कि काम करते -करते अकसर वे अपनी लेबोरेटरी में ही सो जाती थीं और शादी करके घर बसाने के खयाल के लिए उन्हें कभी फुरसत ही न मिली थी।

यद्यपि शरीर-विज्ञान और ओषधि-विज्ञान में नोबेल पुरस्कार पानेवाली वे तीसरी महिला थीं, पर जीन्स पर नए आविष्कार की लोकप्रियता और उसपर लगनेवाले समय से भी अधिक उसे मान्यता मिलनेवाले समय के कारण उनका नाम इस क्षेत्र में खूब चर्चित हुआ। बाद में तो उनके सामने नोबेल सहित अनेक प्रतिष्ठित पुरस्कारों-सम्मानों का अंबार लग गया था; लेकिन जिस खोज पर उन्हें नोबेल पुरस्कार मिला था, वह खोज वास्तव में इसके तीस वर्ष पूर्व ही कर ली गई थी। पर 'देर आयद, दुरुस्त आयद' की भारतीय कहावत के अनुसार, इस क्षेत्र में पुरस्कृत तीसरी महिला होने पर भी पुरस्कार की पूरी राशि पानेवाली वे 'पहली महिला' ही थीं। इसके पूर्व की दोनों महिलाओं को नोबेल पुरस्कार दूसरे पुरुष डॉक्टरों के साथ बाँटकर आधा या तिहाई मिला था, बारबरा मैकलिनटाक को अकेले।

बारबरा मैकलिनटाक का जन्म १६ जून, १९०२ को हार्टफोर्ड कनैक्टिकर में हुआ। पिता थॉमस हेन मैकलिनटाक स्वयं एक चिकित्सक थे। पर सामंती विचारधारा के कारण लड़कियों को अधिक पढ़ाने के पक्ष में न थे। उनकी तीन लड़कियों में सबसे छोटी बारबरा का बचपन अपने चाचा के घर खुले प्राकृतिक वातावरण में हुआ था। वह प्रकृति से प्यार करती थी, बर्फ पर स्केटिंग करती थी, लड़कों के साथ निस्संकोच खेलती थी और बैंजो बजाती थी। पर किशोरावस्था पार करते-करते उसका पुस्तकें पढ़ने का शौक बढ़ गया था। हाई स्कूल के बाद कॉलेज-पढ़ाई के लिए पिता की अनुमति न थी तो उसे एक वर्ष तक इसके लिए निरंतर संघर्ष करना पड़ा था। फिर तो उसके द्वारा कॉलेज ऑफ एग्रीकल्चर के जीव-विज्ञान विभाग में प्रवेश के बाद, स्नातक होने तक की अवधि में ही, आनुवंशिकी में कोशिकाओं का अध्ययन करते हुए, मक्का के गुण-सूत्र की बारीकी समझने के लिए अध्ययन की एक विधि विकसित कर ली गई। इसी तकनीक पर आगे सन् १९२५ में एस.ए. की डिग्री और १९२७ में पी-एच.डी. भी कर ली गई। सन् १९२७ से १९३१ तक वे कारनेल यूनिवर्सिटी में वनस्पति-विज्ञान पढ़ाती रहीं और अपना शोध-कार्य भी आगे बढ़ाती रहीं। इसी विषय पर आगे काम करने के लिए सन् १९३१-३३ में 'नेशनल रिसर्च काउंसिल' की तथा १९३३-३४ में 'गूगैनहाइम फाउंडेशन' की फेलो रहीं। सन् १९३४-३६ में करनेल यूनिवर्सिटी में ही रिसर्च एसोसिएट के रूप में कार्य करने लगीं। इसके बाद सन् १९३६-४१ में कोलंबिया

स्थित मिसूरी यूनिवर्सिटी में असिस्टेंट प्रोफ़ेसर हो गईं। फिर सन् १९४२ से १९६७ तक वाशिंगटन के कारनेगी इंस्टीट्यूट में भी पढ़ाया।

छात्रा बारबरा ने जब अपने स्नातक पूर्व अध्ययन के दौरान वनस्पति-विज्ञान का विषय लिया था तो उसे कहाँ मालूम था कि यही उसका जीवनपर्यंत कैरियर बनेगा और इसके साथ इतनी सिद्धियाँ जुड़ी होंगी। वे लिखती हैं, ''सन् १९२१ के अंत में स्नातक परीक्षा की तैयारी करते हुए जब मैंने प्रोफेसर सी.बी. हचिंसन द्वारा चलाए गए अल्पावधि कोर्स में भाग लिया, मेरी रुचि इस ओर जरूर बढ़ गई थी, पर इसे लेकर मेरा भविष्य अज्ञात ही था। कारण, वैज्ञानिक जगत् में आनुवंशिकी में 'मेंडल सिद्धांत' की मान्यता को केवल दो ही दशक बीते थे और अभी तक अधिकतर वनस्पतिशास्त्री वनस्पतियों पर ही नए प्रयोग कर रहे थे। मानव नस्ल-सुधार की दिशा में वे अधिक उत्सुक नहीं थे। पर इस ओर मेरी रुचि व जिज्ञासा देखकर स्वयं प्रो. हचिंसन ने जब मुझे फोन करके अगले स्नातकोत्तर कोर्स में भी भाग लेने के लिए प्रेरित किया तो जैसे मेरे भविष्य की दिशा निर्धारित हो गई थी।''

स्नातक पूर्व प्रशिक्षणवाले बुनियादी आनुवंशिकी पाठ्यक्रम में बारबरा का नाम चूँकि कोशिका विज्ञान में ही दर्ज किया गया था, इस दूसरे कोर्स में भी उन्हें इसी दिशा के अगले अध्ययन में लगाया गया—'कोशिका के सम विभाजन व अर्ध सूत्रण' में। इस विज्ञान में 'क्रोमोसोम्स' पर अध्ययन उन दिनों छात्र-छात्राओं के लिए नई दिशा में विशेष दिलचस्पी का केंद्र बना हुआ था। बारबरा ने भी 'कोशिका प्रजनन विज्ञान' में ही अपने प्रयोगों को आगे बढ़ाया और इसी विषय पर पी-एच.डी. की डिग्री प्राप्त की। तब तक इस विषय में उनकी दिलचस्पी इतनी बढ़ चुकी थी कि फिर पीछे मुड़कर नहीं देखा। जहाँ भी रहीं, जो भी विषय पढ़ाती रहीं, इस दिशा में उनके प्रयोग जारी रहे। यहाँ तक कि विवाह न करके वे इसी दिशा में अपने काम को पूर्णतया समर्पित हो गईं। तभी तो इतनी दिलचस्प खोज कर पाईं।

बारबरा की यह दिलचस्प खोज थी 'जंपिंग जीन्स'। इसी सिद्धांत का प्रतिपादन करने पर उन्हें 'नोबेल पुरस्कार' दिया गया था। पर जब शुरू में उन्होंने यह बात कही कि किसी कोशिका में जीन्स एक ही स्थान पर प्रकट नहीं होते, वे कूदते-फाँदते हुए अपना स्थान बदलते रहते हैं, तो लोगों ने उनके साथ ऐसा व्यवहार किया जैसे वे कोई मूर्खतापूर्ण बात कह रही हों। जीन्स अपना स्थान बदलते हैं और ऐसा करते हुए उनका विशेष प्रयोजन होता है, यह बात प्रमाणित करने के लिए उन्हें पूरे तीस वर्षों तक तपस्या व प्रतीक्षा करनी पड़ी, तब जाकर उनका श्रम

सम्मानित हुआ। 'जंपिंग जीन्स' को बारबरा मैकलिनटाक ने 'नियंत्रक तत्त्व' माना है। वंशगत रंग-निर्धारण में उनका प्रमुख हाथ है, जिसे वे इस विशेष प्रक्रिया के तहत अंजाम देते हैं।

अब तो यह भी माना जाने लगा है कि इस शोध से कैंसर-रोधी चिकित्सा में भी काफी मदद मिलेगी। भारतीय पाठकों के लिए यह जानकारी भी दिलचस्प होगी कि आनुवंशिकी में बारबरा की यह खोज भारतीय भुट्टों या मक्का के दानों पर अनुसंधान के माध्यम से ही सामने आई थी। इसके लिए बारबरा ने अपने घर में मक्का बोकर उसकी कोशिकाओं पर बारीकी से सालोंसाल अध्ययन किया था और जाना था कि बैक्टीरिया के जीन्स के दूसरे जीन्स में जंप करने पर ही एंटीबायोटिक्स द्वारा उन्हें रोका जा सकता है। जबकि उनके काम का शुरू में नोटिस नहीं लिया गया, तब भी हार न मानकर उन्होंने दो वर्ष स्थगन के बाद अपना काम जारी रखा और अंततः सफल हुईं।

इसके बाद तो उनके नाम की दूर-दूर तक चर्चा होने लगी और बढ़ती ख्याति ने उनके सामने पुरस्कारों-सम्मानों, ऑनरेरी उपाधियों और प्रतिष्ठित संस्थानों की सदस्यता या फेलोशिप का अंबार लगा दिया। सन् १९८२ तक उन्हें मिले प्रमुख सम्मान-पुरस्कार हैं: बोटैनिकल सोसाइटी का 'मेरिट अवार्ड', नेशनल एकेडनी ऑफ साइंसेज का 'किंबर जेनेटिक्स अवार्ड', 'ल्यूइस एस. रोजेंस्टाइल अवार्ड' और 'लूइस एंड बर्ट फ्रीडम फाउंडेशन अवार्ड' क्रमशः बायोकेमिस्ट्री रिसर्च और बेसिक मेडिकल रिसर्च के लिए। और विशेष सम्मान (सैल्यूट)—सन् १९८० में जेनेटिक्स सोसाइटी ऑफ अमेरिका से। सन् १९८१ में कई पुरस्कार व फेलोशिप्स, जिनमें से मैकार्थर फाउंडेशन से उन्हें आजीवन साठ हजार डॉलर वार्षिक राशि मिलने की उपलब्धि विशेष उल्लेखनीय है। और इसके बाद सन् १९८३ में 'नोबेल पुरस्कार'—उनकी महत्त्वपूर्ण खोज के तीस वर्ष बाद और अनेक संस्थागत प्रतिष्ठित पुरस्कारों को हथियाने के बाद। पर अंततः उनकी मेहनत रंग लाई और वे सारे संसार में चर्चित व सम्मानित हुईं। २ सितंबर, १९९२ को वे इस संसार को छोड़कर चली गईं। पर उनकी कीर्ति उन्हें आनुवंशिकी संसार में जीवित रखेगी।

□

कोशिका-वृद्धि के लिए जिम्मेदार प्रोटीन की खोज

रीटा लेवी मांटेलसिनी

[पुरस्कार वर्ष १९८६]

ओषधि-विज्ञान के लिए सन् १९८६ का 'नोबेल पुरस्कार' अमेरिका में बसी एक इतालवी महिला वैज्ञानिक सुश्री रीटा लेवी मांटेलसिनी को एक अन्य अमेरिकी वैज्ञानिक श्री स्टेनले कोहेन के साथ संयुक्त रूप से मिला। इस पुरस्कार के लिए उनका चयन उनके द्वारा कोशिकाओं और अवयवों के विकास को नियमित करनेवाली प्रणाली में नई खोज के लिए हुआ था। पुरस्कार लेते समय श्री कोहेन की आयु तिरसठ वर्ष और सुश्री रीटा लेवी की सतहत्तर वर्ष थी।

अपने दो × तीन मीटर के छोटे से शयनकक्ष को ही प्रयोगशाला में परिवर्तित करके अपने शोध-कार्य में जुटी रहनेवाली और अनेकानेक कष्ट उठाकर भी अपनी खोज को जारी रखनेवाली जातीय भेदभाव की शिकार यह यहूदी महिला किसी दिन न केवल अपनी खोज को एक महत्त्वपूर्ण उपलब्धि के शिखर तक ले जाएगी, बल्कि उसपर विश्व का सर्वोच्च पुरस्कार भी प्राप्त करेगी, इसका भान किसी को न रहा होगा—इस उपलब्धि से पूर्व शायद स्वयं उन्हें भी नहीं।

लेकिन लगन और कर्मठता, निरंतर श्रम और ध्येय के प्रति समर्पण की

भावना से की गई कोई भी साधना कभी व्यर्थ नहीं जाती। भले ही सफलता की यात्रा तय करने में कितना ही समय लग जाए, इस यात्रा के मार्ग में एक के बाद एक कितनी ही बाधाएँ आ खड़ी हों, यदि साधक उन बाधाओं से विचलित नहीं होता और मंजिल तक पहुँचने की लंबी अवधि में अपना धैर्य नहीं खोता तो अंततः वह सफल होगा ही—सुश्री रीटा लेवी मांटेलसिनी की लक्ष्य-सिद्धि की ओर लंबी संघर्ष-यात्रा इसकी एक मिसाल है।

रीटा मांटेलसिनी का जन्म २२ अप्रैल, १९०९ को टयूरिन के एक यहूदी परिवार में अपनी एक जुड़वाँ बहन पाओला के साथ हुआ था। पिता श्री अदामो लेवी एक इलेक्ट्रिकल इंजीनियर एवं प्रसिद्ध गणितज्ञ और माता एडले मोंटेलसिनी एक प्रतिभाशाली चित्रकार थीं। रीटा और पाओला चार भाई-बहनों में सबसे छोटी थीं।

अपनी किशोरावस्था से ही रीटा के मन में नोबेल पुरस्कार विजेता हस्तियों के प्रति गहरा सम्मान था और वह उनमें से एक बनने का सपना देखा करती थी। उसने एक प्रसिद्ध लेखिका बनने का निश्चय किया। लेकिन विधाता को कुछ और ही मंजूर था।

बचपन में इन सब भाई-बहनों को अच्छा पारिवारिक वातावरण मिला, क्योंकि माता-पिता दोनों सुसंस्कृत थे। एक सामंती परिवार की परंपराओं के अनुसार उनका जीवन था, जहाँ कलाओं और प्रतिभाओं का सम्मान था। पर सामंती परिवार के मुखिया की तरह ही पिता के निर्णय सब पर लागू होते थे। पिता यद्यपि महिलाओं का आदर करते थे, पर सामंती परंपरानुसार वे उनका स्थान घर में ही देखते थे। वे चाहते थे, उनकी लड़कियाँ कलाएँ सीखें, उच्च शिक्षा ग्रहण करें, पर ऐसा कोई तकनीकी-व्यावसायिक प्रशिक्षण न लें, जिससे उनकी गृहस्थी में बाधा पड़े। पाओला का झुकाव तो कला की ओर था, उसने अपने आपको चित्रकला के प्रति पूर्णतया समर्पित कर दिया। अब वह इटली की एक ख्यात चित्रकार है। कठिनाई उपस्थित हुई रीटा के साथ।

बीस की उम्र तक पहुँचकर रीटा के मन ने कभी भी केवल स्त्रीत्व की भूमिका को स्वीकार नहीं किया। वे व्यावसायिक कैरियर अपनाने के लिए अपने पिता से लगातार आग्रह करती रहीं। अनुमति मिलने तक की आठ महीने की अवधि को उन्होंने यूँ ही लैटिन, ग्रीक सीखने में पूरा किया। फिर टयूरिन विश्वविद्यालय में चिकित्सा-शास्त्र का अध्ययन करने लगीं। सन् १९३६ में इस विश्वविद्यालय से स्नातक की उपाधि ग्रहण करने के बाद उन्होंने 'शरीर-विज्ञान शिक्षण संस्थान' (इंस्टीट्यूट ऑफ एनाटोमी) के तंत्रिका मनःचिकित्सा विभाग

(न्यूरो साइक्याट्री) में कार्य आरंभ किया।

इस तरह अपने दृढ़ निश्चय पर अडिग रहकर सुश्री रीटा लेवी मांटेलसिनी ने अपनी शिक्षा संबंधी प्रारंभिक बाधाओं को तो पार कर लिया, पर जन्म से यहूदी होना भी उनके लिए अनेकानेक कष्टों का कारण बन गया था। दो वर्ष भी उन्हें 'न्यूरो साइक्यिाट्री' के इस संस्थान में रहकर शांति से कार्य करने का अवसर नहीं मिल पाया। उन दिनों इटली में मुसोलिनी की सरकार थी। सन् १९३८ में इटली में एक जात-पाँत विरोधी घोषणा-पत्र प्रकाशित किया गया था, जिसके फलस्वरूप अन्य अनार्य नागरिकों की तरह उन्हें भी सन् १९३८ में टयूरिन छोड़कर ब्रसेल्स चले जाना पड़ा। लेकिन जन्मजात प्रतिभा और भीतरी जिज्ञासा कभी बाहरी बाधाओं से हारती नहीं।...जब बेल्जियम नाजी-अधिकार में आ गया तो उन्हें पुनः टयूरिन लौटने का अवसर मिल गया।

अब उन्होंने अपने शिक्षक सुप्रसिद्ध इटैलियन ऊतक विज्ञानी की सहायक के रूप में कार्य शुरू किया। उनका यह कार्य मुरगी के भ्रूण पर शोध से संबंधित था। लेकिन उनका कार्य कुछ आगे बढ़ता, इसके पूर्व ही जात-पाँत का संकट उनके प्रयोगशाला संबंधी कार्यों में भी रुकावट डालने लगा। लेकिन वे उस मिट्टी की नहीं बनी थीं कि आसानी से हार मान लेतीं। अपने छोटे से घर में सिमटकर, अपने बहुत छोटे से शयनकक्ष को ही प्रयोगशाला बनाकर उन्होंने अपने काम को आगे बढ़ाने का निश्चय किया और उसमें दिन-रात जुट गईं।

युद्ध के समय बमबारी से बचने के लिए उन्हें ग्रामीण क्षेत्र में स्थानांतरित होना पड़ा। अंततः सन् १९४३ में उनका परिवार फलारेंस चला गया, जहाँ द्वितीय युद्ध की समाप्ति तक उन्हें भूमिगत होकर रहना पड़ा। पर फलारेंस में रहते हुए एक डॉक्टर के नाते उनका अपने लोगों व अनेक मित्रों-साथियों से संपर्क बना रहा, जो बाद में उनके लिए उपयोगी सिद्ध हुआ। यहाँ डॉक्टर के काम के साथ नर्स रूप में सेवा-कार्य भी करती रहीं तो उन्होंने सभी का मन जीत लिया था।

युद्ध समाप्त होने के बाद सन् १९४५ में वे फिर टयूरिन लौट आईं। पर भूमिगत दिनों के उनके साथियों में से एक साथी हेंबर्गर नाम के जर्मन जीव वैज्ञानिक, जो स्वयं जातीय संकट से बचने के लिए अमेरिका जा बसे थे, ने उन्हें अपने साथ कार्य करने के लिए आमंत्रित किया तो १९४७ के अंत में वे अमेरिका चली गईं। वहाँ वे लगभग तीस वर्ष तक रहीं।

यद्यपि उस समय वे लंबी अवधि के प्रवास की योजना बनाकर अमेरिका नहीं गई थीं, पर अपने प्रयोगों को आगे बढ़ाने व उनकी सफलता देखने के लिए

उन्हें वहाँ रुक जाना पड़ा। सन् १९५१ में उन्होंने ट्यूमर के अपने पूर्व प्रयोगों को अपनी शोध में आगे बढ़ाया। इनमें से उनका मुख्य लक्ष्य था—सारकोमा ट्यूमर (कैंसर का एक प्रकार) के तंतुओं को मुरगी के भ्रूण में विकसित करना। उन्होंने इसे विकसित तो कर लिया, पर ट्यूमर द्वारा जो प्रोटीन उत्पन्न की गई, उसकी पहचान न कर पाईं।

लेकिन हार मानना तो उन्होंने सीखा न था। सन् १९५३ में जब वे ब्राजील में थीं, उन्होंने मुरगी के भ्रूण पर पुनः शोध-कार्य शुरू कर दिया। अब उन्होंने स्नायु कोशिकाओं के अप्राकृतिक विकास का कारण जान लिया और उससे संबंधित तथ्य का पता लगा लिया। सन् १९५३ में जब उन्होंने अमेरिका के प्राणिशास्त्री और रसायनशास्त्री स्टेनली कोहेन के साथ शोध-कार्य को आगे बढ़ाया तो १९५४ में उनके द्वारा पूर्व ज्ञात किए गए तथ्य की पुष्टि हो गई कि 'नव ग्रोथ फैक्टर (एन.जी.एफ.) ट्यूमर द्वारा विकसित प्रोटीन ही है। इसका अलग से रासायनिक विश्लेषण किया गया तो पता चला कि अनेक कोशिकीय गड़बड़ियों और एलजाइमर जैसी बुढ़ापे की बीमारियों के लिए यही जिम्मेदार है। इस खोज के बाद सन् १९५८ में वे असिस्टेंट प्रोफेसर से पूर्ण प्रोफेसर के पद पर नियुक्त हो गईं। आगे चलकर 'नोबेल पुरस्कार' उन्हें इन्हीं सह-अनुसंधानकर्ता श्री कोहेन के साथ आधा बाँटकर मिला। नोबेल पुरस्कार मिलने से पूर्व भी उन्हें सन् १९७४ से १९८६ तक कई विज्ञान-पुरस्कार मिल चुके थे। अनेक प्रतिष्ठित संस्थानों की सदस्यता भी।

सन् १९७० के दशक में वे इटली वापस आ गईं। यहाँ आकर उन्होंने रोम में 'कोशिका जीव-विज्ञान प्रयोगशाला' की स्थापना की। इटली की 'राष्ट्रीय शोध समिति' के तत्त्वावधान में ही उनकी यह प्रयोगशाला अस्तित्व में आई—इस बात का महत्त्व इसी से आँका जा सकता है कि इटली में स्नायु संबंधी जीव-विज्ञान की जीवन-धारा इसी प्रयोगशाला से प्रवाहित होती है। उन दिनों वे जल-स्थलीय उभयचर (एंफीबियन) पर, विशेषतः अफ्रीकी चूहों पर, कार्य कर रही थीं।

सुश्री लेवी मांटेलसिनी का जन्म तो इटली में हुआ, लेकिन वह तीन दशक तक अमेरिका में कार्य कर चुकी थीं। इसलिए उनके पास इटली और अमेरिका, दोनों देशों की नागरिकता रही। नोबेल पुरस्कार से सम्मानित उनका शोध-कार्य कोशिकाओं और अवयवों के विकास को व्यवस्थित करनेवाली प्रणाली को समझने की दृष्टि से महत्त्वपूर्ण है।

उनके संबंध में दो दिलचस्प तथ्यों की चर्चा भी यहाँ उल्लेखनीय है—

एक, अपने लक्ष्य के लिए उन्होंने भी विवाह नहीं किया। दो, अपनी किशोरावस्था

में सिद्धि का ऊँचा सपना देखनेवाली प्रसिद्ध ऊतक-विज्ञानी सुश्री लेवी के जिन तीन शिष्यों, जो परस्पर प्रगाढ़ मित्र भी थे, ने भी नोबेल पुरस्कार का ऊँचा सपना देखा था, उन तीनों ने ही बाद में विभिन्न विषयों में विश्व का यह सर्वोच्च पुरस्कार पाने का गौरव प्राप्त किया। इससे सिद्ध है कि गुरु योग्य हो और शिष्य लगनशील तो अपेक्षित सफलता का लक्ष्य कोई असंभव लक्ष्य नहीं रह जाता।

□

नई महत्त्वपूर्ण दवाओं की खोज

जरट्रड बेले इलियन

[पुरस्कार वर्ष १९८८]

औषधि और शरीर-विज्ञान में सन् १९८८ का नोबेल पुरस्कार प्राप्त करनेवाली महिला जरट्रड बी. इलियन को यह पुरस्कार अन्य दो वैज्ञानिकों—हिचिंग और जेम्स ब्लैक के साथ बाँटकर मिला। इन्होंने हृदय रोग और गैस संबंधी अल्सर के इलाज के लिए नई दवाओं की खोज की थी। पुरस्कार अर्पण के समय नोबेल कमेटी की ओर से कहा गया, ''यह पुरस्कार न केवल उनकी खोजों की व्यावहारिक उपयोगिता के लिए दिया गया है, इसलिए भी कि इन्होंने नई दवाओं की खोज जैव रासायनिक व शारीरिक विधि द्वारा वैज्ञानिक अध्ययन के आधार पर करके अभूतपूर्व सफलता पाई और इस क्षेत्र में पूर्व अल्प ज्ञान को आगे एक सिद्धि तक बढ़ाया।''

रसायनशास्त्री डॉ. जरट्रड बी. इलियन का जन्म न्यूयॉर्क सिटी में २३ जनवरी, १९१८ को हुआ था। उनके पिता डॉ. रॉबर्ट इलियन लिथुआनिया से अमेरिका आए थे और माँ बर्था इलियन रशियन थीं। अपने माता-पिता की यह पहली संतान थीं और परिवार में माता-पिता व दादा के अलावा इनसे छह वर्ष छोटा एक भाई ही था। सात साल की उम्र में इनके माता-पिता न्यूयॉर्क शहर छोड़कर उसके एक

उपनगर में जा बसे थे, जहाँ अपने छोटे भाई व माँ के साथ इनके बचपन के दिन बड़े सुख-आनंद में बीते। उपनगर के खुले वातावरण में प्रकृति के समीप रहकर जरट्रड समीप के स्कूल में पैदल जाते हुए नि:सर्ग का आनंद लेती थी और ऊँचे-ऊँचे सपने देखा करती थी। प्रारंभिक शिक्षा के बाद किशोरी इलियन की ज्ञान-पिपासा ऐसी जगी कि पढ़ाई में उसे आनंद आने लगा। पर माध्यमिक शिक्षा के बाद जब अगले कैरियर के चुनाव का प्रश्न सामने आया तो परिवार में हुए एक हादसे ने उनकी अगली पढ़ाई की दिशा तय कर दी। तब वह पंद्रह साल की थीं, जब घर में उनके प्यारे दादा की कैंसर से मौत हो गई। इस आघात से गहरे दु:ख में डूबकर किशोरी इलियन ने निर्णय लिया, ''मैं इस दर्दनाक बीमारी का इलाज ढूँढ़ने के लिए इस क्षेत्र में काम करूँगी।''

सन् १९३३ में इंटर कॉलेज में प्रवेश लेकर जरट्रड इलियन ने विज्ञान में रसायन विषय लिया। उन्हीं दिनों शेयर मार्केट में काफी पैसा डुबो देने के कारण उनके पिता की माली हालत खराब हो गई। गनीमत थी कि वे दाँतों के डॉक्टर थे और उनके पास अपना एक छोटा क्लीनिक था। महिला इंटर कॉलेज में कोई फीस नहीं थी और पिछली परीक्षा का अच्छा रिकॉर्ड होने से उन्हें आसानी से प्रवेश मिल गया था। यहाँ से सन् १९३७ में उन्हें रसायनशास्त्र में स्नातक की डिग्री मिल गई। पर आगे के शोध के लिए वे खर्च नहीं कर सकती थीं। पढ़ाई के खर्च के लिए वह कोई नौकरी चाहती थीं या किसी वैज्ञानिक के सहायक रूप में काम। पर विश्व-युद्ध के उन दिनों उनके उपयुक्त ऐसी नौकरियों का अभाव था। उन्हें डेढ़ वर्ष तक बिना वेतन लिये एक वैज्ञानिक के साथ काम करने का अवसर मिला तो उन्होंने अनुभव प्राप्त करने के लिए इस काम को भी स्वीकार किया कि इससे अगले रास्ते खुलेंगे। डेढ़ साल बाद उन्हें प्रति सप्ताह बीस डॉलर मिलने लगे। इसी में से कुछ पैसे बचाकर उन्होंने अपना शोध-कार्य आगे बढ़ाया, डॉक्टरेट की डिग्री लेने का निर्णय लिया। इसके लिए बुकलिन पॉलीटेक्निक के रात्रि स्कूल में प्रवेश के लिए आवेदन किया, पर उन्हें नौकरी छोड़कर काम करने की ही अनुमति मिली। परिणामत: उन्होंने डॉक्टरेट का सपना छोड़ दिया, नौकरी जारी रखी; क्योंकि नौकरी की उन्हें जरूरत थी और शोध का काम भी उनके अनुकूल था।

जरट्रड बी. इलियन के अच्छे कैरियर की शुरुआत तब हो पाई जब उन्हें बरोज वैलकम कंपनी की रिसर्च लेबोरेटरी में जॉर्ज एच. हिचिंग जूनियर के साथ उनकी सहायक के रूप में काम करने के लिए आमंत्रित किया गया। वे कंपनी की प्रयोगशाला में नई दवाओं की खोज के काम में लगे हुए थे। एच. हिचिंग ने उन्हें

अपने ढंग से सीखने व जल्दी-जल्दी आगे बढ़ने की अनुमति दे दी, जैसा कि प्राय: नए शोधकर्ताओं के साथ नहीं होता। पर इलियन की प्रतिभा से प्रभावित हो हिचिंग ने उन्हें अनुमति ही नहीं दी, उनपर जिम्मेदारियों का बोझ भी डाल दिया, जिसे इलियन ने सहर्ष सँभाला।

उस समय तक नाभिक अम्ल द्वारा जैव संश्लेषण प्रक्रिया अथवा उनसे संबंधित प्रकिण्वों (एंजाइम्स) के विषय में बहुत कम ज्ञान उपलब्ध था। अत: इस कार्य ने उन्हें जादू के-से प्रभाव में बाँध लिया था। इस अनजानी दुनिया में अपने प्रयोगों के सूक्ष्मजैविकी परिणामों से निष्कर्ष निकालना उन्हें रहस्यमय परदों को उठाने के समान उत्तेजना प्रदान करता था। विशेषकर जब वे अपने निष्कर्षों के आधार पर बनी ओषधियों द्वारा रोगियों को रोग-मुक्त होते देखती थीं, उनकी प्रसन्नता का पारावार नहीं होता था। ऐसी स्थिति में उनका कार्य उनके लिए दिलचस्प बन गया, जिसे वे देर तक अथक किया करती थीं।

पर इसका अर्थ यह नहीं कि वे हर समय अपनी प्रयोगशाला में कैद रहना ही पसंद करती थीं। उनके अन्य शौक भी थे, जैसे अवकाश के समय संगीत सुनना (विशेष रूप से ओपेरा), फोटोग्राफी करना आदि। पर अनुसंधान के प्रति उनकी जिज्ञासा ने इन सब हॉबियों के ऊपर उन्हें भ्रमण के प्रति आकर्षित किया और उन्हें घुमक्कड़ बना दिया। घूमना और कुछ-न-कुछ खोजते रहना। जाहिर है कि यह खोजना भी उनके काम से ही संबंधित होता, जिसमें उन्हें विशेष आनंद आता था। संभवत: इसीलिए उन्होंने विवाह भी नहीं किया। विवाह के बाद शोध के प्रति संपूर्ण समर्पण असंभव ही होता है। फिर भी उनका परिवार था, उनके भाई का परिवार, जिसमें वे पूरी रुचि लेती थीं और उनके बच्चों के साथ जी भर स्नेह बाँटते हुए जीवन का आनंद उठाती थीं। यह स्नेह उन्हें अपने कार्य के प्रति और प्रेरित करता रहा।

सन् १९४८ में इलियन ने एक ऐसे कंपाउंड की खोज की, जो अधिश्वेत रक्तता (ल्यूकीमिया) को बढ़ने से रोकता था। प्राथमिक प्रयोगों में मनुष्यों पर इसके अधिक इस्तेमाल से अनेक दुष्प्रभाव देखने में आए तो इसका सुधरा हुआ विकसित रूप लाया गया। यह दवा ६-मरकैपटोपुरीन (६-एम.पी.) अधिश्वेत रक्तता (ल्यूकीमिया) में कारगर सिद्ध हुई तो इसे शीघ्र ही मान्यता मिल गई। उन दिनों बच्चों में यह बीमारी एक घातक रूप में उपस्थित थी, जिससे बच्चा छह महीने के अंदर मर जाता था। इस नई दवा के प्रयोग से पहले यह अवधि एक वर्ष या उससे कुछ अधिक समय तक बढ़ी, फिर अगले प्रयोग में अन्य दवाओं के साथ देने से

अधिश्वेत रक्तता को ठीक हो जानेवाली बीमारी समझा जाने लगा। कैंसर के इलाज में भी इसे उपयोगी पाया गया कि इससे उसकी रोकथाम में मदद मिली। तब अन्य वैज्ञानिकों का ध्यान भी इस ओर आकर्षित हुआ और वे अन्य बीमारियों को ठीक करने के लिए भी इसपर प्रयोग करने लगे।

उन दिनों बोस्टन के यूनिवर्सिटी स्कूल में रॉबर्ट श्वाट्र्ज व उनके साथियों ने ऐसी दवा की खोज का काम शुरू किया हुआ था, जो अंगों के प्रत्यारोपण में मददगार सिद्ध हो। श्वाट्र्ज ने निष्कर्ष निकाला कि ६-एम.पी. के प्रयोग से इम्यून सिस्टम (प्रतिरक्षण प्रणाली) की क्रियाशीलता को कम किया जा सकता है और गुरदा-प्रत्यारोपण में मदद मिल सकती है। इस सबसे प्रेरित हो हिचिंग, इलियन और उनके साथियों ने इम्यूरान की भी खोज कर ली। इलियन अपने साथियों के साथ लगातार भिन्न-भिन्न प्रयोग अलग से भी कर रही थीं। हिचिंग बरोज वैलकम में काम करते हुए ऊपर उठ गए थे। इलियन भी पीछे न रहीं। सन् १९६७ में वह 'एक्सपेरीमेंटल थैरैपी' विभाग की अध्यक्ष बन गईं। सन् १९८४ तक अन्य वैज्ञानिक भी वैलकम में हिचिंग और इलियन द्वारा अपनाए गए सिद्धांतों पर चलते रहे। इस तरह ए-२७ दवा बनाने के लिए जो प्रयोग किए गए, वे एड्स की पहली दवा बनाने के काम आए।

सन् १९८३ में जरट्रड बी. इलियन बरोज वैलकम से रिटायर हो गईं, फिर भी वे वेलकम रिसर्च में सहायता करती रहीं। इसके बाद ड्यूक विश्वविद्यालय में दवा-शोध व फॉर्मेसी विभाग की प्रोफेसर हो गईं। इसके पूर्व उन्हें जिस बरोज वैलकम में प्रायोगिक चिकित्सा विभाग दिया गया था, उसकी अध्यक्ष के नाते उस संस्थान में उन्हें रासायनिकी, प्रकिण्व विज्ञान, भैषज्य विज्ञान, प्रतिरक्षा विज्ञान, विषाणु विज्ञान तथा ऊतक संवर्धन आदि से संबंधित सभी विभागों में शोध-निर्देशन का अनुभव हो चुका था। इसके अलावा उन्होंने कैंसर संबंधी अनेक अमेरिकी तथा विश्व स्वास्थ्य संगठन संस्थानों में भी काम किया था। इसलिए इस विभाग के अध्यक्ष पद से सेवानिवृत्ति के बाद उन्हें 'साइंटिस्ट एमेरिटस' के प्रतिष्ठित पद से विभूषित कर कंपनी के शोध-कार्य में उनसे सहायता ली जाती रही। ड्यूक विश्वविद्यालय में अनुसंधान प्रोफेसर के पद पर जाकर, शोधार्थियों की गाइड बनकर भी उन्हें वैसा ही संतोष मिला जैसे अपने शोध-कार्य में मिलता रहा था। इस तरह अपना जीवन अध्ययन-अध्यापन से प्रारंभ करके यहाँ तक उन्होंने इस अनुसंधान-क्षेत्र के वृत्त में जैसे एक पूरी परिक्रमा कर ली थी। अपने अनुसंधानात्मक अनुभवों को वैज्ञानिकों की युवा पीढ़ी में बाँटने जैसा सुख-संतोष और कहाँ!

नोबेल पुरस्कार पाने से पूर्व भी उन्हें कई बड़े पुरस्कारों से नवाजा जा चुका था। जैसे—अमेरिकन केमिकल सोसाइटी का गारवन मेडल—सन् १९८६, अमेरिकन एसोसिएशन फॉर कैंसर रिसर्च का कैन अवार्ड—१९८४, स्लोअन कैटरिंग इंस्टीट्यूट का जेड अवार्ड—१९८३ और विभिन्न विश्वविद्यालयों से आठ ऑनरेरी डिग्रियाँ । इलियन अनेक वैज्ञानिक संस्थाओं की सदस्य रहीं और राष्ट्रीय कैंसर संस्थान की सलाहकार भी। उन्हें अनेक संस्थानों में सम्मान से बुलाया जाता। आमंत्रित करनेवालों में ब्रुकलिन की वह पॉलीटेक्निक इंस्टीट्यूट भी थी, जिसकी रात्रि-कक्षा में प्रवेश लेकर वे डॉक्टरेट करना चाहती थीं। पर नौकरी छोड़े बिना उन्हें प्रवेश देने से इनकार कर दिया गया था। तब शायद उस संस्थान के संचालकों को यह अनुमान भी नहीं होगा कि ऐसे जिज्ञासु व प्रतिभाशाली व्यक्तित्व का आगे आनेवाला समय बलवान भी हो सकता है, इतना कि उस व्यक्ति की धुन व कर्मठता उसे नोबेल पुरस्कार की मंजिल तक भी ले जाए!

□

जन्मजात विकृतियों के लिए जिम्मेदार जीन्स की खोज

क्रिस्तियान नुस्लीन वोल्हार्ड

[पुरस्कार वर्ष १९९५]

जर्मन महिला क्रिस्तियान नुस्लीन वोल्हार्ड को सन् १९९५ का नोबेल पुरस्कार शरीर-विज्ञान और ओषधि-विज्ञान में अन्य दो वैज्ञानिकों—ऐरिक एफ. वीचौस और एडवर्ड बी. लुइस के साथ भागीदारी में प्रदान किया गया। इन्हें यह पुरस्कार आनुवंशिकी में जन्मजात विकृतियों व अचानक गर्भपात के लिए जिम्मेदार वंशाणुओं (जीन्स) की खोज, उनकी कार्यप्रणाली व उसमें सुधार पर किए गए शोध-कार्य पर दिया गया।

भौतिकशास्त्री क्रिस्तियान नुस्लीन वोल्हार्ड का जन्म मैजबर्ग में २० अक्तूबर, १९४२ को हुआ था। पिता श्री वोल्फ वोल्हार्ड एक वास्तुविद् थे, जो संगीत में भी रुचि रखते थे। माँ ब्रिगेट वोल्हार्ड संगीतज्ञ, पेंटर और सामाजिक कार्यकर्त्री थीं, जिन्होंने अपने बच्चों का पालन-पोषण बड़े प्यार, सूझ-बूझ व कौशल के साथ किया। नुस्लीन अपने माता-पिता की पाँच संतानों में से दूसरी हैं। अन्य भाई-बहन भी विभिन्न कलाओं में रुचि रखनेवाले थे। सभी बच्चों को घर में कुछ करने-सीखने की पूरी आजादी रही। माता-पिता एक बड़े भरे-पूरे परिवार से संबंधित रहे, जो दक्षिणी फ्रेंकफुर्त में एक बड़े लॉन व बगीचेवाले मकान में रहते थे। यह

मकान शहर से बाहर और जंगल के समीप था। हर बार छुट्टियों में नुस्लीन समीप के अपने पुरखों के गाँव में जाती और उनकी याद के सहारे खुले वातावरण में समय बिताते हुए, खेतों व पशु-पक्षियों के सान्निध्य का आनंद उठाती। इसलिए उसका रुझान पेड़-पौधों व पालतू पशु-पक्षियों की ओर अधिक था, बजाय पुस्तकों व खिलौनों के, जो उनके माता-पिता, विश्व-युद्ध के बाद बाजार की स्थितियों में, अपने बच्चों के लिए बड़ी कठिनाई से खोजकर जुटाते थे। शायद नुस्लीन के इस शौक ने ही उन्हें आगे चलकर जीव-वैज्ञानिक बनाया।

अपनी स्मृतियों को ताजा करते हुए वे लिखती हैं, ''स्कूल के दिनों में मैं कभी भी अच्छे नंबर लेनेवाली छात्रा नहीं रही, क्योंकि मेरी रुचियाँ कहीं केंद्रित नहीं, विभिन्न क्षेत्रों में विभाजित रहीं। पर अध्यापक मेरी प्रतिभा से प्रभावित थे और घर व शिक्षकों की ओर से मुझे हमेशा प्रोत्साहन मिला। यद्यपि मेरी रुचि पेड़-पौधों और पशु-पक्षियों में थी (पशुओं की भाषा पर मेरा एक लेक्चर भी स्कूल में सराहा गया था), पर अपनी सहेलियों को अधिकतर घर-गृहस्थी का सपना पालते या अध्यापिका बनने का संकल्प लेते देखकर मेरा मन विभाजित हो जाता था, जैसा कि किशोरावस्था में प्राय: होता है। पर मैं पेड़-पौधों और पशु-पक्षियों को समीप देखकर ही संतुष्ट नहीं थी, उनके बारे में ज्ञान भी प्राप्त करना चाहती थी। इसलिए मेरी रुचि भौतिकी, वनस्पति-विज्ञान, रासायनिकी, जीव-विज्ञान से घूमती हुई अंतत: जीव-रासायनिकी पर आ टिकी थी। पर रुचियों के विभाजन का लाभ भी मुझे मिला। कह सकती हूँ, मेरी मुख्य प्रेरक रही मेरी ज्ञान-पिपासा, जिसे मेरे परिजन व शिक्षक मुझसे पहले जान-समझ गए थे, इसलिए मेरी कमियों के बावजूद उन्होंने मुझे सही दिशा में बढ़ने के लिए प्रेरित-प्रोत्साहित किया।''

हाई स्कूल परीक्षा के दिनों नुस्लीन के पिता का अचानक देहांत हो गया। सन् १९६२ के इसी वर्ष में उन्होंने जीव-विज्ञान में अध्ययन का निर्णय लिया। परीक्षा-परिणाम व कॉलेज-प्रवेश के बीच की अवधि में उन्होंने एक महीने का नर्सिंग कोर्स कर लिया, जिसका अनुभव आगे काम आया। ट्यूबीनान यूनिवर्सिटी में, जहाँ उनके कई साथी छात्र-छात्राएँ भाषा-कक्षाओं में लैटिन, रोमानियन, अंग्रेजी भाषाओं व उनके साहित्य का अध्ययन कर रहे थे, उनकी रुचि जीव-रासायनिकी में विकसित हो गई थी तथा उसमें उन्हें आनंद आने लगा था। रसायन से संबंधित सभी विषयों का ज्ञान प्राप्त करने के साथ उन्हें मैक्स प्लैंक इंस्टीट्यूट के वैज्ञानिकों के लेक्चर सुनने व विषय से संबंधित सेमिनारों में भाग लेने का अवसर भी मिला। सन् १९६९ में ट्यूबीनान से जीव-रसायन में डिप्लोमा लेने के बाद सन् १९७२ से

१९७४ तक उन्हें मैक्स प्लैंक इंस्टीट्यूट में वायरस पर अनुसंधान करने का अवसर मिल गया, क्योंकि औसत दर्जे की छात्रा होने के बावजूद अपने डिप्लोमा के दौरान उन्हें हाइंज स्कॉलर से यह सीखने को मिला था कि प्रायोगिक रसायनज्ञ कैसा होना चाहिए और उसे अपने प्रयोगों के दौरान किन-किन बातों पर मुख्यतः ध्यान केंद्रित करना चाहिए।

सन् १९७५-७६ में उन्हें डॉक्टरेट के लिए फेलोशिप मिल गई और उन्होंने बेसेल (स्विट्जरलैंड) से डॉक्टरेट की उपाधि हासिल कर ली। इसके बाद सन् १९७७ में उन्हें डॉक्टरेट के बाद के अध्ययन के लिए फ्रीजबर्ग विश्वविद्यालय से दीर्घकालीन फेलोशिप मिल गई और उन्होंने अमेरिकी जीव-वैज्ञानिक एरिक वीचौस के साथ मिलकर हीडेलबर्ग की यूरोपीय मॉलीक्युलर बायोलॉजी (ई.एम.बी.) प्रयोगशाला में फल मक्खी (फ्रूट फ्लाई) के जेनेटिक्स पर कार्य आरंभ कर दिया। इसके पूर्व '४० के दशक में एडवर्ड लुइस ने फ्रूट फ्लाई के उन पारिवारिक वंशाणुओं का पता लगाया था, जो विभिन्न अंगों के निर्माण में सहायक होते हैं और मानव के वंशाणुओं से मिलते-जुलते कार्य करते हैं। वीचौस और नुस्लीन ने इसी शोध-कार्य को आगे जारी रखने का निर्णय लिया और अपने शोध द्वारा नए महत्त्वपूर्ण निष्कर्ष प्राप्त किए।

इन दोनों वैज्ञानिकों ने मानव भ्रूण के विकास में सहायक जीन्स का पता लगाने के लिए फल मक्खी के जीन्स को अपने शोध का आधार बनाया। उन्होंने डी.एन.ए. का विनाश करनेवाले रसायन का मीठे पानी में प्रयोग कर उसे नर फल मक्खी पर आजमाया तो पहले असफलता हाथ लगी। नर का मादा से संबंध कराने पर फल मक्खी के सारे भ्रूण मरे पाए गए। नए तरीके से फिर प्रयोग किया तो पता चला कि चालीस हजार फल मक्खी परिवारों में से हर एक में कोई-न-कोई कमी थी। विशेष माइक्रोस्कोप द्वारा उन्होंने पूरे एक वर्ष तक हजारों मक्खी भ्रूणों और उनके मृत लार्वा पर परीक्षण किया तो पाया कि इस कमी के लिए बीस हजार भ्रूण जिम्मेदार थे। फिर इन्हें वर्गीकृत करके इन कमियों को समझने से पहले यह पता लगाना आवश्यक समझा गया कि सामान्य परिस्थितियों में ये जीन्स भ्रूण के विकास में किस प्रकार सहायक होते हैं। आगे इसी वर्गीकृत प्रणाली पर कार्य करते हुए सफलता हाथ लगती दिखाई दी—पहले पाँच हजार जीन्स अलग किए गए, फिर उनमें से एक सौ उनतालीस खोज निकाले गए, जो विकास-प्रक्रिया में आवश्यक होते हैं।

इस प्रारंभिक सफलता के बाद विभाजन-प्रक्रिया को और आगे बढ़ाते हुए

यह पता लगा लिया गया कि फल मक्खी के इन जीन्स को तीन श्रेणियों में विभाजित किया जा सकता है, क्योंकि उनमें विभिन्न प्रकार के जीन्स के तीन सेट मिले थे। इन्हें भ्रूण की तीन श्रेणियों में पुनः विभाजित किया गया और इन्हें तीन नाम दिए गए—'गैप', 'पेयर रूल' और 'सेगमेंट पोलरिटी'। खोज के अनुसार, सर्वप्रथम 'गैप' नाम के जीन्स सक्रिय होकर माँ के जीन्स को क्रियाशील बनाते हैं और भ्रूण विभिन्न क्षेत्रों में बँट जाता है। फिर 'पेयर रूल' इन क्षेत्रों में आगे कार्य करते हैं। इसके बाद 'सेगमेंट पोलरिटी' जीन्स विभाजन की प्रक्रिया को पूर्ण करके उसका अंतिम रूप निर्धारित करते हैं।

कीटों के जीन्स की यह प्रक्रिया मानव भ्रूण की जीन्स प्रक्रिया और अन्य रीढ़धारी जीवों की जीन्स प्रक्रिया से मिलती-जुलती है। यह निष्कर्ष सामने आने पर लुइस, वीचौस और नुस्लीन का नाम दूर-दूर तक प्रसिद्ध हुआ और इनके काम की तारीफ होने लगी। इस अनुसंधान ने मानव जीवन के विभिन्न पहलुओं को समझना आसान कर दिया था। जैसे फल मक्खी के जीन्स अनेक कमियों और गड़बड़ियों के लिए जिम्मेदार पाए गए, इसी तरह मानव भ्रूण के बारे में भी यह बात साफ हो गई कि अचानक गर्भपात होने, बच्चों में जन्मजात विकृतियाँ पाए जाने और बच्चों का विकास बाधित होने के लिए भी ऐसे जीन्स ही जिम्मेदार होते हैं, जिनकी पहचान कर इन समस्याओं से निबटा जा सकता है।

इस महत्त्वपूर्ण खोज के लिए इन तीनों वैज्ञानिकों को 'नोबेल पुरस्कार' प्रदान किया गया। नोबेल कमेटी द्वारा पुरस्कार देते समय कहा गया, "इन युवा वैज्ञानिकों ने अपने कैरियर की शुरुआत में ही बहुत महत्त्वपूर्ण निष्कर्ष निकाला है। यह कार्य पहले किसी ने नहीं किया, क्योंकि ऐसे कार्य में सफलता की संभावना बहुत कम होती है।" ऐसे प्रगतिशील विषय पर अनुसंधान के लिए सन् १९३५ के बाद पहली बार नोबेल पुरस्कार दिया गया।

पुरस्कार पर नुस्लीन वोल्हार्ड की प्रतिक्रिया थी, "अनुसंधान अपने आप में एक महत्त्वपूर्ण कार्य है। मैंने फ्रीड्रिख वानहौफर की कौशलपूर्वक बनाई गई आनुवंशिक छलनी से प्रभावित होकर स्वयं भी मातृवंशीय उत्परिवर्तकों के लिए एक छलनी बनाई थी, जिसके द्वारा सौ गुणसूत्रों (क्रोमोसोम्स) में से एक महत्त्वपूर्ण मातृवंशी उत्परिवर्ती सी-७९ को वियुक्त किया था। मैंने द्विपुच्छी मक्खियों पर भी एक प्रपत्र प्रकाशित कराया था। इसके बाद भी कहीं नौकरी नहीं मिली तो पुनः फेलोशिप के आधार पर एक प्रसिद्ध कीट-भ्रूण विज्ञानी क्लाउस सांडर के साथ एक वर्ष काम किया। मेरे मातृवंशीय परिवर्ती सी-७९ को बाद में 'पृष्ठीय' की

संज्ञा दी गई। मैंने इस कार्य और द्विपुच्छी मक्खियों पर अपने अनुसंधान का प्रपत्र भी सन् १९७८ में प्रस्तुत किया और वंशाणुओं के खंड (सेगमेंटेशन जीन्स) पर सन् १९८० में 'नेचर' में भी अपना प्रपत्र प्रकाशित कराया था। इस तरह नोबेल पुरस्कार मिलने से पूर्व भी न मेरे काम का महत्त्व कम था, न उससे मिलनेवाले मेरे संतोष का। जैसे कि मैंने पहले कहा, 'मुझे अनुसंधान-कार्य में आनंद मिलता था। इसलिए अनुसंधान-कार्य और उससे प्राप्त कोई उपलब्धि अपने आप में महत्त्वपूर्ण है। उसपर 'नोबेल पुरस्कार' भी मिल जाए तो लोग आपकी बात अधिक ध्यान से सुनने लगते हैं। फिर यह निष्कर्ष तो मानव-कल्याण की राह प्रशस्त करनेवाला है, जिसके सुखद परिणाम भविष्य में सामने आएँगे।''

फल मक्खी पर यह महत्त्वपूर्ण अनुसंधान करने के बाद सन् १९९० में नुस्लीन वोल्हार्ड मैक्स प्लैंक इंस्टीट्यूट में डेवलपमेंट बायोलॉजी विभाग की निदेशक बनकर अब जेबरा मछली पर अनुसंधान कर रही हैं। इसके लिए संस्थान ने उन्हें सात हजार टैंक रखने की अनुमति के साथ एक बड़ी मछली प्रयोगशाला दे रखी है। यहाँ वे जेबरा मछली पर प्रयोग करते हुए अपने अनुसंधान-कार्य को आगे बढ़ा सकती हैं। वे कहती हैं, ''मेरी इस प्रयोगशाला में मक्खियों व मछलियों दोनों पर अनुसंधान चलता रहेगा, क्योंकि मेरा विश्वास है कि एक ही प्रयोगशाला में अनेक तंत्रों व विधियों के संयोग से किसी भी प्राणी के जीवन के विकास की प्रक्रिया की जटिलता को बेहतर समझा जा सकता है।''

क्रिस्तियान नुस्लीन वोल्हार्ड को अन्य अनेक पुरस्कार-सम्मान भी मिल चुके हैं। उन्होंने येल विश्वविद्यालय से ऑनरेरी डॉक्टरेट की उपाधि भी प्राप्त की। विज्ञान प्रकाशनों में उनके पचास से ऊपर प्रपत्र प्रकाशित हो चुके हैं, जिनमें से कई चर्चित हुए। वे विवाहित हैं, पर अपने कैरियर के साथ लगा वोल्हार्ड सरनेम उन्होंने नहीं छोड़ा है। एक लोकप्रिय व्यक्तित्व की स्वामिनी वोल्हार्ड कहती हैं, ''आप जितना ऊँचे उठते जाते हैं, जितने पुरस्कार-सम्मान प्राप्त करते जाते हैं उतना ही आपको विनम्र होना पड़ेगा कि अन्य लोग आपसे मिलते समय सहज रह सकें, कठिनाई अनुभव न करें।'' एक बड़े पुरस्कार से अधिक कीमती बात।

□

नोबेल पुरस्कार विजेता महिलाएँ

(काल-क्रम से विवरण)

क्र.	नाम	जन्म	मृत्यु	देश	विषय	पुरस्कार वर्ष
१.	मेरी क्यूरी	१८६७	१९३४	पोलैंड	भौतिकी	१९०३
					रसायन	१९११
२.	बर्था वान सट्नर	१८४३	१९१४	ऑस्ट्रिया	विश्व-शांति	१९०५
३.	सेल्मा लागरलोफ	१८५८	१९४०	स्वीडन	साहित्य	१९०९
४.	ग्रेजिया डेलेडा	१८७५	१९३६	इटली	साहित्य	१९२६
५.	सिग्रिड अनसेट	१८८२	१९४९	नॉर्वे	साहित्य	१९२८
६.	जेन एडम्स	१८६०	१९३५	अमेरिका	विश्व-शांति	१९३१
७.	आइरीन जूलियट क्यूरी	१८९७	१९५६	फ्रांस	रसायन	१९३५
८.	पर्ल बक	१८९२	१९७३	अमेरिका	साहित्य	१९३८
९.	ग्रेबीला मिस्त्राल	१८८९	१९५७	चिली	साहित्य	१९४५
१०.	एमिली ग्रीन बाल्च	१८६७	१९६१	अमेरिका	विश्व-शांति	१९४६
११.	गर्टी थेरेसा कोरी	१८९६	१९५७	ऑस्ट्रिया	चिकित्सा	१९४७
१२.	मारिया ज्योपर्ट मेयर	१९०६	१९७२	पोलैंड	भौतिकी	१९६३
१३.	डोरोथी क्रोफुट हॉजकिन	१९१०	१९९४	मिस्र	रसायन	१९६४
१४.	नेली साख्श	१८९१	१९७०	जर्मनी	साहित्य	१९६६
१५.	बेट्टी स्मिथ विलियम्स	१९४३	—	आयरलैंड	विश्व-शांति	१९७६
१६.	रोजलीन एस. यलो	१९२१	—	अमेरिका	चिकित्सा	१९७७
१७.	मदर टेरेसा	१९१०	१९९७	यूगोस्लाविया/ भारत	विश्व-शांति	१९७९
१८.	अल्वा मिर्डाल	१९०२	१९८६	स्वीडन	विश्व-शांति	१९८२
१९.	बारबरा मैकलिनटाक	१९०२	१९९२	अमेरिका	चिकित्सा	१९८३
२०.	रीटा लेवी मांटेलसिनी	१९०९	—	इटली	चिकित्सा	१९८६
२१.	जरट्रड बेले इलियन	१९१८	—	अमेरिका	ओषधि	१९८८
२२.	आंग सान सू की	१९४५	—	म्याँमार (बर्मा)	विश्व-शांति	१९९१
२३.	नादीन गॉर्डीमर	१९२३	—	दक्षिण अफ्रीका	साहित्य	१९९१
२४.	रिगोबर्टा मेंचू	१९५९	—	ग्वाटेमाला	विश्व-शांति	१९९२
२५.	टोनी मारिसन	१९३१	—	अमेरिका	साहित्य	१९९३
२६.	क्रिस्तिया नुस्लीन वोल्हार्ड	१९४२	—	जर्मनी	चिकित्सा	१९९५
२७.	विस्लावा शिंबोर्सका	१९२३	—	पोलैंड	साहित्य	१९९६
२८.	जोडी विलियम्स	१९५०	—	अमेरिका	विश्व-शांति	१९९७
२९.	शिरीन एबादी	—	—	ईरान	विश्व-शांति	२००३

□□□